우리나라를 빛낸
100명의 위인들

우리나라를 빛낸
100명의 위인들

최경란 지음

오렌지연필

세상의 흐름을 바꾼
우리나라의 위대한 인물들

　이 책에는 우리 역사의 각 시대를 대표하는 위인들의 일생이 담겨 있어요. 그들의 이야기는 이제 막 인생의 길을 향해 발돋움하는 우리에게 사람과 세상을 이해하는 좋은 길잡이가 되어 줄 거예요. 책 속의 위인들은 세상의 흐름을 바꾼 위대한 일을 해냈지요. 그러나 우리가 좀 더 눈여겨보아야 할 것은 그들이 어떤 업적을 세웠나보다 어떻게 세상을 살아나갔나 하는 점이에요.

　그들은 저마다 다른 삶을 살다 갔지만 몇 가지 공통점이 있어요.

　우선 자기 자신을 사랑하고 존중했어요. '나는 무슨 일이든 해낼 수 있다'는 스스로에 대한 믿음이 있었지요. 그와 마찬가지로 다른 사람도 자신만큼 귀하게 여기고 배려하며 함께 살아가려 애썼어요. 나라에 애국하는 마음도 나와 이웃에 대한 그런 자세에서 비롯되지요.

두 번째, 좋아하는 일을 이루려는 꿈이 있었어요. 꿈이나 목표는 삶을 이끌어주는 북극성이나 나침반 같은 거예요. 꿈이 생기는 순간 지금 내가 무엇을 해야 할지, 앞으로 어떤 길로 가야 할지 구체적인 계획이 떠오르지요. 반면 꿈도 목표도 없이 방향을 잡지 못하는 삶은 헤매거나 돌부리에 걸려 넘어지기 쉽답니다.

세 번째, 그 꿈을 이루기 위해 매 순간 최선과 성의를 다했어요. 또 시련이나 역경, 주변 사람들의 비난이나 반대 등에 흔들리거나 포기하지 않고 끝까지 노력했지요. 그 결과 원하는 일을 해낼 수 있었어요.

책 속의 위인들처럼 역사에 남을 만큼 커다란 업적을 남기지 못한다고 해도 그들이 공통적으로 지녔던 삶에 대한 자세대로 산다면 위인의 삶과 다를 바 없어요. 열심히 노력해서 자신이 하고 싶은 일을 했고 마음속 깊이 꿈꾸던 것을 이루었다면 그

것을 삶의 업적이라고 할 수 있어요. 이 책에서는 우리 역사를 빛낸 100명의 위인만을 추렸지만 세상에는 그 못지않게 보람 있는 인생을 살고 있는 이가 훨씬 많답니다. 우리 주변의 할아버지, 할머니, 아버지, 어머니, 혹은 선생님 같은 가까운 어른들처럼 말이지요.

 어린 시절은 무한한 가능성의 때라고 하지요. 꿈꾸는 대로 무엇이든 할 수 있으니까요. 책을 읽으며 무엇이 될까보다 어떤 사람이 될지를 생각해본다면 좋겠어요. 예를 들어 세종대왕은 수많은 왕 중에서도 탐구정신이 뛰어나고 생각한 것을 반드시 실천하는 사람이었어요. 숱한 선비들 가운데 정몽주나 성삼문은 의리를 지키기 위해 높은 벼슬과 목숨까지도 버렸지요. 외과의사 장기려는 자신보다 남을 더 생각하며 살다 갔고요.

 타고난 재능이 무엇이든, 자기가 좋아하는 분야가 어떤 것이든 이 책 속의 위인들처럼 삶과 사람을 성의 있고 진지하게 대하고 꿈이나 목표를 이루기 위해 최선을 다한다면 아마도 누구든 자신이 원하는 사람이 될 수 있을 거예요.

최경란

차례

세상의 흐름을 바꾼 우리나라의 위대한 인물들_4

001 우리 민족 최초의 나라 고조선을 세운 단군_14
002 알에서 태어나 신라를 세운 박혁거세_17
003 활을 잘 쏘았던 고구려의 첫 번째 왕 고주몽_20
004 아버지가 남긴 비밀을 풀어 왕이 된 유리왕_23
005 고구려의 책사 부분노 장군_26
006 백제를 세운 고구려의 왕자 온조_29
007 백성들이 노래로 맞이한 금관가야의 시조 수로왕_32
008 가야의 음악을 후대에 길이 전한 우륵_35
009 왕이 된 소금장수 을불_38
010 방아 소리 연주로 아내를 위로한 금의 명인 백결선생_41
011 가난한 사람을 위해 진대법을 만든 고구려 재상 을파소_44
012 백제를 해상왕국으로 만든 근초고왕_47
013 우리 영토를 만주와 연해주까지 넓힌 고구려의 광개토대왕_50
014 아버지의 뜻을 이어 남진정책을 편 장수왕_54
015 신라 영토를 최대로 확장하고 순수비를 세운 진흥왕_57
016 살수대첩 승리로 수나라 대군을 물리친 을지문덕 장군_60
017 지기삼사의 지혜를 지닌 우리 역사 최초의 여왕 선덕여왕_64
018 적국인 신라의 황룡사 9층 목탑을 세운 백제 장인 아비지_67
019 외교의 달인 태종무열왕 김춘추_70
020 삼국통일의 으뜸 공신 김유신 장군_74
021 황산벌에서 전사한 백제의 마지막 장수 계백 장군_78
022 해골에 괸 물을 마시고 깨달음을 얻은 원효대사_81
023 쇠처럼 단단한 두뇌를 지닌 삼국통일의 숨은 외교 공신 강수_84

024 삼국통일을 이루고 나라를 지키는 용이 된 문무왕_87

025 이두문자를 모두 모아 정리한 신라의 유학자 설총_91

026 고구려를 계승한 나라 발해를 세운 고구려의 후손 대조영_95

027 신라 최고의 문장가 최치원_98

028 후삼국을 통일하고 고려를 세운 태조 왕건_101

029 왕권 강화로 고려의 기반을 다진 광종_105

030 말 한 마디로 적군을 물리치고 땅도 얻은 고려의 외교가 서희_109

031 뛰어난 전술로 거란을 물리친 귀주대첩의 명장 강감찬_113

032 사학을 세워 인재를 키운 해동공자 최충_116

033 삼국시대의 정통 역사가 담긴《삼국사기》를 편찬한 김부식_119

034 조계종을 다시 일으킨 보조국사 지눌_123

035 〈동명왕편〉을 지어 민족의 자긍심을 높인 문장가 이규보_126

036 고대의 신화와 전설을 담은《삼국유사》의 지은이 일연_130

037 우리나라 최초로 화약을 만든 고려 시대 발명가 최무선_134

038 목화씨를 들여와 백성들에게 따뜻한 솜옷을 입게 한 문익점_137

039 목숨 바쳐 의리를 지킨 고려의 충신 정몽주_141

040 황금을 돌처럼 여긴 비운의 명장 최영_145

041 조선을 세운 태조 이성계_148

042 조선왕조의 기틀을 세운 정도전_152

043 한글을 만든 위대한 성군 세종대왕_156

044 노비 출신으로 조선 제일의 발명가가 된 장영실_160

045 청백리 정승 맹사성_164

046 조선 최고의 명재상 황희 정승_167

047 조선의 음악을 정리한 악성 박연_170

048 눈 속에서 홀로 푸르른 소나무 같은 조선의 충신 성삼문_173

049 우리나라 최초의 한문소설《금오신화》를 지은 매월당 김시습_177

050 성리학이 다스리는 세상을 꿈꾼 개혁가 조광조_181

051 조선의 대표 성리학자 퇴계 이황_184

052 위대한 어머니이자 예술가였던 신사임당_187

053 사회제도를 고쳐 국난에 대비하자고 주장한 선각자 율곡 이이_190

054 행주대첩의 명장 조선군 총사령관 권율 장군_194

055 《동의보감》으로 한의학의 기초를 세운 조선의 명의 허준_198

056 임진왜란의 교훈을 책으로 남긴 영의정 유성룡_201

057 어머니와의 내기에서 진 후 명필이 된 서예가 한석봉_205

058 승복을 입고 나라 구하기에 앞장선 의승병장 사명대사_208

059 거북선을 만들어 왜적을 물리친 임진왜란의 명장 이순신 장군_211

060 꾀 많은 의병대장 홍의장군 곽재우_215

061 개구쟁이 오성과 한음 이야기의 주인공 백사 이항복_218

062 《홍길동전》으로 신분제도의 모순을 비판한 조선의 소설가 허균_221

063 자연을 친구로 삼은 시조 시인 윤선도_224

064 진경산수화를 크게 발달시킨 조선의 화가 정선_228

065 수학 실력으로 청나라 사신을 이긴 조선의 수학자 홍정하_232

066 왕의 잘못을 바로잡고 백성들의 고통을 위로한 어사 박문수_235

067 조선의 갈릴레이 홍대용_239

068 청의 학문과 기술을 배워 강한 조선을 만들자던 북학파 연암 박지원_242

069 큰돈을 벌어 굶주린 백성을 구한 제주 상인 김만덕_245

070 조선의 그림 천재 김홍도_248

071 상인을 천시하던 조선에서 상업의 중요성을 외친 실학자 박제가_251

072 효심 지극하고 백성과 인재를 아낀 개혁 군주 정조_254

073 귀양살이하며 실학을 집대성한 학자 다산 정약용_257

074 학문과 예술에 모두 뛰어났던 학자이자 서예가 추사 김정희_261

075 김삿갓으로 유명한 방랑시인 김병연_265

076 조선에서 가장 정밀한 지도를 만든 지리학자 김정호_268

077 한량 행세로 눈을 속이며 후일을 도모한 흥선대원군_271

078 모두가 평등한 새 세상을 꿈꾼 동학의 창시자 최제우_275

079 동학농민운동을 이끈 녹두장군 전봉준_278

080 체질에 따라 치료법이 다른 사상의학을 만든 이제마_282

081 한글의 과학적 기초를 세운 국어학자 주시경_285

082 우리 민족의 독립의지를 만방에 알린 대한민국 임시정부 주석 김구_288
083 민족의 힘을 기르기 위한 계몽과 교육에 힘쓴 도산 안창호_291
084 조선 침략의 주범 이토 히로부미를 저격하고 순국한 안중근 의사_295
085 독립전쟁 사상 최대의 승리인 청산리대첩을 이끈 총사령관 김좌진 장군_299
086 어린이라는 말과 어린이날을 만든 방정환_302
087 민족의 한과 슬픔을 시로 읊은 국민 시인 김소월_305
088 나라 잃은 설움을 달래준 영화 〈아리랑〉을 만든 나운규_308
089 조국 독립에 꽃다운 목숨을 바친 3·1 만세운동의 순국열사 유관순_311
090 일본군 사령관에게 폭탄을 던진 애국지사 윤봉길 의사_314
091 우리 나비를 연구하여 세계에 알린 생물학자 석주명_318
092 난해한 작품으로 세상을 깜짝 놀라게 한 천재 작가 이상_321
093 한국 동요의 아버지 아동문학가 윤석중_325
094 대한 남아의 기상을 베를린 하늘에 떨친 마라톤 금메달 주자 손기정_329
095 별처럼 맑은 눈으로 바람 앞의 잎새 같은 조국을 사랑한 시인 윤동주_332
096 마음을 담아 소와 가족을 그린 화가 이중섭_335
097 평생 번 재산을 사회에 기부한 기업가 유일한_339
098 한국의 슈바이처라 불리는 외과의사 장기려_342
099 비디오아트의 선구자 백남준_346
100 작고 소박한 것들을 눈여겨본 국민 수필가 피천득_349

| 한국 위인 001 | 우리 민족 최초의 나라 고조선을 세운
단군 |

아주 오래전 하늘나라 임금님인 환인에게는 환웅이라는 아들이 있었어요. 환웅은 늘 인간 세상에 내려가고 싶어 했어요. 아들의 간절한 바람을 알아챈 환인은 세 개의 천부인을 환웅에게 주었어요. 천부인은 환웅이 하늘나라의 왕자이며 세상의 왕이라는 것을 알려주는 징표예요. 환인은 환웅에게 당부했지요.

"널리 인간을 이롭게 하라."

환웅은 3천의 무리를 이끌고 인간 세상에 내려왔어요. 그는 바람, 비, 구름의 신을 거느리고 백성들의 농사일을 도와주었어요. 병을 낫게 해주었으며 서로 해치지 않고 착하게 살 수 있도록 세상을 잘 다스렸어요.

그때 세상엔 곰과 호랑이가 살고 있었답니다. 두 동물은 환웅에게 사람이 되고 싶다고 간절히 빌었어요. 환웅은 곰과 호랑이에게 쑥과 마늘을 주며 말했어요.

"너희가 사람이 되려면 백일 동안 이것만 먹으며 햇빛을 보지 말아야 하느니라."

곰은 환웅의 말대로 동굴 속에서 다른 것은 아무것도 먹지 않고 오로지 쑥과 마늘만으로 견뎠어요. 그런데 호랑이는 배고프고 답답한 것을 참지 못해 동굴 밖으로 뛰쳐나갔지요. 곰은 마침내 사람인 웅녀가 되었어요. 웅녀는 환웅과 결혼하여 아들을 낳았어요. 그 아이가 바로 우리나라 사람들의 첫 조상님인 단군이에요.

단군 할아버지는 기원전 2333년에 고조선이라는 나라를 세웠어요. 고조선은 우리 민족의 첫 번째 나라예요. 아사달에 도읍을 정한 후 1천 500년 동안이나 이어졌지요. 단군은 본래 단군왕검의 준말이에요. '단군'이란 하늘에 제사를 지내는 사람을 말해요. '왕검'은 정치적인 지도자를 뜻하지요.

그렇다면 단군 할아버지는 정말 하늘에서 온 환웅과 곰이었던 웅녀 사이에서 태어났을까요? 어느 나라든 첫 번째 조상에 관한 역사는 재미있고 신기한 이야기로 전해지고 있어요. 신들이 등장하거나 힘센 동물이 인간으로 변신하기도 해요. 우리 조상은 신처럼 특별한 사람이라고 자랑하고 싶은 마음이 담겨 있기 때문이에요. 오늘날의 우리는 그 이야기 속에 숨은 진짜 역사를 찾아내는 지혜의 눈이 필요하답니다. 많은 역사가가 환웅을 북방에서 온 사람일 거라고 말해요. 곰과 호랑이도 실제 동물이라기보다 곰과 호랑이를 신으로 모시며 우리 땅에서 살고 있던 사람들이라고 여기지요. 단군 할아버지는 앞선 기술을 지니고 온 북방의 사람들과 곰 신을 믿던 토착 부족 사이에서 태어난 자손일 가능성이 크답니다.

키워드로 살펴보기

#8조법 고조선에는 8가지 법이 있었어요. 현재는 그중 세 가지만 전해지고 있어요.
① 사람을 죽인 자는 사형에 처한다.
② 남을 다치게 한 자는 곡식으로 갚는다.
③ 물건을 훔친 자는 노비로 삼는다.
이를 통해 그때도 오늘날처럼 사람의 생명과 재산을 중시했다는 사실을 알 수 있습니다.

한국 위인 002
알에서 태어나 신라를 세운
박혁거세

옛날 진한 땅에는 여섯 마을이 있었어요. 어느 날 알천이라는 강 언덕에서 각 마을의 촌장들이 모두 모여 회의를 했어요.

"어허, 큰일일세. 요즘 어쩐 일인지 백성들이 전부 제멋대로야."

"맞아. 농사는 안 짓고 맨날 술 먹고 놀기만 하니 참으로 문제지 뭔가."

"우리 마을엔 남의 것을 빼앗거나 서로 싸우는 자도 늘었다네."

여섯 촌장은 머리를 맞대고 이유를 알아내려 애썼어요. 하지만 뾰족한 답을 찾지 못했지요. 그때였어요. 한 사람이 갑자기 깨달은 듯 소리쳤어요.

"앗, 이게 다 우리에게 임금님이 없어서 그런 게 아닌가!"

모두들 그 말이 옳다는 생각이 들었어요. 임금님이 큰 어른으로 나라를 잘 다스리면 백성들도 열심히 자기 일을 하며 편히 살 수 있으니까요. 또 다른 촌장이 말했어요.

"그렇다면 우리가 직접 임금님이 될 만한 덕 있는 사람을 찾아

보는 게 어떠한가?"

　여섯 촌장은 높은 곳에 올라가 임금님을 찾아보기로 했답니다. 그들이 막 남쪽을 바라보았을 때 신비한 광경이 눈에 띄었어요. 멀리 나정이라는 우물 옆 땅 위로 번개 같은 빛이 환히 비치는 게 아니겠어요! 그리고 하얀 말 한 마리가 그 빛이 깃든 자리를 향해 앞다리를 굽힌 채 공손히 인사를 드리고 있었어요.

　여섯 촌장은 급히 그곳으로 다가갔어요. 사람 소리가 나자 하얀 말은 긴 울음소리를 남기며 하늘로 올라가고 말았지요. 말이 절을 했던 자리엔 큰 알이 하나 놓여 있었어요. 그들은 알을 잘라 보았어요. 그러자 놀라운 일이 벌어졌어요. 알 속에서 늠름하고 잘생긴 남자아이가 태어난 거예요. 목욕을 시키니 온몸에서 눈부시게 빛이 났지요. 여섯 촌장은 기뻐서 한소리로 외쳤어요.
　"저길 보게. 새와 동물들이 이 아이의 탄생을 축하하는 것처럼 기뻐서 춤추고 있어. 하늘과 땅이 진동하며 해와 달도 더 맑게 빛나지 않는가! 드디어 찾았네, 찾았어. 이 아이는 하늘에서 보내주신 우리 임금님이 틀림없네."

　아이는 '밝은 빛으로 세상을 다스린다'는 뜻을 지닌 '혁거세'라는 이름을 갖게 되었어요. 박처럼 동그란 알에서 나왔다 하여 박 씨라는 성도 붙여졌지요. 알에서 태어난 박혁거세는 무럭무럭

자라났어요. 열세 살이 된 기원전 57년에는 나라를 세우고 임금님인 거서간이 되었지요. 새 나라의 이름은 서라벌이라고 지었어요. 서라벌은 제22대 지증왕 대에 그 이름이 신라로 바뀝니다. 박혁거세 거서간은 궁성인 금성을 쌓아 나라의 기틀을 마련했어요. 백성들에게 농사와 누에치기를 권장하여 곡식과 직물을 창고마다 가득 차게 했으며 예절을 바로 세워 서로 사이좋게 살 수 있도록 나라를 잘 다스렸어요.

키워드로 살펴보기

#거서간 신라 사람들은 박혁거세를 거서간이라고 불렀어요. 거서간은 왕이나 신분이 귀한 사람을 부르는 신라 말이에요. 그다음 임금님들은 차차웅, 이사금, 마립간 등으로 불렸지요. 왕이라는 호칭은 나라 이름을 신라로 바꾼 지증왕 때부터 쓰였답니다.

한국 위인 003
활을 잘 쏘았던 고구려의 첫 번째 왕
고주몽

"오이, 마리, 협보, 빨리빨리! 힘을 내!"

말을 타고 앞장서 달리던 한 젊은이가 뒤를 돌아보며 외쳤어요. 세 친구는 말을 더 세게 몰아 젊은이를 따랐어요. 그들 뒤로 부여 군사 한 무리가 쫓아오고 있었어요. 그런데 거센 강물에 젊은이들의 앞이 가로막혔어요. 군사들이 소리쳤어요.

"어서 잡아라! 저것들은 이제 독 안에 든 쥐다."

그때 맨 앞에서 달려가던 젊은이가 하늘을 바라보며 마음 깊이 빌었어요.

'저는 하늘나라 왕인 천제의 손자이며 물의 신인 하백의 외손자입니다. 제발 저를 도와 저들의 손에서 벗어나게 해주소서.'

그는 손에 쥔 활로 물을 세게 쳤어요. 그러자 신기한 일이 일어났어요. 갑자기 자라와 물고기가 몰려들더니 꼬리에 꼬리를 물고 다리를 만들었답니다. 젊은이와 세 친구는 그 다리를 밟고 무사히 강을 건널 수 있었어요. 놀라 바라보다 그제야 정신을 차린 군사들도 다리 위로 올라섰어요. 그런데 그 순간 자라들이 뿔뿔이 흩어졌어요. 군사들은 비명을 지르며 물에 빠지고 말았어요.

　젊은이의 이름은 고주몽이랍니다. 주몽은 태어날 때부터 신비한 점이 많았어요. 하루는 부여 왕인 금와왕이 물가에 나갔다가 하백의 딸인 유화를 만나 궁궐로 데려왔어요. 천제의 아들 해모수의 아내인 유화는 햇빛을 받고 알을 하나 낳았답니다. 그 속에서 한 남자아이가 태어났는데 그 아이가 바로 주몽이에요. 주몽은 총명하고 씩씩했어요. 활을 잘 쏘아서 무어든 한번에 명중시키곤 했지요. '주몽'이라는 이름은 부여 말로 '활을 잘 쏘는 사람'이라는 뜻이에요.

　금와왕에게는 일곱 아들이 있었어요. 맏아들 대소는 자신보다 머리 좋고 사냥도 잘하는 주몽을 미워했어요. 그래서 주몽을 못살게 굴었어요. 아버지에게 주몽을 없애자고 간청하기도 했지요. 주몽은 언젠가 대소의 손에 죽게 될 거라는 생각이 들어 고민에 빠졌어요. 그는 부여가 아닌 다른 곳에서 나라를 세워 왕이 되려는 꿈을 갖게 되었지요.

　금와왕은 주몽에게 마구간 일을 시켰어요. 먼 길을 갈 수 있는 좋은 말을 발견한 주몽은 꾀를 써서 말의 혀에 바늘을 찔러 놓았지요. 말은 혀가 아파 먹이를 잘 먹지 못하고 여위어갔어요. 어느 날 마구간에 온 왕은 마르고 볼품없는 그 말을 주몽에게 주고 자신은 살찐 다른 말을 타고 갔어요. 주몽은 얼른 바늘을 뽑아주고는 말을 잘 먹였지요. 그는 그 말을 타고 오이, 마리, 협보라는 세 친구와 함께 부여에서 도망친 거예요. 졸본이라는 곳에 다다른 주몽은 새 나라인 고구려를 세웠어요. 그리고 추모왕 혹은 동명성왕이라 불리는 고구려의 첫 번째 왕이 되었답니다.

키워드로 살펴보기

#동맹 고구려에서는 해마다 10월에 동맹이라는 제천행사를 열었어요. 제천행사란 하늘을 숭배하여 소원을 빌고 제사를 지내는 의식이에요. 이날은 모든 부족이 수도에 모여 나랏일을 의논하고 하늘과 조상신에 제사를 올렸어요. 추수를 감사하고 풍년을 기원하며 온 백성이 노래와 놀이를 즐기기도 했답니다.

| 한국 위인 004 | 아버지가 남긴 비밀을 풀어 왕이 된
유리왕 |

어느 날 한 청년이 추모왕을 찾아왔어요.

"아버님, 저는 부여에서 온 유리라고 합니다."

왕은 깜짝 놀랐어요. 처음 보는 청년이 자신을 아버님이라고 불렀기 때문이에요. 병사들이 밖으로 끌어내려 하자 청년은 얼른 품에서 부러진 칼 반쪽을 꺼냈어요.

"여기, 아버님이 남기신 증표가 있사옵니다."

순간, 추모왕이 자리에서 벌떡 일어났어요. 왕은 오래전부터 고이 간직해온 칼 반쪽을 유리가 내민 칼 조각과 맞춰보았어요. 제 짝을 만나 완벽한 모양을 되찾은 칼이 빛을 받아 번쩍였어요.

"내 아들 유리야, 네가 기어코 내가 남겨놓은 비밀을 풀어 예까지 왔구나."

왕은 자신을 찾아온 아들이 반가워 눈물을 흘렸어요. 그리고 유리를 고구려의 태자로 삼았어요. 태자란 장차 왕이 될 왕자를 부르는 말이에요. 추모왕이 남겼던 비밀은 과연 무엇이었을까요.

유리는 주몽이 부여에서 살 때 결혼한 예씨부인이 낳은 아들이에요. 주몽은 부여를 탈출하기 전 임신 중이던 예씨부인과 안타까운 이별을 했어요. 유리는 아버지의 얼굴도 모르는 채 숨어 살아야 했답니다. 하지만 아버지를 쏙 빼닮아 활을 잘 쏘는 씩씩하고 지혜로운 아이였어요. 어느 날 유리는 참새를 잡으려다가 실수로 동네 아주머니의 물 항아리를 깼답니다. 화가 난 아주머니는 그에게 아비 없는 자식이라고 욕을 했어요. 유리는 그 말에 충격을 받았지요. 울며 아버지가 누군지 묻는 유리에게 어머니 예씨부인은 그제야 사실을 알려주었어요.

　"네 아버님은 하늘의 자손으로 고구려를 세우신 분이다. 떠나실 때 네가 풀어야 할 비밀을 하나 남기셨단다. 일곱 모가 난 돌 위의 소나무 아래에 증표가 되어줄 물건을 감춰두셨다는구나. 그것을 가져오는 사람이 곧 아버님의 진짜 아들이라고 하셨다."
　유리는 온 산을 뒤지며 일곱 모가 난 돌을 찾았어요. 하지만 그것은 어디에도 없었어요. 집에 돌아와 마루에 힘없이 앉아 있던 유리는 기둥을 받쳐놓은 주춧돌에 눈길이 갔어요. 놀랍게도 그것은 일곱 모가 나 있었어요. 기둥은 소나무로 만들어졌으니 비밀의 답은 바로 자신의 집 기둥과 주춧돌이 만나는 부분에 있었던 것이지요. 그곳을 살펴보니 정말로 부러진 칼이 숨겨져 있었답니다.

추모왕에 이어 고구려의 두 번째 왕이 된 유리왕은 수도를 국내성으로 옮기고 백성들이 잘 살 수 있도록 나라의 기틀을 다졌어요. 또한 경쟁자인 선비족을 항복시키고 부여의 침입을 막아내는 등 고구려를 더 강하고 튼튼하게 만들었답니다.

키워드로 살펴보기

#황조가 《삼국사기》에 실려 전하는 유리왕이 지은 가요예요. 황조는 꾀꼬리를 말해요. 유리왕의 후궁인 화희와 치희는 서로 앙숙이었어요. 어느 날 싸우다가 화희에게 무시당한 치희는 화가 나 집으로 돌아가버렸답니다. 왕이 쫓아갔지만 붙잡지 못하고 혼자 돌아오게 되었어요. 그때 왕이 사이좋게 노니는 암수 꾀꼬리를 보며 외로움을 읊은 노래지요.

한국 위인 005 | 고구려의 책사
부분노 장군

고구려를 세운 추모왕과 그 아들인 유리왕에게는 꾀 많은 신하가 있었어요. 바로 부분노 장군이지요. 그는 나라를 위해 위험천만한 일도 서슴지 않는 용감한 장수이기도 했어요. 추모왕이 고구려를 세운 직후의 일이에요. 당시 고구려에는 고각이 없었어요. 고각은 북과 나팔을 뜻하지요. 고대 국가에서 고각은 신성한 권위와 위엄을 상징하는 중요하고 귀한 물건이에요. 나라의 큰 제사나 행사를 치를 때 반드시 필요했답니다. 왕은 이웃 나라인 비류국에서 사신이 올 때마다 몹시 부끄러워했어요. 비류국은 고구려에 항복했지만 자신들보다 역사가 짧은 고구려를 은근히 얕잡아 보고 있었어요.

그런 사실을 알고 있는 추모왕은 신하 나라가 된 그들에게 아무것도 갖춰져 있지 않은 모습을 보이기 싫었어요. 그러자 부분노는 비류국에 몰래 숨어들어가 고각을 가져오는 비밀 작전을 짰어요. 나라의 귀한 보물이 보관된 비밀장소는 경계가 삼엄했어요. 하지만 그는 몇 사람과 함께 그 경계망을 뚫고 무사히 고각을 빼내왔답니다.

추모왕이 세상을 떠나자 그 아들인 유리가 왕위에 올랐어요. 유리왕은 유목민족인 선비족 때문에 골머리를 앓았어요. 어느 날 왕이 신하들에게 물었어요.

"저들은 험한 성을 믿고 내려와 노략질을 하고 얼른 돌아가 숨으니 쉽게 잡을 수도 없다. 이 중에 누가 선비족을 물리칠 사람이 없느냐. 내 후한 상을 내리리라."

그때 부분노가 왕의 앞으로 나아갔어요.

"소신에게 좋은 계책이 있사옵니다. 선비는 험한 지형이어서 수비가 튼튼하고 사람은 용감하지만 어리석습니다. 힘보다 꾀로 이겨야 하옵니다. 우선 첩자를 이용해 우리 병력이 약하고 겁이 많다는 소문을 퍼뜨리게 하소서. 저들은 그 말을 믿고 틀림없이 방심할 것입니다. 그때 약해 보이는 군사로 성을 공격하여 저들을 성 밖으로 나오게 유인하시면 신이 숨어 엿보다가 날쌘 병사들과 함께 들어가 성을 점령하겠습니다. 그와 동시에 대왕께서 친히 용맹한 기병을 이끌고 앞에서 공격하시면 능히 이길 수 있습니다."

그의 말대로 첩자가 흘린 거짓 정보를 들은 선비족은 고구려를 얕보게 되었어요. 고구려군이 공격을 시작하자 의심 없이 성을 모두 비우고 쫓아왔지요. 부분노는 이때다 하며 성에 들어갔어요. 선비족은 그제야 자신들의 실수를 눈치챘지만 이미 엎지른 물이었지요. 부분노의 작전에 휘말린 그들은 앞에서 쳐들어온 유리왕의 기병과 뒤에서 공격하는 부분노의 병사들에게 협공을 받고 고구려에 항복하고 말았답니다.

 전쟁을 하거나 나라를 다스리는 방법에 대해 왕에게 조언해주는 사람을 책사라고 해요. 장자방으로 더 유명한 중국 한나라의 장량을 예로 들 수 있어요. 그의 계책을 그대로 따랐던 유방은 경쟁자들과 벌인 전쟁에서 최후의 승자가 되어 한나라를 세웠지요. 부분노 역시 장자방 못지않은 고구려의 뛰어난 책사였답니다.

키워드로 살펴보기

#반간계 《삼국사기》에 적힌 위의 기록을 통해 부분노는 병법에 능한 장수였음을 알 수 있어요. 그가 유리왕에게 일러준 계책을 반간계라고 해요. 반간계란 거짓 정보로 적의 첩자를 역이용하는 첩보작전이에요. 유명한 병법 책인《손자병법》에 실려 있지요.

| 한국 위인 006 | 백제를 세운 고구려의 왕자
온조

소서노는 졸본의 공주예요. 주몽이 고구려를 세울 때 큰 도움을 주었지요. 그리고 주몽과 결혼하여 고구려의 첫 왕비가 되었어요. 소서노에게는 비류와 온조라는 두 왕자가 있었답니다. 그들은 훗날 아버지 주몽에 이어 왕이 될 거라는 꿈을 안고 있었어요. 그런데 생각지도 못한 일이 일어났어요. 부여에서 생전 처음 보는 이복형 유리가 찾아와 태자가 된 것이지요. 이복형이란 아버지는 같지만 낳아준 엄마가 다른 형을 말해요. 비류는 억울한 생각이 들어 온조에게 말했어요.

"아바마마가 처음 나라를 세우실 때 우리 어머니 덕을 많이 보셨다. 하지만 그 공이 다 허사가 되고 결국은 유리 왕자가 왕이 될 것이다. 게다가 우리 형제가 눈엣가시처럼 여겨질 테니 이대로 있다간 무슨 일을 당할지 모를 일이야. 이렇게 불안하게 살 바엔 차라리 어머니를 모시고 남쪽으로 내려가 새 나라를 세우는 게 어떻겠느냐?"

온조는 형과 뜻을 같이하기로 했어요. 소서노와 두 왕자는 자신들을 따르는 열 명의 신하와 백성들을 데리고 남쪽을 향해 떠났어요. 강을 건너고 산을 넘어 그들이 도착한 곳은 지금의 한강 근처가 잘 내려다보이는 높은 산 위였어요. 신하들은 그 밑의 땅이 수도를 정하고 새 나라를 열기에 적당한 곳이라고 했어요.

"오, 그대들 말처럼 이곳은 높은 산과 강, 바다가 주변을 둘러싸고 있으니 외적의 침입을 막아줄 안전한 땅이 틀림없소. 저 남쪽으로 펼쳐진 넓은 들판에 농사를 지으면 분명 해마다 풍년이 들 것이오."

온조는 신하들의 의견에 따르기로 했어요.

하지만 비류는 바다 옆의 땅에서 살고 싶어 했어요. 신하들이 말려도 듣지 않았어요. 의견이 갈린 두 형제는 각기 다른 곳에서 새 나라를 세웠답니다. 온조는 열 명의 신하와 함께 강의 남쪽 위례성에 수도를 세우고 나라 이름을 십제라고 했어요. 비류는 자신을 따르는 백성들을 이끌고 서해 바로 옆에 자리한 미추홀로 갔어요. 미추홀은 오늘날의 인천이에요. 얼마 지나지 않아 비류는 자신의 결정을 후회했어요. 바다 옆 땅은 습하고 물에 소금기가 많아 백성들이 살기 어려웠지요. 비류가 죽은 뒤 미추홀로 갔던 백성들은 모두 좀 더 편안하고 살기 좋은 위례성으로 돌아왔어요. 온조왕은 백성들이 더 많아지고 나라 살림이 안정되자 나라 이름을 백제로 바꾸었어요.

고구려 왕자로 백제의 첫 번째 왕이 된 온조왕은 몸집이 크고 효성이 지극하며 형과도 우애가 있었다고 해요. 말타기와 활쏘기도 뛰어났답니다. 전해지는 역사에서 우리는 그가 주변 사람의 의견을 존중하고 사이좋게 잘 지내며 지혜로운 결정을 내리는 왕이라는 걸 짐작할 수 있어요. 백제는 온조왕이 터를 닦은 하남 위례성을 발판으로 점차 주변 마한의 작은 나라들을 합하며 힘세고 큰 나라로 발전해갔어요.

키워드로 살펴보기

#하남위례성 오늘날 그 정확한 위치를 알기는 힘들어요. 많은 학자가 그곳을 움집터와 기와, 토기 등 백제 초기 생활도구가 발굴된 몽촌토성일 거라고 추측하고 있지요.

| 한국 위인 007 | 백성들이 노래로 맞이한 금관가야의 시조
수로왕 |

    오래전 낙동강 하류의 변한 땅에는 왕과 나라가 없고 아홉 개의 큰 마을만 있었어요. 각각의 마을은 추장인 간이 다스렸지요. 어느 날 구지봉이라는 산봉우리 위에서 이상한 목소리가 들려왔어요.

    "나는 이 땅에 가서 나라를 세우고 임금이 되라는 하늘의 명을 받고 내려왔다. 너희가 나를 임금으로 맞이하고 싶다면 산꼭대기 흙을 파며 이런 노래를 부르고 춤을 추도록 해라. '거북아, 거북아, 머리를 내밀어라. 만약 내밀지 않으면 구워 먹으리.'"

    봉우리 위에 모인 아홉 간과 백성들은 목소리가 시키는 대로 땅을 파며 노래하고 춤을 추었어요. 그러자 하늘에서 자줏빛 줄이 내려왔어요. 줄의 끝에는 붉은 보자기에 싸인 금빛 상자가 하나 보였지요. 상자를 열어보니 여섯 개의 황금 알이 들어 있었어요. 그런데 놀랍게도 다음 날 아침 알은 여섯 명의 어린아이로 변했어요. 그중 제일 먼저 태어난 아이는 세상에 처음 나타났다 하여 이름을 수로라고 했어요. 성은 황금을 뜻하는 김 씨로 지었지요. 10여 일 만에 쑥쑥 자라 어른이 된 김수로는 왕위에 올라 나라를 세우고 이름을 가야국이라고 지었어요. 수로왕이 다스린 이 가야국을 금관가야라고 해요. 나머지 다섯 아이도 주변으로 흩어져 저마다 가야라는 이름이 붙은 나라를 세웠어요. 수로왕이 세운 금관가야와 다섯 가야를 합해서 6가야라고 해요.

수로가 왕이 된 지 몇 년 지났을 때, 신하들은 수로왕에게 왕비가 될 아가씨를 추천하려 했어요. 하지만 수로왕은 "짐은 하늘의 명으로 여기 왔다. 왕비 또한 하늘이 정할 것이다"라며 신하들에게 바닷가에 가서 기다리라고 했어요. 며칠 후 왕의 말대로 먼 서남쪽 바다에서 붉은 돛에 붉은 깃발을 단 배가 한 척 들어오는 게 보였어요. 금은과 보물을 가득 실은 배 안에는 허황옥이라는 이름의 아름다운 공주와 시종들이 타고 있었어요.

공주는 수로왕에게 신기한 꿈 이야기를 들려줬어요.
"저는 인도의 아유타국에서 왔습니다. 지난 봄 부모님이 꿈속에서 저를 가야국 수로왕께 보내 왕비가 되게 하라는 하늘의 말씀을 들으셨다고 합니다. 잠에서 깨어나신 후 저를 불러 지금 바로 그곳으로 떠나라 하셨지요. 그래서 예까지 왔습니다."
수로왕은 하늘이 맺어준 인연에 기뻐하며 공주와 성대한 결혼식을 올렸어요. 그 후 수로왕과 왕비는 서로를 아끼고 백성들을 사랑하며 오랫동안 나라를 잘 다스렸어요.

키워드로 살펴보기

#연맹왕국 #고대국가   고구려, 백제, 신라 등 삼국은 법과 제도인 율령을 정해 나라를 다스렸어요. 나라의 권한을 왕이 가지는 형태, 중앙집권형 국가였지요. 백성들을 통솔하는 불교도 받아들이고 땅을 넓히려는 정복 활동도 활발히 했어요. 이런 면을 모두 갖춘 옛 나라를 고대국가라고 해요. 가야는 작은 나라들이 힘센 나라를 중심으로 뭉친 연맹왕국이었어요. 그런데 삼국의 전쟁에 휘말려 연맹이 깨지면서 하나의 고대국가가 되지는 못했답니다. 하지만 삼국과는 다른 방식의 국가 형태를 유지한 가야는 농업과 철 수출로 쌓은 부유한 국력을 바탕으로 자신들만의 우수한 문화를 지녔던 나라라고 평가되고 있어요.

| 한국 위인 008 | 가야의 음악을 후대에 길이 전한 **우륵** |

"아니 되옵니다, 대왕마마. 어찌 가야를 망하게 한 음악을 만백성의 모범이 되어야 할 궁중음악으로 삼는단 말입니까?"

신라 진흥왕 때 일이에요. 신하들이 왕에게 고했어요. 하지만 왕의 생각은 달랐어요.

"가야는 왕이 잘못하여 망한 것인데 음악에 무슨 죄가 있다는 것이냐. 음악은 사람의 마음과 감정에서 비롯되어 법도를 따르게 한 것이니 나라가 잘 다스려지거나 어지러워지는 것은 음악 때문이 아니다."

신하들의 반대에도 불구하고 가야의 음악은 신라의 궁중음악이 되었답니다. 진흥왕의 마음을 움직인 것은 가야에서 온 우륵이 만든 가야금 곡이었어요.

그 당시 가야국 연맹을 이끌던 금관가야는 신라에 나라를 빼앗겼어요. 그러자 이번엔 대가야가 중심이 되어 여러 가야국을 이끌었어요. 대가야는 부자나라였어요. 기름진 땅에서 식량을 풍부하게 얻을 수 있었거든요. 질 좋은 철을 다른 나라에 팔아 많은 돈도 벌었고요. 이처럼 부유한 경제를 바탕으로 한 수준 높은 가야의 문화는 신라와 옛 일본의 문화에 영향을 주었어요.

대가야의 가실왕은 음악을 이용해서 가야연맹의 힘을 하나로 모으려 했어요. 그때 우륵은 가야국에서 연주 솜씨가 뛰어나기로 유명했어요. 가실왕은 우륵을 궁중 악사로 뽑았어요. 그리고 그에게 가야금 곡을 작곡하라고 명했지요. 우륵은 12곡의 가야금 곡을 만들었어요. 전해지는 제목을 보면 가야의 각 지방에 전래되는 민요가 담긴 음악임을 추측할 수 있어요. 제목 대부분이 가야 지방의 지명이기 때문이지요.

백제와 신라는 대가야 땅을 탐냈어요. 계속되는 그들의 공격은 대가야를 위태롭게 만들었어요. 대가야는 금관가야처럼 신라에 져서 망하고 말았어요. 나라가 어지러워지자 우륵은 가야금을 가지고 신라로 망명했어요. 우륵의 연주는 진흥왕의 눈에 띄어 신라에서도 그 실력을 인정받았지요. 우륵은 신라 귀족들에게 가야금 연주법과 음악을 가르쳤어요. 그 결과 신라에서는 가야금 곡이 185곡에 이를 정도로 가야금이 널리 알려지게 되었어요. 그렇게 우륵은 가야의 악기와 음악을 지켜낼 수 있었어요.

우륵은 마음 아픈 일을 겪기도 했답니다. 신라의 귀족들은 그가 만든 열두 곡을 자기들 마음에 맞게 다섯 곡으로 줄였어요. 우륵은 화가 났어요. 하지만 연주를 다 들어본 후에는 눈물을 흘리며 칭찬했어요.

"즐겁지만 방탕하지 않고, 슬프지만 비통하지 않으니 바르다고 할 만하다."

우륵은 자신의 감정을 뛰어넘어 좀 더 높은 예술의 경지를 알아보고 인정해주는 참된 악사였던 거예요. 그 후 가야금은 우리나라의 대표적인 악기가 되었어요. 나라는 망해 사라졌어도 우륵이 전한 가야금과 곡조에 담긴 가야의 정신과 정서는 우리 음악 속에서 영영 살아 있게 되었지요.

키워드로 살펴보기

#가야금 가얏고라고도 불러요. 대가야의 가실왕이 중국 고대 악기인 쟁을 본떠 만들었다고 전해지지요. 가야금의 12줄 현은 1년 12달의 음률을 상징해요.

한국 위인 009 왕이 된 소금장수
을불

"아이고 왕손이라니요, 말도 안됩니다. 소인은 그냥 소금장수일 뿐입니다요."

야위고 헐벗은 한 젊은이가 손을 내저으며 말했어요. 하지만 벼슬아치로 보이는 두 사람이 그의 말에 아랑곳하지 않고 공손히 절을 올렸어요. 젊은이는 대체 누구일까요.

고구려 때 일이에요. 제14대 봉상왕은 의심이 많았어요. 왕의 자리를 빼앗길까 봐 두려워 백성들의 존경을 받던 작은아버지 달가를 죽였을 정도예요. 다음 해에는 아우 돌고에게 독약을 내려 자결하게 했지요. 돌고의 아들인 을불은 들판으로 달아나 간신히 살아남았어요. 을불은 자신을 찾아내 죽이려는 봉상왕을 피해 숨어 살았어요. 처음에는 신분을 감추고 남의 집 머슴살이를 했어요. 주인은 인정 없는 사람이었어요. 집 연못에서 개구리가 울어 시끄럽다며 을불을 시켜 밤새 개구리를 쫓게 했어요. 낮에는 땔감을 해오라고 괴롭혔고요. 힘든 일에 시달리던 을불은 그 집을 나와 소금장수가 되었어요.

떠돌며 소금을 팔던 을불에게 다시 위기가 닥쳤어요. 하룻밤 묵은 어떤 집에 욕심 많은 노파가 있었어요. 할머니는 을불에게 소금을 달라고 했어요. 을불이 한 말이나 주었지만 할머니는 더 많이 달라고 떼를 썼어요. 을불은 더 이상은 안 된다며 거절했어요. 다음 날 길을 나서는 그의 뒤에서 할머니가 "내 신발 내놓아라 이 도둑놈아!" 하고 소리쳤어요. 관가에 끌려간 을불의 짐에는 정말 신발이 들어 있었어요. 할머니가 몰래 넣어놓은 것이에요. 을불은 소금을 빼앗긴 채 매를 실컷 맞고 풀려났어요. 그는 억울했지만 꾹 참았어요. 왕에게 발각되면 집안을 다시 일으켜 세울 수 없을 테니까요.

흉년으로 백성들이 굶주리고 있을 때 봉상왕은 호화로운 왕궁을 지어 원성을 샀어요. 오랜 가뭄에 지친 백성들에게 왕궁을 수리하라며 못살게 굴었지요. 나라의 제일 높은 관리인 국상 창조리는 왕을 말렸어요. 왕은 오히려 화를 내며 그를 윽박질렀어요. 창조리는 백성을 위해 왕을 몰아내야겠다고 맘먹게 되었어요.

어느 날 을불에게 낯선 사람들이 찾아왔어요. 창조리가 보낸 부하들이에요. 겉모습은 초라했지만 의젓한 행동을 본 부하들은 그가 왕손임을 바로 알아봤어요. 그들은 을불에게 왕이 되어달라고 부탁했어요. 을불은 자신의 아버지처럼 봉상왕의 박해를 받아 죽거나 억울하게 살고 있는 백성들을 위해 왕이 되기로 결심했어요.

"폭군인 왕을 몰아내려 하오. 나와 같은 마음인 사람은 내가 하는 대로 따라 하시오."

봉상왕이 사냥을 하는 사이, 창조리는 다른 신하들에게 그렇게 말한 후 갈댓잎을 모자에 꽂았어요. 놀랍게도 모든 신하가 그를 따라 했어요. 모두가 같은 뜻임을 알게 된 창조리는 왕을 가두었어요. 아버지의 억울한 죽음 이후 모진 고생을 참아낸 을불은 결국 새 왕이 되었답니다. 그가 고구려의 15대 왕인 미천왕이에요.

키워드로 살펴보기

#낙랑군 고조선을 멸망시킨 중국 한나라는 그 땅 일부에 낙랑, 진번, 임둔, 현도라는 사군을 세웠어요. 그중 세 군은 곧 쫓겨났지만 낙랑군은 한나라가 망한 후에도 남아 있었어요. 313년 미천왕은 낙랑군을 공격하여 무너뜨리고 고구려 땅으로 삼았어요.

한국 위인 010   방아 소리 연주로 아내를 위로한 금의 명인
백결선생

　신라 자비왕 시절이에요. 수도 금성의 낭산 밑자락에는 금을 잘 타는 명인이 살고 있었어요. 금(琴)은 거문고나 가야금과 비슷한 옛날 현악기예요. 그는 늘 금을 가지고 다녔어요. 행복하거나 화나는 일, 기쁨과 슬픔, 못마땅한 일을 모두 금으로 표현했지요. 그런데 그는 너무나 가난했어요. 옷을 여기저기 기워 입어 마치 누더기를 걸친 것처럼 보일 정도였어요. 사람들은 그를 백결선생이라고 불렀어요. 백결이라는 말은 '백 군데를 꿰맸다'는 뜻이에요.

　섣달그믐(음력으로 한 해의 마지막 날) 무렵이었어요. 집집마다 설을 준비하는 떡방아 소리가 요란했어요. 하지만 백결선생네 부엌에는 찬바람이 돌았어요. 백결선생의 부인은 쌀독 안을 들여다보았어요. 쌀은 한 줌도 남아 있지 않았어요. 부인이 문득 한숨을 쉬며 말했어요.

"다른 집은 모두 방아 찧을 곡식이 있는데 우리 집만 아무것도 없구나. 무엇으로 해를 보내고 설을 쉴까."

열린 방문 틈으로 그 말을 들은 백결선생은 마음이 아팠어요. 집안 사정이 딱한 건 알지만 가난한 음악가에게 쌀을 살 돈이 있을 리 없었어요. 선생은 하늘을 우러러 탄식하며 부인에게 말했어요.

"대개 죽고 사는 것은 타고난 명이 있고 귀하고 부자로 사는 것은 하늘에 달려 있소. 세상의 이치가 오는 걸 막을 수 없고 가는 걸 쫓아갈 수 없는 법인데 당신은 어찌 그리 근심을 하오. 내 당신을 위해 방아 찧는 소리를 내어 위로해주겠소."

선생은 금을 들어 연주하기 시작했어요. 정말로 그 음악 속에선 절굿공이로 곡식을 찧는 것 같은 소리가 났어요. 사람들은 백결선생이 만든 이 곡을 대악 또는 방아타령이라고 불렀어요.

기록에 남아 있지는 않지만 우리는 전해지는 이야기 속에 숨어 있는 부인의 마음을 상상해볼 수 있어요. 아마도 부인은 가만히 눈을 감고 자신을 위해 그 자리에서 지어낸 백결선생의 연주를 들었겠지요. 절구에 가득 찬 쌀이 보이는 듯했을 거예요. 김이 모락모락 나는 익힌 쌀을 방아로 찧으니 절구 속에는 어느덧 먹음직한 떡이 만들어지고 있어요. 비록 음악이 끝나면 사라질 것이지만 소리를 듣는 그 순간만큼은 부자가 된 기분이 들지 않았을까요. 우리 역사 속에는 나라에 공을 세운 사람, 학문이 뛰어난 사람, 돈을 많이 벌어 남을 도운 사람이 많지요. 백결선생과 그 부인처럼 가진 것은 없어도 악기로 만들어낸 아름다운 음률의 세계에서 마음이 부유하게 산 사람들도 있답니다.

키워드로 살펴보기

#대악 방아를 찧으면서 부르는 노래를 대악이라고 해요. '방아소리' 또는 '방아타령'이라고도 부른답니다. 대악의 '대(碓)'는 한자로 방아를 뜻해요. 여기에 음악 혹은 노래라는 뜻의 '악(樂)'이라는 글자가 붙어 만들어진 단어지요. 백결선생이 지은 노래도 대악이에요. 참고로 고려가요인 상저가도 방아를 찧을 때 부르는 노래입니다.

| 한국 위인 011 | 가난한 사람을 위해 진대법을 만든 고구려 재상
을파소 |

"아이고 나리. 이 밭을 빼앗아 가시면 저희 식구는 전부 굶어 죽습니다요."

"저리 비켜. 우리 아버지가 누군 줄 알고 감히 대드느냐? 바로 어비류 어르신이다."

고구려 고국천왕 때예요. 왕비의 친척인 어비류와 좌가려는 왕실의 힘을 믿고 백성들을 괴롭혔어요. 그 아들들은 함부로 남의 밭과 집을 빼앗고 그 집 자식들을 노비로 삼았답니다. 좌가려는 왕이 그 사실을 알고 화를 내자 반란을 일으키려 했어요. 군사를 보내 그들을 쫓아낸 왕은 백성들을 잘 다스리는 다른 신하가 필요했지요.

왕은 각 부족에게 지혜롭고 어진 사람을 추천하라고 명했어요. 부족들은 한결같이 안류라는 사람을 꼽았지요. 그러나 안류는 높은 벼슬을 사양하며 자신보다 을파소라는 사람이 더 훌륭하고 생각이 깊다고 말했어요. 사람들은 그가 누군지 몰라 의아했지요. 을파소는 유리왕 때의 대신이었던 을소의 후손이에요. 을파소는 관직에 나가지 못하고 시골에서 농사를 짓고 있었답니다. 언젠가 자신의 능력이 세상을 위해 쓰이길 바라며 실력을 쌓고 세상을 다스리는 방법에 대해 늘 공부했어요. 안류는 을파소가 숨은 실력자임을 잘 알고 있었던 것이지요.

왕은 반가운 마음에 얼른 을파소가 사는 곳에 사람을 보냈어요. 벼슬을 내리며 나라를 위해 지혜를 빌려달라고 정중히 부탁했어요. 그런데 어쩐 일인지 을파소는 왕의 부탁을 거절했어요.
"저는 둔하고 느려서 대왕께서 명하신 것을 감당해내기 힘드옵니다. 어질고 착한 이를 뽑아 더 높은 관직을 주신 후 나라의 기틀을 세우는 큰일을 이루십시오."
왕은 깜짝 놀랐어요. 보통은 벼슬을 준 것에 감격하고 고마워하게 마련이거든요. 곰곰이 을파소의 말을 되새겨본 왕은 그 속에 숨은 뜻을 알아냈답니다. 을파소는 자신에게 내린 벼슬이 나라를 모두 맡아서 다스릴 만큼 높지 않아 뜻한 바를 다 펼칠 수 없다는 의미를 내비친 것이었지요. 왕은 고개를 끄덕이며 다시 그에게 왕 다음으로 높은 벼슬인 국상 자리를 주었어요. 그제야 을파소는 왕의 부탁을 받아들였어요.

나라의 제일 높은 벼슬이 듣도 보도 못한 을파소에게 돌아가자 다른 신하와 왕실 친척 들의 불만이 높아졌어요. 그들은 을파소를 시샘해서 헐뜯고 욕을 했지요. 그렇지만 왕은 을파소의 편을 들며 오히려 다음과 같이 무시무시한 명을 내렸답니다.

"귀한 사람이든 천한 사람이든 국상을 따르지 않는 자는 씨족을 멸하겠다."

사람은 누가 자신의 능력을 알아주고 잘할 거라고 믿어주면 더욱 분발하게 된답니다. 을파소는 자신에 대한 왕의 마음에 감격했어요. 그래서 나라를 다스리는 일에 최선을 다했지요. 그는 가난한 백성을 위해 우리나라 최초의 빈민 구제책인 진대법을 만들었어요. 덕분에 백성들은 편안하게 잘살게 되었답니다. 그가 죽자 온 나라 사람들은 고마운 그가 사라진 게 안타까워 통곡을 하며 슬퍼했어요.

키워드로 살펴보기

#진대법 흉년이 들거나 쌀이 다 떨어져 먹을 것이 궁한 봄의 춘궁기에 나라에서 농민에게 곡식을 빌려주고 쌀을 수확한 후인 10월에 갚게 한 빈민 구제제도예요. 고구려 고국천왕 때 을파소의 건의로 만들어졌어요.

한국 위인 012 | 백제를 해상왕국으로 만든
근초고왕

지금의 한강인 아리수 위로 서해를 향해 떠나가는 배가 보여요. 말을 탄 채로 강이 내려다보이는 산 위에 서서 그 모습을 바라보는 늠름한 한 남자가 있었어요.

'나라의 힘을 키워 백성들이 저 드넓은 바다 위를 마음 놓고 누비게 할 것이다.'

마음속으로 굳게 다짐하고 있는 그는 백제의 제13대 왕인 근초고왕이에요. 그는 비류왕의 둘째 아들로 태어났어요. 지식과 견문이 넓고 판단력이 뛰어나며 앞날을 내다볼 줄 알았지요. 346년, 왕위에 오른 근초고왕은 백제가 앞선 문물과 기술을 받아들이고 그것을 바탕으로 주변 나라들과 적극적인 무역을 통해 더욱 발전할 수 있다고 믿었어요. 그러려면 다른 나라의 방해 없이 바닷길을 오갈 수 있도록 힘을 길러야만 했지요.

근초고왕은 꿈을 이루기 위한 준비 작업을 차근차근 실행해나갔어요. 우선 왕위를 아들에게 물려주는 부자상속제를 확립하고 온 나라의 권력이 왕에게 집중되게 만들었어요. 나라 안을 안정시킨 후에는 본격적인 정복활동에 나섰지요. 남쪽으로는 마한 세력을 누르고 전라도 해안지역까지 힘을 뻗쳤어요. 가야연맹의 일곱 소국을 정벌하기도 했지요.

하지만 북쪽은 그리 만만하지 않았어요. 백제보다 크고 힘센 고구려를 이겨야 했으니까요. 근초고왕은 고구려를 견제하기 위해 신라와 손을 잡았어요. 고구려의 고국원왕은 자신들과 국경을 마주한 백제가 점차 커가는 모습이 눈에 거슬렸어요.
"백제를 이대로 두었다간 후환이 두렵구나. 군사를 내어 저들을 소탕하도록 하라."
왕명을 받든 2만여 고구려군이 황해도 지역에 쳐들어왔답니다. 근초고왕은 즉시 태자를 보내 그들을 무찌르게 했어요. 그동안 열심히 군사력을 키워온 백제는 고구려군을 격파하고 5천 명을 포로로 잡는 대승리를 거두었어요. 사기가 오른 근초고왕은 날쌔고 뛰어난 군사 3만 명을 이끌고 고구려의 수도인 평양성을 공격해서 그들의 기세를 완전히 꺾었어요. 고국원왕은 그 전투에서 목숨을 잃었답니다.

주변의 나라들을 차례로 제압한 근초고왕은 한산으로 도읍을 옮기고 나라의 기강을 확고히 세웠어요. 박사 고흥에게는 백제의 역사를 담은 《서기》를 쓰라고 명했지요. 그리고 더 넓은 세상으로 눈을 돌렸어요. 바다 건너 중국의 동진에 사신을 보내고 왜와도 적극적인 교류에 나섰어요. 수준 높은 백제의 문화를 왜에 전해 그들의 문화 발달에 큰 영향을 주기도 했지요. 중국 요서 지방을 정복하여 식민지로 삼았다는 기록도 있어요. 백제 백성들은 이제 요서, 산둥반도, 동진, 왜에 이르는 거대한 바닷길을 마음대로 넘나들게 되었답니다. 근초고왕이 오랜 시간 꿈꾸고 준비해온 해상왕국을 이룬 것이지요. 근초고왕 시대에 백제는 최고의 전성기를 맞이했답니다.

키워드로 살펴보기

#칠지도 가운데 1개와 좌우로 나뉜 6개의 가지를 합해 총 7개의 가지 모양 칼날이 달린 철제 의식용 칼이에요. 양쪽 표면에는 만든 경위가 담긴 60여 글자가 새겨져 있지요. 현재 일본에 있는 이 칼은 백제의 근초고왕이 왜왕에게 하사한 것이라고 추정되고 있어요. 만든 시기와 글자 내용에 대해서는 여러 다른 의견도 있답니다.

한국 위인 013
우리 영토를 만주와 연해주까지 넓힌 고구려의
광개토대왕

'어떻게든 고구려를 더 크고 강하게 만들고야 말겠어.'

고구려의 태자 담덕은 어릴 때부터 씩씩하고 용감했으며 남다른 꿈이 있었어요. 그 당시 고구려는 주변의 적들과 끝없이 영토 전쟁을 했어요. 서쪽 요동지역을 놓고는 연나라와 세력 다툼을 벌였어요. 연나라 왕은 담덕의 할아버지인 고국원왕 때 고구려에 침입하여 궁궐을 불태우고 왕의 아버지인 미천왕의 무덤을 파헤쳐 시신을 가져갔어요. 왕의 어머니를 끌고 가 13년이나 볼모로 삼기도 했답니다. 고구려는 한창 국력이 강했던 남쪽 백제와도 영토 싸움을 벌이곤 했어요. 고국원왕은 백제와의 싸움에서 누가 쏘았는지 모르는 화살을 맞고 죽었답니다. 그런 환경은 담덕의 가슴에 고구려를 더 크고 힘센 나라로 만들고 싶다는 야망을 품게 했어요.

몇 년 후 고국양왕이 세상을 떠나자 담덕은 아버지의 뒤를 이어 왕위에 올랐어요. 그가 바로 고구려 제19대 왕인 광개토대왕이에요. 광개토대왕은 왕이 된 지 얼마 안되어 4만의 병사를 이끌고 백제를 쳐서 10개의 성을 빼앗았어요. 또 몇 달 후엔 백제의 중요 요새인 관미성을 함락했어요. 관미성은 사방에 바닷물이 넘실거리는 가파른 절벽 위에 자리하고 있었어요. 게다가 바닷바람이 살을 에는 추운 겨울이었지요. 군사를 부리는 기술이 뛰어났던 광개토대왕은 그래도 포기하지 않았어요. 병사들을 일곱 방면으로 나누고 20일 동안 끈질기게 공격한 끝에 적의 항복을 얻어냈지요.

광개토대왕은 왕위에 오른 지 5년째 되는 해, 고구려의 국경을 자주 침범하던 북쪽의 거란을 정벌하여 끌려갔던 고구려 백성을 구해 왔어요. 그다음 해에는 다시 백제에 쳐들어가 58성을 함락하고 백제의 아신왕에게 평생 신하가 되겠다는 약속도 받아냈고요.

전투마다 고구려에 패하던 백제는 왜와 연합하여 고구려와 친했던 신라를 공격했어요. 신라는 다급하게 고구려에 도움을 요청했지요. 광개토대왕은 군사 5만을 이끌고 내려가 백제와 왜, 가야의 연합군을 격파하고 신라를 구해주었답니다. 당시 신라를 침략한 왜는 고구려군의 위세에 놀라 싸울 엄두도 못 내고 물러났지요. 광개토대왕은 도망가는 왜군을 끝까지 따라가 물리쳤어요.

이로써 신라에 대한 고구려의 영향력은 더욱 커졌고 가야의 중심이었던 금관가야의 힘은 크게 약화되었어요.

한편 고구려의 서쪽에선 후연이 침략해 고구려 사람들을 잡아갔지요. 후연은 광개토대왕의 할아버지를 괴롭혔던 전연의 후예가 세운 나라예요. 광개토대왕은 곧바로 반격하여 숙군성을 빼앗았어요. 고구려와 치른 전투에서 번번이 패한 후연이 멸망하자 요동은 고구려의 영토가 되었어요. 남쪽으로는 백제, 신라, 가야, 왜와 북쪽의 거란, 숙신, 서쪽의 요동을 모두 제압한 광개토대왕은 다시 동쪽의 동부여까지 정벌하면서 우리 역사상 가장 넓은 영토를 확보했지요. 광개토대왕이라는 이름도 '땅을 크게 넓힌 대왕'이라는 뜻이에요.

광개토대왕은 고구려를 사방에서 제일 힘센 나라로 만들었어요. 고구려의 백성들은 강한 국력을 바탕으로 풍족하고 편안한 생활을 누렸어요. 고구려는 문화적으로도 크게 발달하여 동아시아를 이끄는 중심국가가 되었지요. 우리 민족 최초로 중국의 연호를 따르지 않고 영락이라는 독자적인 연호를 사용했던 광개토대왕은 세종대왕과 함께 누구도 따를 수 없는 위대한 왕으로 꼽히고 있답니다.

키워드로 살펴보기

#광개토대왕릉비   고구려 장수왕이 414년 아버지 광개토대왕의 업적을 기리기 위해 세운 높이 6.39미터의 거대한 돌 비석이에요. 고구려 두 번째 수도인 국내성이 있던 중국 지린성 지안현 퉁거우에 남아 있는데요. 비석 네 면에 새겨진 1,775자의 글자 속에는 고구려의 개국신화와 함께 광개토대왕의 계보와 업적 등이 적혀 있답니다.

한국 위인 014 | 아버지의 뜻을 이어 남진정책을 편
장수왕

"제발 소승을 백제로 보내주시옵소서. 나라의 은혜에 보답하고자 하옵니다."

"오, 정녕 그대가 그리 어려운 일을 맡아주겠소?"

백제에 보낼 첩자를 애타게 찾고 있던 고구려 제20대 장수왕은 승려 도림의 말이 몹시 반가웠어요. 도림은 왕명을 받고 백제로 갔지요. 그는 마치 고구려에서 죄를 짓고 쫓겨 온 것처럼 꾸민 후 백제의 개로왕에게 접근했어요. 도림은 개로왕이 장기와 바둑을 몹시 좋아한다는 정보를 알고 있었지요. 마침 도림은 바둑의 고수였고요. 개로왕은 도림의 바둑 솜씨에 반해 그의 말이라면 무엇이든 믿게 됐어요. 도림은 개로왕을 부추겨 화려한 궁궐과 성을 쌓고 묘지를 새로 만들었어요. 그러자 나라의 곳간이 텅 비며 백제는 국력이 날로 쇠약해졌지요. 장수왕은 무엇을 노리고 첩자를 보낸 걸까요.

수십 년 전 아버지 광개토왕이 죽자 왕위에 오른 장수왕은 광개토대왕비를 세웠어요. 까마득하게 높은 비석에 적힌 아버지의 업적을 바라보며 장수왕은 마음속으로 다짐했지요.

'북쪽은 더 이상 정복할 곳이 없어. 영토를 더 넓히려면 남쪽으로 나아가야 해.'

장수왕은 우선 수도를 북쪽의 국내성에서 남쪽 평양성으로 옮겼어요. 수도를 옮긴 데에는 여러 목적이 있었지요. 평양성은 남쪽을 정벌하러 가기가 쉬웠어요. 산으로 둘러싸인 국내성에 비해 평야가 많고 외국과 교류하기도 편했거든요. 한편 국내성에 오래 살며 힘을 키운 귀족들은 어느새 왕의 뜻을 방해하는 존재가 되었어요. 장수왕은 수도를 이전해서 그들의 힘을 누르고 왕권을 강화하려 했어요.

백제와 신라는 나제동맹을 맺으며 고구려가 남쪽으로 내려오는 것을 막으려 했어요. 장수왕은 치밀하게 계획해서 우선 백제 땅을 빼앗기로 했어요. 백제는 장수왕의 증조할아버지인 고국원왕을 죽인 원수이기도 했지요. 그래서 먼저 첩자인 도림을 보내 백제의 힘을 약화시켰던 거예요.

475년, 장수왕은 백제의 수도인 한성을 공격해 빼앗고 개로왕을 죽였어요. 백제는 할 수 없이 수도를 남쪽 웅진으로 옮겨야 했어요. 한성 일대인 한강 유역을 확보한 장수왕은 이번엔 신라를 공격해 여러 성을 점령했어요. 장수왕 시절 고구려 영토는 만주와 요동에서 한반도 중부지방에까지 이르렀어요. 장수왕은 외교에 균형을 잡아 정치를 안정시킨 왕으로도 유명해요. 당시 중국은 북조와 남조로 나뉘어 서로 싸우고 있었어요. 장수왕은 어느 한 편을 들지 않음으로써 싸움에 휘말리지 않고 두 지역 모두와 좋은 관계를 유지했어요. 그 결과 고구려는 오랫동안 평화를 누릴 수 있었답니다.

장수왕은 98세까지 살며 무려 78년 동안이나 왕위에 있었어요. 그래서 장수왕이라고 불리지요. 장수왕 때는 광개토왕이 마련한 토대 위에 영토가 더욱 넓어졌고 나라의 제도와 사회생활, 문화 등 모든 면이 크게 발달했어요. 고구려는 동북아시아 최강국이 되었지요. 그 당시 고구려 사람들은 스스로 세상의 중심이라는 자부심을 가졌답니다.

키워드로 살펴보기

#남진정책 북쪽보다 농사가 잘되어 생산력이 풍부한 남쪽의 영토를 얻기 위해 백제와 신라를 정벌하려는 고구려의 정책을 남진정책이라고 해요. 고구려 왕 중 장수왕이 남진정책에 가장 많은 힘을 쏟았어요.

한국 위인 015
신라 영토를 최대로 확장하고 순수비를 세운
진흥왕

"대왕은 만백성과 신하들의 으뜸이니 항상 자세를 바로 하고 위엄을 갖추시어요."

"예, 어마마마. 소자 꼭 명심하겠사옵니다."

어머니의 당부에 또박또박 씩씩하게 대답하는 이 아이의 이름은 심맥부예요. 바로 신라 제24대 진흥왕이지요. 진흥왕은 일곱 살이라는 어린 나이에 왕위에 올랐어요. 어머니인 지소부인이 대신 나라를 다스리는 섭정을 했지요. 진흥왕이 임금이 된 6세기는 신라의 국력이 한창 커가는 시기였어요. 제23대 법흥왕은 지증왕에 이어 나라의 권한이 왕에게 집중되는 중앙집권국가를 만들었지요. 어느덧 소년이 되어 직접 국정을 맡게 된 진흥왕의 가슴속에도 큰 꿈이 새겨졌어요.

'반드시 내 손으로 우리 신라를 한반도에서 가장 강한 나라로 만들겠어.'

그때는 이웃 백제도 성왕이 즉위하며 근초고왕 때를 빼닮은 두 번째 전성기를 맞이했어요. 반면 고구려는 힘이 강해진 귀족이 왕권을 넘보아 나라가 혼란에 빠져 있었지요. 그 틈을 타서 백제는 고구려에 빼앗긴 한강 하류 지역을 되찾으려 했어요. 신라 역시 중부 지방으로 진출하고 싶었답니다. 진흥왕과 성왕은 함께 고구려를 쳐서 한강 유역 땅을 빼앗았어요. 그런 다음 신라는 한강 상류 지역을, 백제는 하류 지역을 각각 사이좋게 나눠 가졌지요. 그런데 진흥왕은 새로운 고민에 빠졌어요.

'신라가 더욱 발전하기 위해선 한강 하류를 반드시 얻어야 해.'

신라는 삼국 중 제일 먼저 생겼지만 가장 늦게 고대국가로 발전했어요. 산과 강, 바다로 막히고 평야가 적은 지형에 자리한 게 문제였어요. 한강 하류는 서해와 통해 있어서 중국 등 다른 나라와 교류하기 편리했어요. 넓고 비옥한 평야도 있었고요. 그러나 신라와 백제는 120년 전 고구려에 대항하고자 나제동맹을 맺은 사이예요. 동맹을 이어갈지 적이 될지를 선택해야 했지요. 진흥왕은 결국 백제와 싸움을 벌여 한강 하류를 얻었답니다.

성왕은 의리를 저버린 신라에 몹시 화가 났어요. 복수를 위해 대가야, 왜와 연합하여 군사적 요충지인 신라의 관산성을 공격했어요. 그런데 급히 관산성으로 향하던 성왕은 김유신의 할아버지인 김무력이 이끌던 신라군에게 습격을 당해 죽고 말았어요. 싸움은 신라의 승리로 끝났지만 이후 두 나라는 서로 원수지간이 되었어요.

몇 년 후 진흥왕은 대가야를 멸망시켜 신라의 영토로 삼았어요. 이로써 대가야부터 한강 하류, 함경도 함흥까지가 모두 신라 땅이 되었어요. 신라는 나라가 세워진 이래 최대의 영토를 확보하며 국력을 만방에 떨쳤지요. 진흥왕은 정복한 땅들을 돌아보며 자신이 다녀갔음을 기념하는 순수비를 세웠답니다.

진흥왕은 활발한 정복 활동뿐 아니라 호국불교를 크게 일으켜 백성들의 마음을 하나로 모으고 중앙집권의 기틀을 더욱 튼튼하게 다졌어요. 나라가 점점 발전하면서 필요해진 인재를 키우기 위해 민간의 청소년 집단인 화랑도를 체계적인 국가 조직으로 만들었지요. 그런 업적들은 훗날 삼국통일의 든든한 기반이 되었어요.

키워드로 살펴보기

#진흥왕순수비 순수비란 왕이 자기 나라의 어떤 지역을 돌아보기 위해 다녀갔음을 기념하는 비석이에요. 진흥왕은 창녕, 북한산, 함경도 황초령과 마운령에 순수비를 세웠어요. 진흥왕순수비가 있는 곳은 모두 신라가 확장한 영토였지요.

한국 위인 016

살수대첩 승리로 수나라 대군을 물리친
을지문덕 장군

612년 고구려 영양왕 때예요. 고구려의 을지문덕 장군은 진영으로 돌아가기 위해 말 위에 올랐어요. 수나라 장군인 우문술과 우중문은 재빨리 귓속말을 주고받았어요.

"황제폐하께옵서 을지문덕이나 고구려왕이 오면 반드시 사로잡으라 하셨지 않은가."

"참 그렇군. 그럼 지금 얼른 병사들을 시켜 못 가게 잡아두세."

그때 옆에서 듣고 있던 다른 관리가 두 사람을 말렸어요.

"예의를 지키시오. 항복하러 온 적장을 사로잡으면 대국의 체면이 무엇이 되겠소."

두 장군은 그 말에 찔끔해서 머뭇거리다 을지문덕 장군을 놓쳤어요. 뒤늦게 부하들을 보내 잡으려 했지만 소용없었지요. 을지문덕은 왜 적진에 항복하러 간 것일까요.

그 당시 중국을 통일한 수나라는 북방의 실력자인 고구려를 이기고 싶었어요. 수나라 황제인 문제는 대군을 이끌고 고구려에 쳐들어왔어요. 하지만 무참히 패하고 돌아갔지요. 수문제의 아들인 수양제는 아버지의 원수를 갚고 패전의 굴욕을 만회하려 했어요. 그래서 무려 113만이 넘는 대군을 이끌고 다시 고구려 침략에 나섰답니다.

고구려군은 요하에서 벌어진 첫 싸움에서 수나라 군대를 이겼어요. 화가 난 수양제는 우문술과 우중문 장군에게 30만 군사를 주며 반드시 수도 평양성을 점령하라는 특별 명령을 내렸어요. 을지문덕 장군은 적은 수의 고구려군으로 대군을 이길 방법을 고민했어요. 그러다 거짓으로 항복하는 척하며 적진을 살피기로 했지요. 수나라 병사들은 몇 달간의 행군에 지친 눈치였어요. 먹을 것도 떨어져가는 상태였지요.

을지문덕을 눈앞에서 놓친 우문술과 우중문은 서로 의견이 갈렸어요. 우문술은 병사들이 지쳤으니 돌아가자고 했어요. 우중문은 황제에게 부끄럽지 않느냐며 우문술을 다그쳤어요. 우문술은 별 수 없이 우중문을 따라 을지문덕을 뒤쫓았어요. 을지문덕은 그들을 유인하기 위해 일부러 전투에서 여러 번 져줬답니다. 신이 난 두 장군은 평양성 근처까지 진격했어요. 이때 을지문덕은 우중문에게 시를 써서 보냈어요.

'신통한 계책은 하늘의 원리에 이르렀고 기묘한 지혜는 땅의

이치를 다했구나. 싸움에 이긴 공이 이미 높으니 족함을 알고 그만함이 어떠한가.'

　우중문은 자신이 속은 걸 알고 후회했지만 때는 늦었어요. 싸우다 보니 고구려 땅에 너무 깊숙이 들어왔고 병사들은 크게 지쳐버렸어요. 을지문덕은 이번엔 우문술에게 제안했어요. 군사를 돌린다면 영양왕과 함께 수양제에게 직접 인사를 가겠다고 말이에요. 돌아갈 핑계를 찾던 우문술은 얼른 그 의견을 받아들여 철수를 시작했어요.

　그러나 그게 끝이 아니었어요. 그들이 지금의 청천강인 살수에 이르렀을 때예요. 을지문덕은 고구려군을 총동원하여 후방에서 수나라 군사들을 공격했지요.

　"용감무쌍한 고구려군이여, 돌격하라! 적을 한 놈도 살려 보내지 말라!"

　을지문덕 장군의 씩씩한 외침에 고구려군은 온 힘을 다해 싸웠어요. 그 결과 큰 승리를 거두었지요. 30만 수나라 군사 중 살아 돌아간 숫자는 2천 700명뿐이었어요. 이 전투가 우리 역사상 가장 큰 승리를 거둔 싸움 중 하나인 살수대첩이에요. 고구려군을 승리로 이끈 을지문덕 장군은 우리나라에서 제일 지략이 뛰어난 장수 중 한 명으로 꼽힌답니다.

> 키워드로 살펴보기

#우리나라_3대_대첩　대첩이란 큰 승리를 일컫는 말이에요. 을지문덕의 살수대첩, 강감찬의 귀주대첩, 이순신의 한산도대첩을 우리나라 3대 대첩이라고 부릅니다.

한국 위인 017 선덕여왕
지기삼사의 지혜를 지닌 우리 역사 최초의 여왕

신라 26대 진평왕에게는 딸 셋이 있었어요. 그중 맏딸인 덕만은 성품이 너그럽고 어질며 총명했어요. 특히 보이는 것의 숨은 이치를 살펴 앞날을 미리 내다보는 남다른 지혜가 있었어요. 어느 날 당나라 태종이 신라에 모란꽃 그림과 꽃씨를 보내왔어요. 그림을 본 덕만이 말했어요.

"이 꽃은 몹시 아름답지만 향기가 없겠습니다."

"네가 그걸 어찌 아느냐?"

아버지 진평왕이 궁금해 물었어요. 그러자 덕만은 빙그레 웃으며 대답했어요.

"만약 꽃에 향기가 있다면 벌과 나비가 날아들 것입니다. 하지만 이 그림에는 꽃밖에 없지 않사옵니까. 그러니 향기가 없는 것이 틀림없습니다."

꽃씨를 심고 몇 달 후 왕궁의 꽃밭에는 모란꽃이 활짝 피어나기 시작했어요. 꽃에서는 정말로 아무런 향기가 나지 않았어요.

사람들은 모두 덕만의 선견지명에 놀랐지요.

　진평왕이 죽자 신하들은 고민에 빠졌어요. 그 당시 신라는 부모가 모두 왕과 아주 가까운 가족인 성골 출신만 왕이 될 수 있었어요. 그런데 딸뿐인 진평왕에게는 아들이 없었지요. 온 나라의 사람과 신하 들은 성골이 아닌 남자 왕족보다는 지혜로운 성골인 덕만이 왕위를 물려받아야 한다고 생각했어요. 결국 덕만은 우리나라 최초의 여왕, 신라 제27대 선덕여왕이 되었어요.

　선덕여왕은 뛰어난 예감으로 나라를 위험에서 구한 적도 있지요. 즉위한 지 5년째 되는 해였어요. 궁궐 서쪽 연못에 두꺼비가 유난히 많이 모여들어 시끄럽게 울어댔어요. 백성들은 모두 이상하게 여겼어요. 곰곰이 그 숨은 뜻을 헤아려보던 여왕은 신하들이 모인 자리에서 알천과 필탄이라는 두 장군에게 일렀어요.
　"두꺼비의 성난 눈은 병사의 모습과 같다. 내 예전에 저 연못과 똑같은 이름을 지닌 골짜기가 나라 변방에 있다고 들었다. 혹시 거기 적의 군사가 숨어 있을지 모르니 그대들은 급히 가서 물리치도록 하라."
　두 장군은 당장 군사를 이끌고 달려갔어요. 놀랍게도 그곳엔 백제 장군 우소가 군사 500명과 함께 숨어 있었답니다. 알천과 필탄은 그들을 급히 습격해서 전멸시켰어요.

선덕여왕은 자신이 죽으면 경주 낭산 남쪽에 묻어달라고 신하들에게 미리 당부하면서 그곳을 도리천이라고 불렀어요. 신하들은 여왕이 왜 그리 부르는지 몰랐지요. 이유가 밝혀진 것은 오랜 세월이 지나서예요. 후대인 문무왕 때 여왕의 묘 밑에 사천왕사라는 절이 생겼답니다. 불교에서 말하는 세상에는 여러 하늘이 있어요. 사천왕천은 도리천의 밑에 있는 하늘이에요. 여왕은 자신의 무덤 근처에 어떤 일이 생길지 미리 알고 있었던 거예요.

　선덕여왕이 다스리던 시절 신라는 나라 안팎으로 어려움을 겪었어요. 백제와 고구려는 틈만 나면 신라를 넘보았어요. 여왕의 즉위에 불만을 품은 진골 귀족 세력도 골칫거리였지요. 선덕여왕은 그런 위기들을 슬기롭게 극복하며 16년간 왕위를 이어갔어요. 높이가 80미터나 되는 황룡사 9층 목탑을 지어 신라의 기상을 만천하에 떨치고 당나라와 외교 관계를 쌓아 삼국통일의 기초를 마련했지요.

키워드로 살펴보기

#지기삼사　앞에 적은 3개의 이야기처럼 선덕여왕이 미리 예측했던 3가지 일을 지기삼사(知幾三事)라고 해요. 일연이 지은 《삼국유사》에 실려 있는 이야기들이에요.

| 한국 위인 018 | 적국인 신라의 황룡사 9층 목탑을 세운 백제 장인 **아비지** |

궁궐이 불에 타 무너져 내리고 성안의 집들은 모두 폐허가 되었어요. 사람들은 보따리를 들고 산속으로 도망치는 중이에요. 칼과 창을 든 신라 병사들이 그 뒤를 쫓고 있어요. 그때 누군가 돌부리에 걸려 넘어졌어요. 병사 하나가 그쪽으로 달려가요.

"아악, 안 돼!"

나라가 망하는 꿈을 꾼 백제 장인 아비지는 비명을 지르며 잠에서 깼어요. 불길한 예감이 든 그는 창밖을 내다봤어요. 9층 목탑을 만들기 위해 준비해둔 큰 기둥이 보였어요. 그날은 탑의 중심인 그 기둥을 세우는 날이에요. 그는 마음속으로 외쳤어요.

'이 탑은 내 나라 백제가 아니라 적국 신라가 잘되기를 비는 탑이야. 근데 왜 내가 그걸 만들지? 안 돼! 난 못 해.'

백제 사람인 아비지는 왜 적국 신라의 목탑을 만들게 된 것일까요.

때는 643년, 신라와 백제가 한창 전쟁을 벌이던 신라 선덕여왕 시절이에요. 신라는 고승인 자장율사의 건의로 황룡사에 9층 목탑을 짓기로 했어요. 그러나 여왕과 신하들은 걱정거리가 생겼어요. 목탑은 우리가 아는 보통 탑과는 다르게 생겼답니다. 나무로 만든 집이 층층이 쌓인 형태지요. 황룡사 9층 목탑은 오늘날로 따지면 아파트 30층쯤 되는 높이였어요. 그처럼 거대한 목탑을 만들 수 있는 기술자는 손꼽을 만큼 귀했지요. 이웃 백제에 뛰어난 장인이 있다는 소문을 들은 신라는 보물과 비단을 선물하며 목탑 기술자를 보내달라고 요청했어요. 백제 최고의 장인인 아비지는 신라의 탑을 짓기 위해 파견되었답니다. 그런데 탑의 중심 기둥을 세우려던 바로 그날, 아비지는 백제가 멸망하는 꿈을 꾸었던 거예요. 그는 공사에서 손을 떼기로 마음먹었어요.

그런데 그 순간 놀라운 일이 생겼어요. 갑자기 땅이 크게 흔들리더니 사방이 어두컴컴해졌어요. 아비지의 눈에 부처를 모신 금당 문에서 걸어 나오는 한 고승과 힘센 장사가 보였어요. 그들은 큰 기둥을 번쩍 들더니 목탑의 중심 자리에 세웠어요. 넋을 잃고 그 모습을 바라보던 아비지가 문득 정신을 차려보니 그들은 어딘가로 사라지고 없었어요. 아비지는 탑을 세우는 게 부처님의 뜻이라는 것을 깨달았어요. 마음을 고쳐먹은 그는 정성과 솜씨를 다해 황룡사 9층 목탑을 완성하였답니다.

백제의 장인들은 뛰어난 솜씨를 지닌 것으로 유명했지요. 섬세하고 아름다운 모양의 백제금동대향로를 보면 그런 사실을 잘 알 수 있어요. 우아하고 세련된 백제 예술은 일본 아스카 문화의 발달에도 큰 영향을 주었어요. 그러나 나라가 망하면서 그들이 만든 작품이나 기록 등이 대부분 사라졌지요. 오늘날에는 남아 있는 게 별로 없답니다. 그래도 우리가 아비지 같은 백제 장인들의 예술혼과 작품에 대한 성실한 마음을 기억하고 자랑스럽게 여기는 한 그들은 우리 마음속에서 내내 살아 있을 거예요.

키워드로 살펴보기

#황룡사9층목탑 탑의 각 층에는 신라 주변 아홉 나라인 일본, 중화, 오월, 탁라, 응유, 말갈, 거란, 여적, 예맥의 이름을 새겨넣었어요. 불법의 힘을 빌려 그들이 신라에 굴복하고 나라가 평안해지기를 바라는 호국의 의미였지요. 황룡사 9층 목탑은 고려 때인 13세기에 몽골의 침입으로 불에 타버리고 현재는 절과 탑의 터만 남아 있답니다.

한국 위인 019
외교의 달인 태종무열왕
김춘추

642년, 백제는 신라의 대야성을 빼앗고 성주인 김품석과 부인 고타소를 죽게 했어요. 고타소는 신라의 진골 귀족 김춘추의 딸이에요. 딸과 사위를 잃은 슬픔에 하루 종일 멍하니 허공만 바라보며 서 있던 김춘추가 갑자기 외쳤어요.

"아아, 대장부로서 어찌 백제 하나 삼키지 못하겠는가!"

김춘추는 어떤 방법을 써서든 백제를 멸망시켜 딸의 원수를 갚겠다고 마음먹었어요.

신라는 타고난 핏줄에 따라 신분이 달라지는 골품제도가 엄격히 지켜지는 사회였어요. 김춘추의 집안도 원래는 왕위를 이을 수 있는 성골에 가까웠어요. 그의 할아버지는 신라 제25대 왕인 진지왕이지요. 그러나 진지왕이 폐위되면서 그의 자손들은 모두 진골로 신분이 굳어졌어요. 김춘추는 원래부터 진골인 다른 귀족들과는 처지가 달랐기 때문에 그들과 어울리길 꺼렸어요. 가야 출신으로 신라의 진골 귀족이 된 김유신도 그들에게서 따돌림 당하는 입장이었지요. 두 사람은 그런 공통점으로 서로 친해졌어요. 김춘추가 김유신의 여동생과 결혼하면서부터는 더욱 가까워졌지요. 당시 신라는 삼국 중 가장 약한 나라였어요. 김춘추는 언젠가 꼭 왕이 되어 집안의 명예를 되찾고 신라를 강한 나라로 만들겠다는 생각을 갖고 있었어요. 그러던 중 딸이 죽는 예상치 못한 불행을 겪게 된 것이지요.

그 사건으로 김춘추는 주변 나라의 힘과 이해관계를 이용하여 이익을 얻는 외교의 중요성에 눈을 뜨게 되었어요. 김춘추는 딸의 원수인 백제를 치기 위해 또 다른 적국인 고구려로 도움을 청하러 갔어요. 그러나 고구려의 보장왕은 전에 신라가 빼앗은 땅 이야기로 그를 윽박질렀어요.

"죽령 일대는 본래 우리 땅이다. 그 땅을 돌려주면 군사를 내주겠다."

김춘추가 나무라며 거절하자 왕은 그를 외딴 방에 가뒀어요. 방에서 빠져나갈 방법을 찾던 김춘추는 고구려 신하 선도해에게 뇌물을 주고 비법을 물었어요. 선도해는 김춘추에게 '토끼의 간' 이야기를 들려주었어요. 자라의 꾐에 빠져 용궁에 잡혀간 토끼가 간을 바위 밑에 놓고 왔으니 가져오겠다고 속여 위기에서 벗어나는 내용이에요.

"우선 신라로 돌아가서 여왕마마께 잘 말씀드려 땅을 돌려주겠소."

김춘추는 보장왕에게 거짓 약속을 했어요. 한편 김춘추가 돌아오지 않자 김유신은 군대를 이끌고 그를 구하러 고구려로 달려갔어요. 명장으로 소문난 김유신이 두렵기도 했던 보장왕은 김춘추의 말에 속아 그를 풀어주었지요.

고구려의 도움을 받지 못하게 된 김춘추는 몇 년 후 당나라로 건너갔어요.

"신라와 당이 친해지는 것을 방해하는 백제를 물리치려 하니 군사를 보내주십시오."

그는 조리 있는 말솜씨로 당태종 이세민을 설득했어요. 당나라는 고구려를 없애고 동아시아의 최강자가 되고 싶었어요. 신라와 손을 잡는다면 양쪽에서 고구려를 압박하여 쉽게 이길 거라 여겼지요. 김춘추와 당태종은 신라와 당의 군사동맹을 맺었어요.

몇 년 후 마지막 성골인 진덕여왕이 죽었어요. 진골 귀족들은 알천을 왕으로 추대했어요. 그러나 외교를 통해 신라를 강하게 만든 김춘추의 공을 무시할 수 없었지요. 게다가 그의 뒤엔 전투마다 이기며 나라를 지켜온 김유신의 튼튼한 군사력이 버티고 있었어요. 결국 김춘추는 젊은 시절부터 품어온 왕의 꿈을 이루었어요. 그가 바로 첫 진골 출신 왕인 신라 제29대 태종무열왕이에요. 그의 외교로 만들어진 나당연합군은 660년 백제를 멸망시켜 딸의 원수를 갚겠다는 김춘추의 다짐을 이루게 했어요. 또한 훗날 신라가 삼국통일을 이룬 기초가 되었답니다.

키워드로 살펴보기

#골품제도 출신에 따라 등급을 나누는 신라의 신분제도예요. 성골과 진골, 6두품부터 1두품까지의 여섯 개 두품으로 나뉘지요. 타고난 골품에 따라 벼슬과 결혼, 집 크기와 옷차림 등 사회활동과 정치활동에 차이가 있었어요.

한국 위인 020 삼국통일의 으뜸 공신

김유신 장군

"저게 무슨 불길인가?"

어느 날 남산에 행차하던 신라의 선덕여왕은 놀란 눈으로 신하들에게 물었어요.

"김유신이 누이를 태워 죽이기 위해 피운 불이라 하옵니다."

"무어라? 대체 이유가 무엇인가?"

김유신은 왜 그런 일을 벌인 걸까요.

김유신의 어머니 만명부인은 신라의 왕족이지만 그의 아버지 집안은 본래 가야 왕족이었어요. 김유신의 증조할아버지 김구해는 금관가야의 마지막 왕이지요. 가야가 신라에 정복당한 후 그는 신라 사람이 되어 진골의 지위를 받았어요. 김유신의 할아버지 김무력과 아버지 김서현은 삼국 간 전쟁에서 많은 공을 세웠어요. 신분 차별이 심한 신라에서 가야 출신으로 큰 뜻을 이루려면 남보다 몇 배 뛰어난 사람이 되어야 했지요. 아버지와 할아버지의 모습을 보고 자란 김유신도 삼국통일에 큰 공을 세우는 장수가 되겠다는 야망을 마음속에 키웠어요.

'비록 부족한 사람이지만 외적들을 물리치고 삼국을 통일할 수 있게 도우소서!'

화랑이 되어 낭도를 이끌던 그는 혼자 산속의 동굴에 들어가 하늘에 기도했지요.

김유신은 고구려 낭비성전투에서 처음 장수로 이름을 떨쳤어요. 전투 초반 고구려에 진 신라군은 그만 기가 죽고 말았어요. 그때 부장군인 김유신이 앞으로 나섰어요. 그는 말을 타고 홀로 적진을 넘어가 단칼에 적장의 목을 베었답니다. 그 덕분에 용기를 얻은 신라 병사들은 죽기를 각오하고 싸워 대승을 거두었어요.

김유신은 왕족인 김춘추가 왕이 될 인물이라고 생각했어요. 김춘추와 함께 신라를 잘 이끌어 삼국통일의 꿈을 이루고 싶었던 김유신은 그의 인척이 되기로 마음먹습니다. 기회를 엿보던 김유신은 공차기를 하다가 일부러 김춘추의 옷고름을 밟았답니다. 그러고는 김춘추를 자신의 집으로 데려가 여동생 문희에게 떨어진 옷고름을 꿰매라 시켰어요. 그 일을 계기로 김춘추와 사랑에 빠진 문희는 곧 아기를 갖게 되었지요. 그러나 신라 왕족인 김춘추와 가야 후손인 문희가 결혼하긴 쉽지 않았어요. 김유신은 다시 꾀를 냈어요. 선덕여왕이 지나가는 때를 맞춰 장작에 불을 붙이고 일부러 큰소리로 문희를 꾸짖었어요.

"결혼도 안 한 처자가 부모님께 알리지도 않고 아이를 가졌으니 무슨 까닭이냐?"

자초지종을 전해 들은 선덕여왕은 김춘추에게 빨리 문희를 구하라고 명했어요. 김춘추는 문희를 부인으로 맞이했지요. 김유신과 김춘추는 더욱 가까운 동지가 되었어요.

김춘추는 외교와 정치력이 뛰어나고 김유신은 전략에 능한 명장이었어요. 두 사람은 선덕여왕 말기에 일어난 비담의 난을 진압하며 신라의 권력을 장악했어요. 김춘추가 왕위에 오르자 함께 삼국통일의 토대를 만들기 시작했지요. 김유신은 황산벌싸움에서 명장 계백이 이끄는 백제의 결사대를 물리치고 승기를 잡았어요. 그리고 김춘추가 외교로 이뤄낸 나당연합군과 힘을 합해 백제를 멸망시켰어요. 하지만 안타깝게도 김춘추는 먼저 세상을 떠났어요. 홀로 남은 김유신은 태종무열왕의 아들인 문무왕을 도와 삼국통일의 대업을 완수했어요. 가야 출신이라는 한계를 벗어나 수많은 전공을 세운 김유신은 어린 시절의 꿈처럼 삼국통일에 결정적 역할을 한 위대한 영웅이 되었지요.

키워드로 살펴보기

#화랑 세속오계를 계율로 심신을 단련하고 학문을 쌓기 위한 신

라의 청소년 조직이에요. 화랑 한 명과 그를 따르는 수천 명의 낭도로 구성되지요. 진흥왕 때 인재양성을 위한 국가 조직으로 공인되어 삼국통일의 원동력이 되었어요.

#세속오계 신라 진평왕 때 승려 원광이 화랑에게 일러준 다섯 가지 계율이에요. 세속오계는 사군이충(충성으로써 임금을 섬김), 사친이효(효도로써 부모를 섬김), 교우이신(믿음으로써 벗을 사귐), 임전무퇴(싸움에 임해서는 물러남이 없음), 살생유택(산 것을 죽임에는 가림이 있음)입니다.

한국 위인 021
황산벌에서 전사한 백제의 마지막 장수
계백 장군

"만약 다른 나라 군사가 쳐들어온다면 육지로 통하는 길은 탄현을 못 지나게 막고, 수군은 서해에서 금강으로 들어오는 기벌포 언덕에 못 들어오게 해야 하옵니다."

감옥에 갇혀 있던 백제의 충신 성충은 죽어가면서도 나라를 위해 유언을 남겼어요. 그러나 백제의 마지막 왕인 의자왕은 그의 말을 한 귀로 흘려들었어요. 술과 음식을 즐기고 궁녀들과 노느라 정신이 없었지요. 태자 시절 의자왕은 품행 바르고 효성이 깊었어요. 왕이 되어서는 왕권을 강화하고 백제 땅을 넓히려 애썼지요. 하지만 세월이 흐르며 점점 나랏일을 게을리했어요. 나라의 앞날을 걱정하며 왕의 잘못을 지적하던 성충을 감옥에 가둬 죽게 만들었고, 또 다른 충신인 흥수는 유배를 보냈지요.

660년 여름이에요. 김유신이 이끄는 신라 군사 5만이 소정방을 총사령관으로 출정한 당나라 군사 13만과 연합하여 백제를 치러 온다는 소식이 들려왔어요. 의자왕은 그제야 앞이 캄캄했어요. 흥수에게 사람을 보내 빠져나갈 방법을 물었어요. 흥수도 성충과 같은 의견이었지요. 그런데 왕은 그 말을 무시했어요. 결국 신라군은 탄현을 넘었고 당나라군도 기벌포에 들어왔어요. 다급해진 의자왕은 계백 장군을 찾았어요. 군사들을 이끌고 황산벌에 나가 신라군을 막으라고 명했지요. 계백 장군은 적군의 수가 워낙 많아 백제가 패할지 모른다고 생각했어요.

"나라가 망하면 노비가 될까 걱정스럽구나. 살아서 굴욕을 당하느니 차라리 이 자리에서 내 손에 죽는 편이 나을 것이다."

전장에서 목숨을 버리겠다고 결심한 계백 장군은 집을 떠나기 전 눈물을 흘리며 아내와 자식들을 베었어요. 계백 장군의 비장한 행동은 군사들의 마음을 움직였지요. 죽기를 각오한 5천의 결사대가 모였어요. 장군은 군사들 앞에 서서 외쳤어요.

"월나라 왕 구천은 오천의 병사로 오나라 대군 칠십만을 물리쳤다. 각자 죽기를 각오하고 싸운다면 신라를 이길 수 있을 것이다. 그들을 물리쳐 나라의 은혜에 보답하자!"

군사들은 큰 함성으로 답했어요. 백제군은 황산벌에서 신라군을 맞아 네 번을 싸웠어요. 그리고 네 번 모두 이겼지요. 신라군은 사기가 뚝 떨어졌어요. 바로 그때 병사들의 용기를 북돋기 위해 신라의 화랑 관창이 말을 타고 백제의 진영에 들어왔어요. 관창을 사로잡은 계백 장군은 투구를 벗겨보았어요. 그는 아직 새

파란 소년이었어요.

"신라엔 뛰어난 병사가 많구나. 어린 소년마저 이토록 용감하니, 어른은 또 어떻겠는가."

장군은 깊은 한숨을 쉬며 관창을 신라 진영으로 돌려보냈어요. 그러나 관창은 잠시 후 다시 돌아와 칼을 휘둘렀지요. 이번엔 어쩔 수 없이 그의 목을 베어 말에 매달아 돌려보냈답니다. 관창의 죽음은 신라군의 투지에 불을 질렀어요. 그들은 다시 총공격을 감행했지요. 백제의 5천 결사대는 네 번의 싸움으로 지칠 대로 지쳤지만 최후의 한 명까지 용감하게 싸우다 전사했어요. 계백 장군이 죽자 전투는 신라의 승리로 끝났어요. 황산벌 전선이 무너진 후 백제는 멸망의 길을 걷게 됐지요. 그러나 나라를 위해 온 힘을 다해 싸우다 최후를 마친 계백 장군은 오늘날까지 충신의 대명사로 남아 있습니다.

키워드로 살펴보기

#황산벌싸움 660년 황산벌에서 벌어진 백제의 마지막 전투예요. 황산벌싸움에서 이긴 신라군은 당나라군과 만나 사비성을 함락했지요. 백제는 웅진성으로 피한 의자왕이 나당연합군에 항복하며 멸망했어요.

한국 위인 022

해골에 괸 물을 마시고 깨달음을 얻은
원효대사

원효대사는 신라 진평왕 때 지금의 경산인 압량군에 살던 설씨 집안에서 태어났어요. 어머니는 하늘에서 떨어진 별이 품으로 들어오는 태몽을 꾸었지요. 원효는 어려서부터 총명함이 남달랐어요. 스님이 된 후에도 스스로 공부하며 불도를 닦았지요.

어느 날 원효는 불법을 공부하기 위해 후배인 의상과 함께 당나라로 유학을 가기로 했어요. 원효와 의상은 봇짐을 짊어지고 길을 나섰어요. 한참 길을 가다 보니 폭우가 쏟아졌어요. 두 사람은 근처의 동굴로 피신해 하룻밤을 묵기로 했지요. 잠들었던 원효는 한밤중에 목이 말라 깼어요. 주변을 더듬어보니 샘물이 고여 있었어요. 그는 손으로 물을 떠서 마셨어요. 물은 달고 시원했지요. 그런데 다음 날 잠에서 깨어 옆을 본 원효는 화들짝 놀랐어요. 알고 보니 그 샘물은 해골에 고인 물이었어요. 동굴도 실은 무덤 안이었지요. 구역질이 나려는 순간 원효는 큰 깨달음을 얻었어요.

'모르고 먹었을 때는 달고 맛있던 물이 해골에 담긴 물인 줄 알고 나니 더럽고 역겹게 느껴지는구나. 그 차이는 내 마음에 있는 것. 결국 모든 것은 마음먹기에 따른다. 불법의 깨달음도 마음 밖에 있는 게 아닌데 어찌 밖에서 구할 것인가.'

원효는 당나라로 가려던 계획을 접고 의상과 헤어져 다시 신라로 돌아왔어요. 큰 깨달음을 얻었으니 더 이상 공부할 필요가 없었지요. 그 후 원효는 무엇에도 얽매이지 않고 자유롭게 살았어요. 승려의 계율을 깨고 요석공주와 결혼하여 아들 설총을 낳기도 했지요. 하지만 그의 마음에는 좀 더 큰 뜻이 있었어요.

그전까지 불교는 주로 왕과 귀족들이 믿는 종교였어요. 한자로 쓰인 불경을 읽으려면 글을 알아야 했으니까요. 원효는 삼국 간의 전쟁에 시달리던 백성들에게도 부처님의 말씀을 전하고 싶었어요. 좀 더 많은 사람을 마음의 고통에서 구원하는 게 불법의 본래 뜻이기 때문이에요. 원효는 승복을 벗고 백성들과 똑같은 옷으로 갈아입었어요. 스스로를 소성거사라고 칭하며 불교의 교리를 쉽게 풀어쓴 무애가라는 노래를 지었지요. 원효는 광대들이 쓰는 바가지를 가지고 마을마다 다니며 무애가를 부르고 춤을 추었어요. 신나는 노래와 춤을 따라 하던 백성들은 어느새 노래에 담긴 부처님의 말씀을 마음에 새기게 됐지요.

평생을 헐벗고 굶주린 백성과 함께한 원효대사는 불교 교리에 통달하고 넓은 생각과 큰 지혜가 있어 지식인과 스님들에게도 성인으로 존경받았어요. 또 우리나라 불교만의 특징인 화쟁(和諍)을 확립하여 여러 불교 종파나 이론 사이의 다툼을 화합으로 이끌었지요. 《금강삼매경론》, 《대승기신론소》, 《십문화쟁론》 등 240여 권의 책도 지었어요. 신라뿐 아니라 중국, 일본 등 다른 나라에서도 명성이 자자했어요. 대사가 스스로 지어 부른 원효라는 이름은 첫새벽이라는 뜻이에요. 새벽에 햇빛이 비치기 시작하듯 불교를 더 많은 대중에게 퍼뜨려 처음으로 세상에 빛나게 한다는 의미랍니다. 이처럼 원효대사는 불교의 대중화라는 큰 업적을 남겼습니다.

키워드로 살펴보기

#화쟁 서로 대립되는 학설이나 이론을 화합으로 바꾸려는 우리 불교의 사상을 화쟁이라고 해요. 화쟁은 원효대사의 중심사상 중 하나지요.

한국 위인 023
쇠처럼 단단한 두뇌를 지닌 삼국통일의 숨은 외교 공신 **강수**

　신라 시대, 지금의 청주인 중원경에서 한 아기가 태어났어요. 꿈에 뿔 달린 사람을 보고 아이를 가졌던 엄마는 깜짝 놀랐어요. 아기 머리 뒤에 정말로 뿔처럼 생긴 뾰족한 뼈가 있었기 때문이에요.

　"세상에 망측해라. 아이 머리에 뿔이 달려 있대."

　"사람이 소머리처럼 뿔이 있다니 마을에 나쁜 일이라도 생기면 어쩌지?"

　동네 사람들 모두가 수군거렸어요. 아버지는 걱정스러운 마음에 현자를 찾아가 물었어요. 현자는 오히려 이런 답을 해주었어요.

　"예부터 성인들은 호랑이 얼굴이나 뱀의 몸, 소의 머리나 말의 입을 지녔다고 들었네. 이 아이도 보통 사람과 다르게 생겼으니 필시 성인들처럼 훌륭한 사람이 될 게야."

　아버지는 기뻐하며 집으로 돌아와 어머니에게 말했어요.

　"여보, 우리 아이가 보통 애가 아닌가 봐. 이 아이를 나라에서 으뜸가는 선비로 키웁시다."

부모님은 아이에게 쇠머리라는 이름을 지어주었어요. '소의 머리'라는 뜻이지요. 쇠머리는 하나를 배우면 열을 깨우칠 만큼 총명했어요.

쇠머리가 어른이 되어 관직에 나갔을 때의 일이에요. 어느 날 중국 당나라의 황제가 사신을 통해 외교 문서를 전해왔어요. 어려운 내용이 많아 아무도 그 뜻을 이해하지 못했답니다. 그때 태종무열왕 앞에 처음 불려 나간 쇠머리는 막힘없이 그 내용을 척척 풀어냈어요. 왕은 그의 높은 학문에 놀라 어디서 온 누구인지 물었어요.

"소인은 본래 가야 사람으로 이름은 쇠머리라 하옵니다."

왕은 생김새와 똑같은 그의 이름을 듣고는 껄껄 웃으며 말했어요.

"그대의 머리뼈를 보니 강수 선생이라 부르면 좋겠구나."

강수는 한자로 '강할 강(強)' 자와 '머리 수(首)' 자를 쓰지요. 즉, '쇠처럼 강한 두뇌를 지녀 머리가 좋다'라는 뜻이에요. 왕은, 그의 머리 생김이 뿔 달린 소머리를 닮아 쇠머리라는 이름을 지녔지만 그와 같은 발음이면서 쇠처럼 단단한 머리를 뜻하는 쇠머리라고 재치 있게 표현한 거예요. 그때부터 그는 강수라고 불렸어요. 그 후 당나라나 고구려, 백제 등 이웃 나라와 문서를 주고

받을 때면 강수가 글을 해석하거나 써서 보냈답니다. 당시의 외교 문서는 유학에 밝지 않으면 제대로 의미를 알아내거나 쓰기 힘들었어요. 왕은 그를 뒤늦게 만난 것을 안타까워할 정도로 강수의 실력을 아꼈어요.

신라가 삼국통일을 이룬 데에는 전쟁에 직접 참여해 싸운 장군과 병사 들의 공만 있는 게 아니랍니다. 당나라와 전략적으로 연합하고 이후 완전한 통일국가를 이루기 위해 당나라 군사를 나라 밖으로 몰아낼 때까지 외교를 맡았던 사람들의 숨은 공도 있지요. 강수는 문서 속에 담긴 상대국의 의도를 제대로 파악해서 신라에 유리한 외교 문서를 작성해 보낸 뛰어난 외교관이었던 거예요.

키워드로 살펴보기

#신라_3대_문장가 강수는 중심 사상이 불교인 신라에서 유교를 널리 퍼뜨린 유학자예요. 또한 문장이 뛰어나 설총, 최치원과 함께 신라 3대 문장가로 꼽히지요.

한국 위인 024

삼국통일을 이루고 나라를 지키는 용이 된
문무왕

    신라의 왕자 법민은 태종무열왕 김춘추의 맏아들이에요. 어머니는 문명왕후로 김유신의 여동생인 문희이지요. 법민은 젊은 시절부터 아버지 김춘추와 당나라에 가기도 하고 외삼촌 김유신과 여러 전쟁을 함께했어요. 법민은 김춘추나 김유신 못지않게 삼국통일의 염원이 강할 수밖에 없었어요. 태종무열왕은 김유신과 함께 삼국통일을 이루려 애썼지만 백제가 멸망한 다음 해에 세상을 떠났어요. 법민은 그 뒤를 이어 왕이 되었어요. 그가 바로 신라 제30대 문무왕이지요. 아버지가 삼국통일의 첫 단추를 꿰었지만 아직 신라는 고구려라는 막강한 적을 남겨놓은 상태였어요. 또 힘을 합해 백제를 물리친 당나라와의 관계도 잘 마무리해야 했고요. 그 숙제는 고스란히 문무왕에게 남겨졌지요.

    당시 고구려는 권력을 쥐고 있던 연개소문이 죽자 그의 동생과 아들들 사이에서 후계자 자리를 놓고 싸움이 일어났어요. 나라를 지켜야 할 중심이 흔들리자 고구려의 국력은 갑작스럽게 쇠퇴했어요. 당과 신라는 그 틈을 노려 고구려에 쳐들어갔어요. 북쪽과 남쪽의 양방향에서 공격당한 고구려는 668년, 오랜 역사를 뒤로 하고 힘없이 무너졌어요. 백제에 이어 고구려마저 무너뜨린 신라는 드디어 삼국통일을 이루었지요.

그러나 진정한 삼국통일이라고 말하긴 어려웠어요. 신라와 당나라는 처음 나당연합군을 만들 때 백제와 고구려를 없앤 후 신라가 한반도 남부를 갖고 당나라는 대동강 이북을 다스린다는 약속을 했어요. 하지만 당나라는 백제와 고구려가 멸망하자 자기들 마음대로 백제에는 5도독부를, 고구려에는 9도독부를 설치했지요. 심지어 신라에도 계림도독부를 설치하고 문무왕을 계림도독에 임명했어요. 당나라의 속내에는 신라와의 군사동맹을 핑계로 한반도 전체를 차지하겠다는 욕심이 숨어 있었던 거예요.

삼국 중 가장 국력이 약했던 신라가 삼국통일을 이루는 가장 좋은 방법은 외교였어요. 전략적으로 당의 군사를 빌려 뜻을 이루려고 했지요. 그런데 두 나라를 이기고 나니 이제는 당나라의 야욕이 앞을 가로막았어요. 그렇다 해도 아버지와 외삼촌, 그리고 자신도 도와서 이룬 통일국가를 남의 나라에 넘겨줄 수는 없었어요. 문무왕은 굳게 결심했지요.

'당과 싸우겠다. 그들을 한반도에서 몰아내고 진짜 우리만의

삼국통일을 이뤄야 해.'

　문무왕은 당과 전쟁을 시작했어요. 수십만 당나라 대군과 싸워 이기는 건 결코 쉬운 일이 아니었어요. 백성들과 군사들, 왕과 장군들이 모두 하나가 되어 물리쳐야 했답니다. 그때 고구려에서는 살아남은 백성인 유민들의 고구려부흥운동이 불길처럼 일었지요. 문무왕은 당나라와 싸우는 그들을 지원하기도 했어요. 그렇게 해서 결국 당나라군을 쳐부수고 그들을 쫓아냈어요. 신라는 비로소 완전한 삼국통일을 이루었지요.

　"내가 죽으면 동해에 묻어다오. 동해의 용이 되어 나라를 지킬 것이다."

　문무왕은 죽어가는 순간까지도 나라를 걱정했어요. 사람들은 그의 유언대로 문무왕을 동해의 바위 속에 장사지냈어요. 그 바위를 대왕암이라고 한답니다.

키워드로 살펴보기

#만파식적　일연의 《삼국유사》에 실린 전설 속의 피리예요. 죽은 아버지 문무왕을 위해 감은사를 지은 신문왕에게 섬이 떠내려왔어요. 섬에는 낮이면 둘로 갈라졌다가 밤이면 하나로 합해지는 대나무 한 그루가 있었지요. 죽어서 바다의 용이 된 문무왕과 하늘의 신이 된 김유신이 보낸 선물이었어요. 그 대나무로 피리를 만들어서 부니 나라

의 근심과 걱정거리가 모두 사라졌어요. 그 피리를 만파식적이라 불렀답니다.

#백제부흥운동 　백제가 멸망한 후 42년간에 걸쳐 백제의 왕족인 유신들과 유민들이 백제를 다시 일으키려고 했던 운동이에요. 백제 부흥군 지도층에 내분이 발생하자 당군은 주류성과 임존성을 공격하였고 백제부흥운동은 종말을 맞았습니다.

한국 위인 025	이두문자를 모두 모아 정리한 신라의 유학자
	설총

"그대는 분명 색다른 이야기를 알고 있을 터인데 어찌 나를 위해 말해주지 않는가."

긴 비가 그치고 바람이 서늘하게 불어온 여름날이에요. 재미있는 이야기로 기분전환을 하고 싶었던 신라 제31대 신문왕은 한 유학자를 돌아보며 물었어요. 그러자 그는 왕에게 이런 이야기를 들려줬지요.

"옛날에 꽃 중의 왕이라 불리는 화왕 모란이 있었사옵니다. 봄이 되자 세상의 꽃들이 모두 앞다투어 문안을 드리러 왔지요. 그때 곱게 화장한 아름다운 장미 여인이 와서 듣기 좋은 말을 하며 왕을 모시겠다고 했습니다. 그 옆에는 흰 머리에 지팡이를 짚은 보잘것없는 할미꽃 장부도 왔지요. 할미꽃은 왕에게 맛있는 음식이 아무리 많아도 몸에 좋은 약과 독을 없애는 아픈 침이 필요한 법이라고 했습니다. 그런 다음 겉은 초라해도 바른말을 아뢸 자신을 신하로 맞는 건 어떠냐고 여쭈었습니다."

신문왕은 화왕이 그중 누구를 신하로 선택할지 궁금해졌어요.

"화왕은 바른말을 해줄 신하도 좋지만 예쁜 여인을 얻기도 쉽지 않다며 망설였습니다. 이에 할미꽃은 크게 실망해서, '소인은 왕께서 총명하실 것이라고 생각해서 왔는데 바른 신하보다 아첨하는 간신을 더 좋아하는 다른 임금님들과 다를 바가 없습니다'라고 말했지요. 그러자 화왕은 비로소 '내가 잘못했다'며 크게 뉘우쳤사옵니다."

이야기를 다 듣고 난 신문왕은 문득 깨닫는 바가 있었어요. 그 이야기를 글로 적어 후대의 다른 임금도 볼 수 있게 하라 명했지요. 이 유학자의 이름은 설총이랍니다. 왕명을 받은 설총은 〈화왕계〉라는 설화를 썼어요.

설총은 원효대사와 태종무열왕 김춘추의 딸인 요석공주 사이에서 태어났답니다. 혼자 불법을 깨우쳤던 원효대사처럼 설총도 스스로 유학을 공부하여 신라에서 가장 이름난 유학자가 되었지요. 화왕 이야기에 감명받은 왕은 설총에게 높은 벼슬을 내렸어요. 학식이 풍부한 설총은 신문왕이 왕권을 강화하고 나라를 잘 다스리는 데 도움이 될 만한 많은 조언을 했고요.

'한자는 너무 어렵고 우리말과 달라 다가가기 쉽지 않다. 어떻게 하면 백성들이 한자가 아닌 우리말로 쉽게 유학을 배울 수 있을까.'

신라 최고 교육기관인 국학에서 한자로 된 유교 경전을 가르치던 설총은 우리말을 글로 적는 방법에 관심을 두게 되었어요. 그는 이두를 활용해서 그런 문제를 해결하고 싶었어요. 한글이 발명되기 전인 삼국시대에는 우리글이 없었어요. 한자의 뜻과 음을 빌린 이두나 향찰로 글을 적었지요. 그러나 그때까지 이두는 하나로 통일된 규칙과 이론이 없었어요. 백성들이 널리 사용하기엔 무리가 있었지요. 설총은 전부터 사용되던 이두를 모두 모아 체계적으로 정리했어요. 그리고 그것을 바탕으로 유교의 아홉 경전을 우리말로 풀어냈지요. 이후로 신라 사람들은 쉽고 편하게 유학을 배울 수 있었답니다.

아버지인 원효대사가 신라의 불교를 크게 발달시켰다면 설총은 신라에 유교를 처음 뿌리내리게 했지요. 후대의 유학자들은 설총이 신라 유학의 근본을 세웠다 하여 그의 공을 기렸어요. 또한 설총은 최치원, 강수와 함께 신라 3대 문장가로 불릴 만큼 글을 잘 지었다고 전해집니다.

키워드로 살펴보기

#이두   한자의 음과 뜻을 빌려 우리말을 적은 표기법이에요. 이두는 한자를 우리말 순서로 바꾸고 한자의 음을 빌려 토를 적었으며 공공문서 등에 쓰였지요. 그에 비해 향가를 표기할 때 썼던 향찰은 문장의 주요 부분은 한자의 뜻을 빌리고 토는 음을 빌려 적었어요. 한문을 우리말로 옮기거나 읽을 때 쓰던 구결은 한문 문장 중간에 한자음으로 우리말의 토를 달았지요.

한국 위인 026
고구려를 계승한 나라 발해를 세운 고구려의 후손
대조영

"이 몹쓸 사람아, 흉년이 들었는데 남은 곡식을 다 가져가면 우린 뭘 먹고 살아?"

고구려 노인 한 명이 곡식을 빼앗아가는 당나라 병사의 팔을 잡았어요.

"저리 못 비켜? 망한 나라 백성을 살려둔 것만 해도 고마워해야지!"

당나라 병사는 거칠게 노인을 밀치고 곡식이 담긴 자루를 수레에 실었어요. 수레 위에는 자루가 산더미처럼 쌓여 있었어요. 모두 고구려 유민들에게 빼앗은 것이지요. 병사들이 수레를 끌고 사라지자 주변은 울음바다가 됐어요. 그런 모습을 숨어 바라보며 주먹을 굳게 쥐는 두 남자가 있었어요. 고구려 유민을 이끌던 걸걸중상과 그의 아들 대조영이에요.

668년 고구려가 망하자 나라 곳곳에서 고구려를 다시 일으켜 세우려는 부흥운동이 일었어요. 당나라는 고구려 백성들의 굳센 기상이 두려웠어요. 누군가 왕이 되어 고구려를 이을까 봐 걱정했지요. 그 싹을 없애고자 고구려 유민 20만 명을 강제로 중국 땅 영주와 먼 남쪽 지방으로 이주시켰어요. 고구려 유민들은 집도 땅도 없는 멀고 낯선 타국 땅에서 당나라 사람들에게 시달리며 가난하고 고달프게 살아야 했어요.

대조영의 가족은 당나라의 동북쪽 영주로 끌려왔어요. 말갈족과 거란족 등 북방 이민족들도 고구려 유민들과 함께 살았지요. 걸걸중상은 고구려 유민들의 지도자가 됐어요. 말갈족의 우두머리는 걸사비우였어요. 고구려 유민들과 이민족에 대한 당 관리들의 착취는 날이 갈수록 심해졌어요. 힘든 일에 동원해 노예처럼 부려먹거나 세금을 핑계로 가진 곡식을 빼앗아 자기들의 재물로 만들었어요.

가뭄이 계속되어 흉년이 든 어느 해, 영주도독인 당나라 관리 조문홰는 병사들을 시켜 쌀 한 톨 안 남기고 모두 빼앗아갔어요. 반항하는 이는 때리거나 죽였지요. 고구려 유민들과 말갈족, 거란족의 불만은 폭발할 만큼 높아졌어요. 그러던 중 거란의 추장이 조문홰를 죽이며 반란을 일으켰어요. 걸걸중상과 걸사비우는 그 기회에 영주를 탈출하려고 했지요. 당나라는 강한 지도력과 군사력을 갖춘 두 사람에게 벼슬을 주며 회유했어요. 하지만 두 사람은 고향에 돌아갈 절호의 기회를 놓칠 수 없었어요.

대조영은 아버지가 죽자 그 뒤를 이어 고구려 유민들의 지도자가 됐어요. 그가 이끄는 고구려 유민들은 뒤쫓는 당나라군과 전투를 계속하며 옛 고구려 땅으로 나아갔어요. 한편 걸사비우가 전사하며 그를 따르던 말갈족도 대조영의 대열에 합류했지요. 고구려 유민과 당나라군은 천문령에서 큰 싸움을 벌였어요. 고구려 유민들은 고향에 돌아가겠다는 일념으로 끝까지 싸워 이겼어요.

옛 고구려 땅에 돌아온 대조영은 698년 동모산 기슭에 터를 잡고 나라를 세워 진국이라 이름 지었어요. 그리고 자신들이 고구려의 후예임을 만방에 알렸지요.
"우리 진국은 위대한 고구려의 얼과 문화를 계승할 것이다."
진국은 훗날 나라 이름을 발해로 바꾸었어요. 대조영은 발해의 첫 번째 왕인 고왕이에요. 발해는 스스로를 황제국이라 칭했고 230년간 총 15명의 왕이 다스렸어요. 한창 때는 해동성국이라 불릴 만큼 큰 발전을 이룩했답니다.

키워드로 살펴보기

#남북국시대 우리 역사에서는 삼국을 통일한 남쪽의 신라와 북쪽의 발해가 함께 있던 시대를 남북국시대라고 해요.

한국 위인 027 — 신라 최고의 문장가
최치원

파도가 철썩거리는 바닷가예요. 당나라로 떠나는 배 앞에 신라의 한 소년이 서 있어요. 소년의 아버지는 아들을 향해 엄한 표정으로 말했어요.

"앞으로 십 년이다. 십 년 안에 과거에 급제하지 못한다면 너는 내 아들이 아니다."

소년은 눈물을 꾹 참고 고개를 끄덕였어요. 소년의 이름은 최치원이에요. 이제 겨우 열두 살의 어린 나이에 혼자 바다 건너 멀리 당나라로 공부를 하러 떠나야 했답니다.

그는 아기 때부터 머리 좋고 글 잘 쓰기로 소문이 나 있었어요. 하지만 당시 신라는 신분제도가 엄격했어요. 왕족인 성골이나 진골이 아니면 높은 자리에 올라갈 수 없었지요. 진골 바로 밑의 신분인 6두품 집안 출신인 치원은 아무리 똑똑해도 크게 성공하기는 힘들었어요. 아버지는 신라보다 큰 나라였던 당나라로 아들을 보내 뜻을 펼치게 하고 싶었어요. 치원이 반드시 큰 인물이 될 거라고 믿었기 때문이지요.

　소년 치원은 남보다 몇 배 더 열심히 공부했어요. 공부하다 잠이 들까 봐 천장에 줄을 매달고 상투 끝을 붙잡아 맸어요. 상투란 머리카락을 끌어올려 머리 윗부분에 틀어놓은 옛날 남자들의 머리 모양이에요. 졸면서 고개가 밑으로 내려가면 상투 튼 머리카락이 당겨지니 아파서 잠이 깰 수밖에 없었답니다. 날카로운 가시로 살을 찌르기도 했어요. 남들이 백 번 외우는 내용이면 자신은 천 번을 외울 정도로 노력했어요. 그 결과 겨우 6년 만에 빈공과라는 과거에서 장원 급제했답니다.

　관리가 된 최치원은 황소의 난이 일어났을 때 〈토황소격문〉을 써서 당나라 사람들을 깜짝 놀라게 했어요. 〈토황소격문〉은 반란을 일으킨 황소를 항복시키기 위한 글이에요. 글솜씨가 어찌나 생생하고 뛰어났던지 글을 읽던 황소가 놀라 의자에서 떨어질 뻔했다고 해요. 최치원은 난이 끝난 후 황제로부터 공을 인정받아 물고기 모양의 붉은 주머니인 자금어대를 하사받기도 했어요.

　당나라에서 글로 유명해진 최치원은 그동안 쌓은 정치 지식과 경험을 나라를 위해 쓰겠다고 마음먹었어요. 신라로 귀국한 최치원은 진성여왕에게 〈시무십여조〉라는 개혁안을 올리며 잘못된 정치를 바로잡으려고 했어요. 하지만 진골 귀족들은 신분이 낮은 최치원의 말을 들으려고 하지 않았지요. 자신들보다 더 똑똑한 것을 시기하여 일을 못하게 방해했답니다. 뜻을 이루지 못한 최치원은 가야산으로 들어갔어요. 그리고 글쓰기에만 전념했어요. 결국 최치원은 신라 최고의 문장가가 되었어요. 그가 신라에서 진골들의 반대에 부딪혀 실행하지 못한 개혁안의 기본 정신은 신라 다음에 세워진 고려의 정치에 큰 영향을 주었어요. 무기가 아닌 글로 황소를 물리쳤듯 글을 통해 세상을 바꾼 것이지요.

키워드로 살펴보기

#계원필경   최치원이 당나라에 있을 때 쓴 글들을 모아 만든 우리나라 최초의 개인 문집이에요. 총 20권으로 이루어져 있지요. 후대 유학자들에게 글쓰기의 모범이 된 책이랍니다.

한국 위인 028   후삼국을 통일하고 고려를 세운
태조 왕건

"고통받는 백성들은 공이 구해주시기만을 기다리고 있습니다."

열일곱 살이 된 왕건에게 풍수지리설로 유명한 신라의 고승 도선국사가 말했어요. 그는 왕건이 태어나기 전부터 그의 아버지에게 왕이 될 아이가 날 것이라고 예언했답니다. 그로부터 17년이 지난 후 청년이 되어가는 왕건을 다시 찾아온 도선국사는 그에게 군대의 진을 치는 법과 하늘의 때를 살피고 운을 비는 법 등을 가르쳤지요.

왕건은 어릴 때부터 공손하고 사람들과 잘 어울렸어요. 예언처럼 꼭 왕이 되어 나쁜 정치에 시달리는 백성들을 잘살게 만들겠다는 꿈을 키웠어요. 그 당시 서라벌의 귀족들은 왕위를 다투느라 나랏일에 무관심했지요. 그 틈을 타서 지방마다 수많은 호족이 생겨났어요. 그중 전주의 호족인 견훤은 후백제를 세웠어요. 궁예는 신라 왕실에서 버려진 왕자예요. 강원도 일대의 실력자가 된 그는 후고구려를 세웠지요. 한반도의 남쪽은 다시 삼국으로 갈라졌어요. 이때를 후삼국시대라고 한답니다.

　지금의 개성인 송악의 호족이었던 왕건의 집안은 궁예와 힘을 합했어요. 왕건은 가는 곳마다 후백제군에 승리하며 후고구려의 세력을 크게 늘렸어요. 하지만 궁예는 점점 포악해졌어요. 스스로를 미륵이라 칭하고 남의 마음을 꿰뚫어 보는 관심법을 쓸 수 있다며 사람들을 함부로 죽였지요. 어느 날 왕건에게까지 의심의 화살이 날아왔어요.
　"경이 어젯밤 반역할 음모를 꾀한 이유가 무엇인가. 내가 관심법으로 다 보았다."
　터무니없는 궁예의 말에 기가 막혔던 왕건은 할 수 없이 이렇게 답했어요.
　"소신이 반역을 꾀하였으니 참으로 죽어 마땅하옵니다."
　그러자 궁예는 껄껄 웃으며 왕건을 용서했어요. 죽을 뻔했다 풀려난 왕건은 궁예를 믿지 않게 되었어요. 부하들은 왕건에게 궁예를 몰아내자고 했지요. 918년, 왕건은 궁예를 쫓아내고 왕이 되어 고구려의 맥을 이은 고려를 건국했답니다.

　9년 후 후백제는 서라벌에 침입해서 왕을 죽게 만들고 자기들 맘대로 새 왕을 세웠어요. 신라를 도와주러 갔던 왕건은 대구 공산에서 견훤에게 크게 패해 쫓기게 되었지요. 그때 충신인 신숭

겸은 왕건의 갑옷을 대신 입고 적을 유인해서 싸우다 죽었답니다. 왕건은 눈물을 흘리며 도망쳤어요. 간신히 목숨을 건진 왕건은 다시 군사를 기르며 기회를 엿보았어요.

몇 년 후 드디어 설욕의 기회가 왔어요. 왕건은 지금의 안동인 고창 지역에서 다시 후백제와 맞붙었어요. 예전의 패배를 거울삼아 이를 악물고 싸워 승리를 거두었지요. 신라의 호족들이 왕건의 편에 서서 도와준 것도 큰 도움이 되었어요. 신라 백성들은 서라벌을 침범하고 약탈을 저지른 후백제보다 자신들을 도와준 고려로 마음이 기울었어요. 신라의 마지막 왕인 경순왕도 왕건에게 백성을 맡기기 위해 고려에 항복했지요. 936년, 후백제를 격파하고 후삼국을 통일한 왕건은 백성들을 위한 정치를 폈어요. 오랫동안 전란에 시달린 백성들은 비로소 편안하게 살 수 있었어요.

왕건은 죽기 전 후대 왕들이 나라를 다스릴 때 명심할 교훈을 담은 《훈요십조》를 남겼지요. 불교와 풍수지리를 중시하고 북진 정책을 추진하라는 등의 내용이에요. 왕건이 힘만 셌던 궁예나 견훤과 달리 후삼국통일을 이룰 수 있었던 중요한 이유는 사람들과 화합하는 능력으로 호족들과 백성들의 마음을 얻었기 때문이랍니다.

키워드로 살펴보기

#혼인정책   왕건은 호족들의 딸을 부인으로 맞아 자기편으로 만들며 정권의 안정을 꾀하고 후삼국통일에도 큰 도움을 받았어요. 이를 혼인정책이라고 해요. 그 결과 왕건은 무려 29명이나 되는 부인을 두게 되었답니다. 각각의 부인에게서 낳은 아들들은 훗날 치열한 왕위 다툼을 벌이게 되지요.

#호족   중앙의 귀족에 대비되는 지방의 토착세력을 이르는 말이에요. 보통 신라말에서 고려초에 활동한 지방세력으로, 독자적 군사력을 보유했답니다.

| 한국 위인 029 | 왕권 강화로 고려의 기반을 다진 **광종** |

 고려 태조의 아들인 광종은 이름이 왕소예요. 왕소는 이복형 혜종과 친형 정종이 호족들에게 시달리다 일찍 죽는 모습을 보았어요. 태조의 혼인정책으로 딸을 왕비로 보낸 수많은 호족이 자기 집안 출신을 왕으로 세우려 했기 때문이지요. 왕규 같은 호족은 자신의 외손자를 왕위에 올리기 위해 혜종을 두 번이나 죽이려고 했어요. 호족의 횡포로 왕들은 안정된 정치를 펴지 못했고 백성들도 살기가 힘들었답니다. 정종의 뒤를 이어 왕이 된 광종은 그런 상황을 개혁하여 고려의 기틀을 다지겠는 뜻을 품었어요.

 '무엇보다 왕의 권한을 강하게 만들어야 해. 그래야 나라를 제대로 다스릴 수 있어.'

 몇 년간 때를 엿보던 광종은 제멋대로였던 관복을 법으로 정하여 신하들에 대한 통솔력을 높였어요. 그리고 노비안검법으로 호족들에게 선전포고를 했지요.

"억울한 사정으로 노비가 된 양인을 모두 조사해서 다시 양인 신분을 되찾게 하라."

호족들은 고려를 세우는 과정에서 포로가 된 사람들을 노비로 삼았어요. 멀쩡한 양인을 잡아다 노비로 만든 경우도 있었고요. 이처럼 불법으로 노비가 된 백성을 찾아내어 다시 양인으로 만들어주는 제도가 노비안검법이에요. 호족들은 노비에게 일을 시켜 재산을 늘릴 수 있었어요. 자신들을 지키는 사사로운 병사로도 이용했지요. 그런데 노비안검법으로 경제력과 군사력을 빼앗기게 되자 호족들은 크게 반발했어요. 광종은 그에 아랑곳하지 않고 더 강하게 밀어붙였답니다.

그 당시 고려에서 벼슬을 얻으려면 실력보다 집안이 좋아야 했어요. 그래서 나라에 공을 세운 공신과 호족의 자제, 친척 들이 대를 이어 관리가 됐답니다. 하지만 광종은 나라를 잘 운영하기 위해서는 실력 있는 인재가 필요하다고 생각했어요. 방법을 찾던 그는 마침 중국의 후주에서 온 쌍기와 만나게 되었어요. 쌍기와 이야기를 나누던 광종은 깜짝 놀랐어요. 그가 아는 것도 많고 똑똑해서였지요. 게다가 그는 후주에서 왕권 강화를 위한 개혁정책을 추진한 경험이 있었어요. 광종은 쌍기에게 벼슬을 내리고 고려 사람으로 귀화시켰어요. 참된 인재를 찾으려는 광종의 뜻을 알게 된 쌍기는 958년, 관리를 뽑는 새로운 제도를 건의했어요.

"소신에게 좋은 생각이 있사옵니다. 과거제도를 실시하시옵소서."

"오호, 과거제도라. 그게 대체 무엇인가?"

"유학에 대한 지식과 글쓰기, 또는 전문 기술 지식 등으로 시험을 봐서 관리를 뽑는 제도입니다. 실력을 갖춘 사람이라면 집안이 한미해도 뽑힐 수 있으니 널리 인재를 구할 수 있지요. 또한 유학은 임금에 대한 충을 중시하니 과거로 뽑힌 관리는 대왕마마께 충성된 신하가 될 것이 분명합니다. 그리되면 왕권이 더욱 강화될 것이옵니다."

이에 광종은 쌍기를 시험관인 지공거에 임명하고 당장 과거제도를 시행하라고 명했어요. 노비를 빼앗기고 관리가 될 기회도 잃은 호족들은 힘이 약해졌어요. 그 대신 왕의 권한이 강해졌지요. 광종은 강한 권력을 바탕으로 태조의 북진정책을 계승하여 북방의 안정에 힘썼어요. 민심을 얻기 위해 적극적인 불교 정책도 펼쳤지요. 또 중국 여러 나라와 활발한 외교를 펼쳐 고려의 위상을 높였답니다. 고려는 개국 이후 광종 대에 이르러서야 국가 체제를 정비하며 비로소 한 나라의 기틀이 마련되었어요.

키워드로 살펴보기

#칭제건원 나라의 임금을 황제라 칭하고 연호를 정한다는 뜻이에요. 연호는 임금이 즉위한 해에 붙이던 칭호지요. 광종은 스스로를 황제라 칭하고 광덕, 준풍 등의 독자적인 연호를 썼어요. 칭제건원을 했다는 것은 나라의 힘에 대해 큰 자신감을 갖고 있다는 의미랍니다.

한국 위인 030 말 한 마디로 적군을 물리치고 땅도 얻은 고려의 외교가 **서희**

"대왕마마, 거란이 쳐들어왔다 하옵니다."
"뭐, 뭣이라? 이를 어쩌면 좋단 말이냐."

993년, 고려 성종 때 일이에요. 거란의 장수 소손녕이 80만 대군을 이끌고 압록강을 넘어 침입해왔답니다. 이전부터 힘이 커진 거란은 국호를 요로 바꾸고 중국 대륙 북쪽을 차지한 후 남쪽의 송나라와 세력 다툼을 벌이고 있었어요. 고려는 거란을 멀리하고 송나라와 친하게 지냈지요. 거란은 고려를 쳐서 항복시켜 자기편으로 삼고자 했어요. 놀란 성종은 사신을 보내 소손녕에게 강화를 청했어요. 그러자 소손녕은 우쭐해졌어요. 고구려 땅이 지금은 자기네 나라에 속하였으니 고려가 가진 옛 고구려 땅도 마저 내놓고 왕이 직접 와서 항복하라고 우겼지요. 사신이 돌아오자 어전회의가 열렸어요. 신하들은 대왕에게 아뢰었어요.

"마마, 서경 이북의 땅을 거란에게 나누어주면 저들이 돌아갈 것이옵니다."

서경은 오늘날의 평양이에요. 성종은 그 의견에 솔깃해져서 신하들 말을 듣기로 했어요. 그때였어요. 한 신하가 앞으로 나섰어요. 그는 중군 사령관 서희 장군이었어요.

"아니 되옵니다. 마마! 저들이 고구려를 들먹이며 땅을 찾기 위해 왔다고 핑계 대는 것은 우리를 두려워한다는 증거입니다. 한 번 싸워보고 결정해도 늦지 않사옵니다. 땅을 그냥 내어준다면 두고두고 세상의 놀림을 받을 것이옵니다."

왕은 그의 말이 옳다고 여겼어요. 고려에서 아무 소식이 없자 소손녕은 안융진을 공격했어요. 하지만 고려군에게 지고 말았지요.

기세가 꺾인 소손녕은 고려가 제안한 강화회담을 받아들이기로 했어요. 모두들 회담장에 가는 걸 꺼리자 서희가 담판을 짓고 오겠다고 자청했어요. 그리고 적진을 향해 용감하게 나아갔어요. 서희는 수많은 거란군 앞에서 조금의 굽힘도 없이 당당하게 행동했어요. 소손녕은 그의 태도에 놀라 주눅이 들었지만 속마음을 숨기고 물었지요.

"너희 나라는 신라에서 일어났으니 고구려 땅은 우리 것이다. 그런데 왜 성을 쌓아 침범했는가? 또한 우리와 가까이 있으면서 왜 바다 건너 송과 사이좋게 지내는가?"

그러자 서희가 낭랑한 목소리로 하나하나 짚어주듯 말했어요.
"무슨 말씀이시오. 고려는 본래 고구려를 계승한 나라요. 그래서 이름도 고려가 아니겠소. 그리 따지면 고구려 땅인 거란의 동경도 실은 우리 땅인 것이오. 그리고 귀국과 친하고 싶어도 그 사이인 압록강 연안 땅을 여진이 차지하여 막고 있소. 우리가 여진을 몰아내고 그곳에 성을 쌓아 길을 만든다면 서로 이웃이 될 수 있을 것이오."

소손녕은 할 말이 없었어요. 듣고 보니 서희의 말이 모두 맞았기 때문이에요. 결국 거란군은 서희의 요구대로 고려 땅에서 물러났고 여진이 차지한 땅을 고려가 되찾는 조건으로 이웃 관계를 맺었어요.

'말 한마디에 천 냥 빚도 갚는다'라는 우리 속담이 있지요. 말을 잘하면 어려운 일이나 불가능해 보이는 일도 해결할 수 있다는 뜻이에요. 서희 장군은 말로 외교 담판을 벌여 우리 땅을 되찾았어요. 이렇듯 꼭 상대와 전투를 벌여야만 승리할 수 있는 게 아니랍니다. 싸우지 않고 말을 조리 있게 잘해서 상대를 설득하는 것은 그보다 나은 방법일 수 있지요. 서희는 우리 역사상 가장 뛰어난 외교관으로 평가받고 있습니다.

키워드로 살펴보기

#강동6주   서희의 외교 담판 결과 고려는 압록강 동쪽에 있는 흥화진, 용주, 통주, 철주, 귀주, 곽주의 강동6주를 얻어 압록강 유역까지 영토를 확장했어요.

한국 위인 031

뛰어난 전술로 거란을 물리친 귀주대첩의 명장
강감찬

고려 시흥군에 사는 강은천이라는 남자아이가 있었어요. 태어날 때 하늘에서 문곡성이라는 큰 별이 집으로 떨어졌다는 신비한 이야기가 전해지지요. 문곡성은 학문에 밝고 글을 잘 쓰는 운을 타고나게 하는 별이에요. 실제로 은천은 영리하고 공부하는 걸 좋아했어요. 책을 많이 읽어서 남들이 생각하지 못하는 신기한 꾀가 많았지요. 은천은 자라서 감찬이라는 새 이름을 얻었어요. 강감찬은 과거에 장원으로 급제했지요. 그 후 여러 벼슬을 거치다가 관원 중 가장 빼어난 사람들이 맡는 한림학사가 되었어요.

거란은 1차 침입 때 서희의 외교 담판으로 강동6주를 내준 게 내내 억울했기에 되찾을 기회만 엿보았어요. 그런데 때마침 고려에 큰 정변이 일어났어요. 장군 강조가 목종을 죽이고 현종을 왕위에 올린 거예요. 거란은 멋대로 왕을 바꾼 강조를 혼내준다는 구실로 고려를 공격해 왔어요. 현종 때인 1010년의 일이에요. 거란의 왕 성종이 40만 대군을 이끌고 고려에 쳐들어온 이 사건을 거란의 2차 침입이라고 해요. 신하들은 현종에게 항복하라고 권했어요. 그러나 강감찬은 달랐어요.

"저들에 비해 우리 군사 수가 적어 이기기 어려우니 지금은 피난을 가는 편이 낫사옵니다. 시간을 벌어 다시 일어날 때를 기다리소서."

현종은 그의 말을 따라 급히 나주로 피난을 갔어요. 거란군은 개경까지 쳐들어와 궁궐을 불태우고 사람들을 해쳤어요. 현종은 어쩔 수 없이 거란 왕에게 직접 인사하러 가겠다고 약속했어요. 하지만 그들이 돌아간 후에도 병을 핑계로 가지 않았지요. 강동 6주도 돌려줄 생각이 없었거든요.

그러자 1018년, 거란 장수 소배압이 10만 대군과 함께 3차 침입을 감행했어요. 고려군 총지휘관이 된 강감찬 장군은 거란군이 들어오는 길목인 흥화진에서 적의 힘을 빼기 위한 작전을 짰답니다. 그는 병사들에게 명했어요.

"굵은 밧줄과 소가죽을 있는 대로 모으도록 하라."

장군은 소가죽을 굵은 밧줄로 엮어 성 동쪽 대천의 물을 막았어요. 주변 산속에 기마병도 숨겨놓았지요. 거란군은 안심하고 물이 빠진 냇바닥에 들어섰어요. 그 순간 고려군이 소가죽을 일제히 걷었어요. 콸콸 쏟아져 들어오는 물줄기에 놀란 거란군과 말들은 혼비백산해서 강 밖으로 뛰쳐나왔어요. 숨어 있던 고려의 기마병은 그 틈을 놓치지 않고 달려가 그들을 격파했답니다.

처음부터 기가 꺾인 거란군은 가는 곳마다 고려군에게 패했어요. 개경의 100리 앞까지 왔지만 성 밖 물자를 모두 없애버린 고려군의 수비를 뚫지 못한 채 군사를 돌려야 했지요. 강감찬 장군은 거란군을 섬멸시켜 다시는 침략을 못 하도록 막을 생각이었어요. 후퇴하던 거란군이 귀주에 이르렀을 때 큰 전투가 벌어졌지요. 양쪽이 팽팽하게 맞서 승부가 나지 않았어요. 그때 바람의 방향이 고려군에 유리한 쪽으로 바뀌었어요. 병사들은 사기가 올라 큰 승리를 거두었지요. 살아 돌아간 거란군은 불과 몇천 명뿐이었어요. 이후 고려에는 평화가 왔어요. 강감찬 장군은 최고 벼슬인 문하시중에 올랐고요. 나라가 편안하고 풍년이 들자 고려 백성들은 그 모두가 강감찬 장군의 덕이라며 고마워했답니다.

키워드로 살펴보기

#귀주대첩   고려 현종 때 강감찬 장군이 귀주에서 거란군을 물리치고 크게 승리한 싸움을 귀주대첩이라고 해요.

한국 위인 032

사학을 세워 인재를 키운 해동공자
최충

"장원은 최충이라는 사람이구먼. 바로 저 젊은이가 아닌가."

과거 합격자가 발표되자 사람들은 놀란 눈으로 최충이라는 청년에 주목했어요. 겨우 스무 살에 그 어렵다는 과거에서 일등을 차지했기 때문이에요. 그는 아직 소년의 티를 못 벗었지만 크고 번듯한 외모에 함부로 대할 수 없는 위엄을 갖추고 있었어요.

일찌감치 벼슬길에 나간 최충은 여러 왕을 거치며 관리로 일했어요. 문종 때는 최고 관직인 문하시중까지 올랐지요. 조정의 중요한 자리들을 맡아 나라의 역사와 제도, 살림, 국방을 튼튼히 하고 백성들이 편안하게 살도록 만들기 위해 노력했어요. 관리로서도 성공했지만 그는 문장과 글씨에 뛰어나고 학문이 높은 선비였어요. 지공거에 두 차례나 뽑힐 정도였지요. 과거시험관인 지공거는 유학에 밝아야 맡을 수 있었어요. 최충은 관리를 뽑는 일에 관여하며 인재를 키우는 게 시급하다는 생각을 했어요. 그 당시 고려에는 나라에서 만든 국자감이라는 학교가 있었는데, 거란의 침입 등으로 제대로 운영되지 못했지요. 최충은 배우고 싶어도 가르칠 곳이 없는 현실이 안타까웠어요.

'나라를 일으켜 세우려면 무엇보다 먼저 인재를 길러야 해.'

최충은 일흔 살이 되자 벼슬에서 내려왔어요. 그리고 자신의 집에 학당을 차려 학생들을 가르치기 시작했지요. 최충이 만든 학당은 곧 장안에 소문이 났어요. 부모들은 앞다투어 아이들을 최충의 학당에 보냈답니다. 어느 날 대문을 열고 나간 최충은 깜짝 놀랐어요. 학당에 들어오려는 아이와 어른들의 줄이 끝이 보이지 않아서였지요.

'어허, 배우고 싶어 하는 사람이 이리 많다니. 반을 나누어서라도 모두 가르쳐야겠어.'

최충은 학생들을 아홉 개의 반, 구재로 나누었어요.

최충의 구재학당에서는 인성 교육과 함께 유교 경전, 역사, 글 쓰는 법을 가르쳤지요. 최충은 제자들이 더 많이 과거에 급제해서 나랏일에 보탬이 되길 바랐어요. 그래서 유명한 절 귀법사를 빌려 하과라는 과거 대비용 여름학교를 열었어요. 과거에 급제하고 실력이 뛰어난 졸업생들이 선생님이 되어 가르쳤지요. 학생들은 공기 맑고 시원한 숲속에서 공부할 수 있었어요. 가끔 이름 높은 선비가 오면 각촉부시라는 시 짓기 시합을 벌였어요. 학생들은 초에 금을 그은 후 불을 켜고 촛불이 타서 그 금에 이르는 동안 재빨리 시를 지어 읊어야 했지요. 시합이 끝나면 등수를 정하고 이름을 불러 작은 잔치를 열어주었어요.

사람들은 문하시중이었던 최충의 제자들을 시중최공도라고 불렀어요. 최충이 죽은 후 임금님이 내린 최충의 시호 문헌공을 붙여 문헌공도라고도 하지요. 시중최공도 학생들은 과거에 척척 급제했어요. 양반 자제 중 과거에 붙으려면 반드시 이곳을 거쳐야 한다는 말도 나왔지요. 시중최공도의 인기가 높아지자 다른 유학자들 역시 너도나도 사학을 열었어요. 덕분에 사학이 크게 발달했답니다. 이처럼 최충은 최초로 사학을 열어 온 나라에 학문하는 분위기를 일으켰어요. 또한 고려의 학문과 문장을 발전시킨 수많은 문신을 길러냈지요. 학문과 문장, 교육에 모두 뛰어났던 최충은 동쪽 고려의 공자를 뜻하는 해동공자라는 별명으로 불리게 되었어요.

키워드로 살펴보기

#사학십이도 고려 문종 때부터 만들어진 사학 12개를 통틀어 사학십이도라고 해요. 사학은 오늘날의 사립학교와 비슷한 교육기관이에요. 사학십이도 중 문헌공도가 가장 번성했지요.

| 한국 위인 033 | 삼국시대의 정통 역사가 담긴 《삼국사기》를 편찬한
김부식 |

"내가 왜 너희 이름 끝 자에 식과 철을 넣어 부식, 부철이라 지은 줄 아느냐?"

동생 부철과 함께 책을 읽고 있던 부식은 고개를 들어 아버지를 보았어요.

"궁금합니다, 아버님, 이유가 무엇이옵니까?"

부식의 질문에 아버지는 빙그레 웃으며 말했어요.

"송나라에 소동파라는 시인이 있었단다. 그의 이름이 바로 식이고 동생이 철이지. 동파는 호란다. 아버지 소순과 아들인 소식, 소철이 모두 시와 문장을 잘 지어 사람들은 그 삼부자를 삼소라 부르며 존경한단다. 너희는 이름에 담긴 이 아비의 깊은 뜻을 마음에 새겨 이담에 반드시 글 잘 쓰는 선비로 이름을 날려야 한다. 알겠느냐?"

"예, 아버님!"

부식과 부철은 씩씩하게 답했어요. 아버지는 두 아들의 머리를 쓰다듬어주었어요. 안타깝게도 아버지는 얼마 후 세상을 떠났어요. 둘은 아버지의 당부를 잊지 않고 열심히 공부했어요. 그리고 위의 두 형에 이어 모두 과거에 급제했지요. 두 사람 다 시와 문장으로 이름을 날렸지만 특히 김부식은 고려를 대표하는 문장가가 되었어요.

김부식은 옛날부터 그 당시까지의 학문과 지식에 모두 통달했어요. 성격이 강직해서 도리와 이치에 맞지 않으면 소신을 굽히지 않았지요. 상대가 세도가라도 개의치 않았답니다. 새로 임금이 된 인종의 외할아버지 이자겸은 자신의 두 딸을 왕비로 만들며 왕과 더 가까운 사이가 됐어요. 그의 권세는 하늘을 찌를 만큼 높아졌지요. 어느 날 왕은 이자겸을 다른 신하와 똑같이 대하는 게 옳은지에 대해 여러 신하에게 물었어요. 모두들 이자겸의 눈치를 보며 특별대우를 해야 한다는 쪽으로 의견이 기울었지요. 그런데 이때 김부식이 홀로 나섰어요.

"아니 되옵니다. 옛 기록을 살펴보면 황제의 아버지라 해도 공적인 자리에서는 스스로를 신하라 칭했습니다. 정치를 펼치는 조정에서는 마땅히 신하로서 대해야 하고 집안 내에서만 장인과 외할아버지로 공경하시는 게 옳사옵니다."

듣고 보니 이치에 맞는 말이라 제아무리 힘센 이자겸도 그의 의견을 따를 수밖에 없었어요.

유학 실력이 뛰어났던 김부식은 유교 정치를 이상으로 여기는 문신들의 중심인물이 되었어요. 서경으로 수도를 옮기자고 주장하던 묘청의 난을 진압하는 공을 세우기도 했지요. 또한 송나라 사신 일행에 의해 그 총명함과 글솜씨가 전해져 우리나라뿐 아니라 중국에서도 이름을 떨쳤어요.

　그러나 김부식을 가장 빛나게 만든 건 그가 쓴 역사책이에요. 벼슬을 그만둔 그는 왕명을 받고 다른 관리들과 함께 고구려, 백제, 신라 등 삼국의 역사를 쓰기 시작했어요. 국내와 외국의 자료들을 모두 참고하여 삼국의 역사를 종합적, 체계적으로 정리했지요. 그 책이 바로《삼국사기》예요.《삼국사기》덕분에 오늘날 우리는 삼국의 역사를 자세히 알 수 있지요.

　아버지의 격려는 한 소년에게 문장가의 꿈을 심어주었어요. 소년은 책을 많이 읽고 글도 열심히 써서 박학다식하고 이치에 맞게 행동하는 대 문장가로 자랐어요. 그리고 자신이 일생 쌓아 올린 능력과 지혜를 쏟아부어 후세에 도움이 될 중요한 역사책을 남긴 거예요.

키워드로 살펴보기

#삼국사기   고려 인종 때인 1145년 김부식 등이 펴낸 삼국의 정사예요. 기전체라는 역사 기록 형식으로 쓰였지요. 나라 안팎의 혼란기에 역사와 국가에 대한 백성들의 의식을 드높이기 위해 편찬되었으며 유교적 관점의 교훈이 담긴 책이에요.

#세도가   정치상의 권세를 휘두르는 사람 또는 그런 집안을 일컫는 말이에요.

한국 위인 034

조계종을 다시 일으킨 보조국사
지눌

"부처님, 제발 이 아이를 살려주십시오."

한 아이를 안은 부부가 불전에서 간절히 빌고 있어요. 열이 펄펄 끓는 아이는 숨을 헐떡이며 괴로워해요. 아이는 태어날 때부터 몸이 약했어요. 늘 시름시름 앓았고 무슨 약을 써도 낫지 않았어요. 이번엔 곧 죽을지도 모른다는 의원의 말에 부부는 아이를 안고 절로 달려왔지요. 아이를 안타깝게 바라보던 부부는 서로 눈을 마주쳤어요. 이심전심으로 아내의 마음을 확인한 남편은 고개를 끄덕였지요. 그러고는 불상을 바라보며 굳게 약속했어요.

"이 아이를 살려주시면 꼭 출가시켜 부처님의 제자로 만들겠습니다."

부부의 기도가 통했던 것일까요. 아이는 신기하게도 위기를 넘겼어요. 게다가 그동안 앓던 병도 씻은 듯이 나았지요. 아이의 부모는 약속대로 아이를 절로 보내 스님이 되게 했어요. 스님의 이름은 지눌이에요.

지눌은 불법을 열심히 닦은 후 스물다섯 살에 승과에 합격했어요. 선종을 크게 일으킨 당나라 혜능의 설법이 적힌 책을 읽은 후 지눌은 그 안에 담긴 선불교 사상에 깊이 감화를 받았지요. 혜능은 누구든 깨달음을 통해 부처가 될 수 있으며 그러기 위해서는 아무것에도 얽매이지 말라고 가르쳤어요. 지눌은 혜능을 평생의 스승으로 삼았어요.

불교는 수행 방법에 따라 크게 교종과 선종으로 나뉘어요. 교종은 불교 경전과 교리에서 진리를 깨닫고 실천하는 수행법을 따르고 있어요. 이론을 중시하는 종파지요. 선종은 참선 등을 통해 깨달음을 얻고 마음을 닦는 방법으로 수행한답니다. 마음을 중시하며 선불교라고도 불려요. 무신들이 문벌귀족인 문신을 몰아내고 정권을 잡았던 당시에는 교종과 선종이 극심하게 대립했어요. 스님들은 자비를 베풀라는 불교의 가르침을 잊고 서로 헐뜯고 싸우기 바빴지요. 절은 점점 많은 토지를 소유했어요. 백성들에게 돈을 빌려준 후 비싼 이자를 받기도 했답니다. 정치적 혼란을 틈타 재물을 탐내고 재산을 쌓는 승려도 적지 않았어요.

지눌은 어떻게 하면 불교가 그런 타락상에서 벗어나 본래의 모습을 되찾을 수 있을까 고민했어요. 그래서 뜻을 함께하는 동료들과 불교를 개혁하려는 신앙결사운동을 일으켰지요.

"승려들이여! 세속의 명예와 이익을 버리고 산중에 들어가 성실하게 불도를 닦읍시다. 깨달음을 얻기 위해 참선하며 동시에 교리공부로 지혜를 익힙시다!"

지눌은 선종의 입장에서 교종을 감싸 안아 선종과 교종의 통합을 꾀했어요. 그는 '교'란 부처님의 말씀이고 '선'은 부처님의 마음이라 보았지요. 둘 다 불교의 진리를 담고 있으니 교와 선은 따로 떨어진 것이 아니라 일치된 하나라고 했어요. 조계산 수선사에서 실천에 들어간 지눌의 수선사 결사운동은 백성들의 호응을 얻었어요. 오늘날 한국 불교의 가장 큰 종파인 조계종은 지눌의 선교일치 사상을 근본으로 삼고 있답니다.

키워드로 살펴보기

#정혜쌍수 #돈오점수   보조국사 지눌이 주장했지요. 마음 수양을 뜻하는 '정'과, 경전과 교리의 지혜를 뜻하는 '혜'를 함께 닦는 수행법을 정혜쌍수라고 해요. 돈오점수는 깨달은 후에 점차적으로 수행해나간다는 뜻이고요.

한국 위인 035

<동명왕편>을 지어 민족의 자긍심을 높인 문장가
이규보

이인저라는 아이는 글을 잘 짓기로 온 동네에 소문이 났어요. 어느 날 인저의 작은아버지가 조카 자랑을 했어요. 동료 관원들은 아이의 글솜씨를 시험해보기로 했지요.

"애야, 종이라는 글자로 시를 한 번 지어보아라."

관원들이 낸 문제를 받은 인저는 눈빛을 반짝이며 잠시 생각하다가 입을 열었어요.

"종이 위 길에는 늘 붓 학사가 다니고 술잔 속에는 항상 술 선생이 들어 있네."

그러자 관원들 사이에서 감탄하는 소리가 흘러나왔어요. 앞뒤 구절이 대구를 이루면서 붓과 술을 사람에 비유한 재치 있는 문장이었기 때문이지요. 사람들은 인저를 꾀와 재주가 많은 아이라는 뜻의 기동이라고 불렀답니다.

이인저는 열네 살에 고려시대 명문 사학인 구재학당에 들어갔어요. 여름 수업인 하과에서 정해진 시간 안에 시를 지어야 하는 각촉부시 대회가 열리면 매년 일등을 차지했지요. 급히 지은 시였지만 그 안에 담긴 느낌과 뜻이 남달리 빼어났어요. 주변에서는 모두 인저가 함께 배우는 소년들 중 가장 먼저 과거에 급제할 거라 말했어요. 그런데 어쩐 일인지 그는 3번이나 과거에 떨어졌답니다.

그러는 사이 청년이 된 이인저는 큰 절망에 빠졌어요. 네 번째 시험을 앞두고는 또 떨어질까 걱정되어 꿈을 다 꾸었을 정도예요. 꿈속에서 인저는 규성이라는 별의 화신인 할아버지를 만났어요. 규성은 학문을 관장하는 별이지요. 인저는 간절한 마음으로 규성 할아버지에게 물었어요.

"할아버지 제발 말씀해주세요. 이번에 제가 과거에 합격할 수 있을까요?"

규성 할아버지는 인자한 모습으로 껄껄 웃으며 가르쳐주었어요.

"걱정 말게. 자네는 장원을 할 걸세. 하지만 이건 하늘의 비밀이니 함부로 말하면 안 되네."

꿈에서 깬 인저는 규성의 '규' 자를 따서 이름을 이규보라 고치고 마음을 새롭게 하여 열심히 공부했답니다. 그리고 결국 과거에서 일등인 장원으로 급제했지요.

이규보는 천성이 자유롭고 활달하며 용감했어요. 술을 너무나 좋아해서 술이 주인공인 가전체소설 〈국선생전〉을 짓기도 했지요. 하지만 남의 시선에 신경 쓰지 않고 바른말을 하는 그의 성격은 본의 아니게 적을 만들었어요. 그의 재능을 아끼는 이들이 여러 번 벼슬에 추천했지만 그럴 때마다 그에게 불만을 가진 이들이 방해했답니다. 그래서 과거에 합격하고도 오랫동안 실력에 걸맞는 벼슬을 못 얻었지요. 그런 그를 알아본 건 무신 정권기의 실력자인 최충헌이었어요. 무신이 문신을 탄압하던 시기였지만 이규보는 최충헌 부자의 지지를 받으며 자신의 능력을 마음껏 펼쳤어요.

　이규보는 옛사람들의 문장을 그대로 따라 하는 글쓰기를 싫어했어요. 자신만의 방식으로 글을 썼지요. 과거에 자꾸 떨어진 이유 중 하나도 틀에 박힌 답안을 쓰지 않아서였지요. 이규보는 수많은 뛰어난 글을 써서 고려 후기의 대표적인 문인이 되었어요. 이규보가 지은 〈동명왕편〉은 고구려의 건국신화를 소재로 하여 동명성왕 주몽을 영웅으로 그린 총 282구의 장편 서사시예요. 중국 중심의 역사관에서 벗어나 우리 민족에 대한 긍지와 자부심을 담은 명작이지요.

키워드로 살펴보기

#동국이상국집   이규보의 시와 글을 담은 문집이에요. 〈동명왕편〉, 〈국선생전〉, 〈백운거사전〉을 비롯한 그의 대표작이 모두 담겨 있어요. 지금은 전하지 않는 《구삼국사》라는 역사책이 있었다는 사실, 《팔만대장경》이 만들어진 과정과 연도, 금속활자의 사용 등 여러 역사적 사실을 알려주는 귀중한 자료이지요.

#가전   설화문학의 한 형태로, 사물을 우화 또는 의인화해 그 일대기를 허구적으로 그린 짧은 전기체 작품이에요. 즉, 인간사를 우회적으로 다루는 문체로 쓰인 작품을 말해요.

한국 위인 036
고대의 신화와 전설을 담은 《삼국유사》의 지은이
일연

고려 희종 때인 1206년 지금의 경북 경산 땅인 장산에서 한 아기가 태어났어요.

"햇빛이 사흘 밤이나 제 배를 비추는 태몽을 꾸었으니 분명 큰 인물이 될 거예요."

"그럼 아이 이름은 밝은 빛을 본다는 뜻으로 볼 견 자에 밝을 명 자를 넣어 견명이라 지읍시다."

견명은 부모님의 예상대로 보통 아이들과 달랐어요. 단정한 몸가짐에 보는 눈이 예리하며 슬기롭고 지혜가 뛰어났지요. 아홉 살 되던 해에는 불교 공부를 위해 홀로 집을 떠나 절에 들어갔답니다. 열네 살에 정식으로 스님이 되어 일연이라는 이름으로 불리게 되었지요.

일연은 스물두 살에 스님들이 보는 과거인 승과에서 장원으로 뽑혔어요. 이후 선종 사찰에 머물며 화두라 불리는 한 가지 주제에 깊이 파고드는 참선에 열중했지요. 남다른 명석함과 끈기 있는 수행을 통해 깨달음을 얻은 일연은 뛰어난 선승으로 불교계에 이름을 떨쳤어요. 또 학문을 좋아해서 불교뿐 아니라 유학, 도교 등 중국의 여러 학파인 제자백가에도 밝았지요. 무려 100여 권의 책을 짓기도 했어요.

  일연이 수행하며 불법을 펼치던 시기에 고려는 6차례에 걸친 몽골의 침략으로 고통을 당했어요. 고려 왕실은 개경에서 강화로 수도를 옮기고 백성들과 수십 년 동안 강하게 저항했어요. 하지만 결국 몽골과 강화를 맺고 그들이 세운 원나라의 간섭을 받게 되었답니다. 일연은 백성들이 절망에 빠져 긍지와 자부심을 잃게 된 것이 안타까웠어요.
  '우리도 중국 못지않게 오랜 역사가 있고 고유의 문화를 지닌 민족임을 백성들에게 일깨워주려면 역사책을 써야 해.'
  그렇게 마음먹은 일연은 전해오던 옛 기록들을 모으고 역대 왕들의 연표를 작성하기 시작했어요.

  충렬왕 때 일흔여덟 살의 일연은 국사인 국존에 책봉되었어요. 국사는 불교의 최고 지도자로 온 나라 사람들의 존경을 받는 자리예요. 그런데 세속의 명예에 뜻이 없었던 그는 얼마 후 그 자리에서 물러나 고향으로 돌아갔답니다. 홀로 살고 계신 어머니를 모시기 위해서지요. 어머니가 돌아가실 때까지 효도를 다한 일연은 인각사에서 제자들을 키우며 말년을 보냈어요. 그리고 틈틈이 역사를 써내려갔지요. 그 역사책이 바로 《삼국유사》랍니다.

《삼국유사》는 《삼국사기》와 함께 삼국시대를 다룬 대표적인 역사책이에요. 김부식을 비롯한 유학자들은 현실 속의 일이 아니면 역사로 적는 걸 꺼렸어요. 그와 달리 일연은 신화나 전설도 역사로 남겨야 한다고 생각했어요.
"제왕의 탄생에는 보통사람과는 다른 징표가 있게 마련이오. 그러니 우리 고대 국가들의 시조에 관한 이야기도 신비하고 기이한 게 당연하지 않겠소."
그래서 하늘의 자손과 곰이 등장하는 고조선의 단군 신화도 《삼국유사》에 기록했지요. 불교에 관한 내용과 함께 사람이나 장소에 얽힌 신기한 설화도 적어놓았고요. 《삼국유사》에는 향가 14수도 실려 있어 고대의 역사는 물론 종교, 문학, 풍속 등 다양한 문화를 엿볼 수 있답니다.

일연은 평상시처럼 제자들과 선문답을 주고받다가 앉은 채로 조용히 입적했어요. 입적은 스님들의 죽음을 일컫는 말이에요. 스님은 떠났지만 그 이름은 우리 민족의 긍지와 자부심을 높여준 《삼국유사》의 지은이로 역사 속에 내내 남아 있을 거예요.

키워드로 살펴보기

#삼국사기와_삼국유사의_차이점　　김부식이 편찬한 《삼국사기》는 유교적 관점에서 쓰인 삼국의 정통 역사책이에요. 그에 비해 일연의 《삼국유사》는 불교적 관점이며 삼국보다 앞선 고조선의 역사도 담겨 있지요. 또한 신화, 전설, 설화와 백성들의 풍속을 담은 종합적인 역사서랍니다.

한국 위인 037
우리나라 최초로 화약을 만든 고려 시대 발명가
최무선

"왜구를 제압할 방법은 화약만 한 게 없네. 근데 우리나라엔 아직 아는 사람이 없어."

어릴 때부터 기술에 밝고 병법에 능했던 고려의 문신 최무선은 주변에 늘 그런 이야기를 했어요. 일반 백성들은 화약이라고 하면 불꽃놀이 정도만 떠올리던 시절이지요. 고려는 충정왕이 즉위한 후부터 세력이 커진 왜구의 노략질로 골머리를 앓았어요. 그들은 바닷가뿐 아니라 내륙 곳곳까지 쳐들어가 사람을 해치고 물건을 빼앗았지요. 세금으로 걷은 곡식인 세곡이 실린 배를 공격하는 일도 잦았어요.

최무선의 아버지는 관원들에게 주는 봉급인 녹봉과 그것을 지급하기 위한 세곡 창고를 관장하는 광흥창의 관리였어요. 세금 운반선이 약탈당하면 가장 먼저 곤란을 겪는 관청이지요. 최무선은 왜구 때문에 피해를 입는 모습을 가까이에서 보고 겪으며 어떻게 하면 그들을 소탕할 수 있을까 고민했어요. 그러다가 중국이 발명한 화약의 위력에 관심을 두게 되었답니다. 그 당시 우리나라엔 화약 만드는 기술자가 한 명도 없었어요. 중국에서도 그 제조법을 군사 기밀로 다루었고요. 최무선은 어떻게든 제조법을 알아내어 화약을 직접 만들어보기로 결심했어요.

중국어를 곧잘 했던 최무선은 중국에서 상인이 왔다는 소식이 들릴 때마다 시도 때도 없이 달려갔어요. 그들을 붙잡고 화약 만드는 법을 꼬치꼬치 캐물었지요. 그런 정성이 하늘에 가 닿았던 것일까요. 그는 마침내 이원이라는 사람을 만날 수 있었어요. 이원은 화약의 핵심 원료인 염초를 만드는 기술자였어요. 최무선은 그에게 염초 제조법을 배웠지요. 그리고 하인들과 여러 차례 시험해본 끝에 화약을 만드는 데 성공했어요. 최무선은 왕에게 건의하여 화약을 만드는 화통도감을 설치하게 했어요. 그런 다음 본격적으로 화약 무기를 만들었지요.

어느 날 드디어 최무선이 오랫동안 별러왔던 화약을 쓸 기회가 왔어요. 1380년, 왜구는 500여 척의 배를 이끌고 지금의 군산 땅인 진포로 쳐들어왔어요. 그들은 금강 하구에 배를 대고 땅에 올라와 닥치는 대로 사람을 죽이고 곡식과 재산을 약탈했어요. 부원수로 임명된 최무선은 전함에 올라 왜구의 배를 향해 돌진했어요.
"저들의 배를 포격하라!"

그의 명령이 떨어지자 우리 배에 장착된 화포에서 일제히 불을 뿜기 시작했어요. 예상치 못한 포탄을 맞은 왜구의 배에서는 불길이 치솟았어요. '쾅쾅!' 하고 울리는 천둥 같은 대포 소리에 넋이 나간 왜구들은 앞다투어 바다로 뛰어들었지요. 간신히 육지까지 헤엄쳐간 왜구들 앞에는 후일 조선을 세운 이성계 장군이 기다리고 있었답니다. 이성계는 여러 장수와 함께 왜구들을 전멸시켰지요. 무려 30년이나 계속되던 왜구의 침략은 그 싸움을 계기로 점차 사라졌어요.

"부인, 우리 아이가 자라면 이 책을 꼭 전해주시오."
최무선은 평생을 들여 알아낸 화약과 무기 제조법이 담긴 책을 아들 해산에게 물려주라는 유언을 남기고 숨을 거두었어요. 최해산은 아버지의 뜻을 이어 조선의 화약 무기 기술을 발전시켰지요. 화약 무기 분야에 세운 두 부자의 공은 훗날 임진왜란을 승리로 이끄는 밑거름이 되었답니다.

키워드로 살펴보기

#화통도감 고려 시대에 화약과 화기의 제조를 맡아보던 관청이에요. 고려 우왕 때인 1377년 최무선의 건의로 설치되었지요. 각종 총포류와 로켓 무기인 주화 등을 만들었어요.

한국 위인 038   목화씨를 들여와 백성들에게 따뜻한 솜옷을 입게 한
문익점

"저 꽃은 이름이 무엇이오?"

실의에 빠져 있던 고려 관리 문익점의 눈에 들판에 가득 핀 흰 꽃이 들어왔어요.

"목화라 합니다. 꽃은 졌고 저 하얀 것은 열매가 벌어져 꽃처럼 보이는 것이지요."

시중을 들어주던 원나라 사람은 목화 열매를 하나 따서 문익점의 손에 쥐어주었어요. 열매 속에 든 솜을 만져본 문익점은 포근하고 따뜻한 감촉에 놀랐어요.

"이 솜에서 씨앗을 빼고 실을 자아내 베틀에 짜면 무명천이 됩니다. 그 옷감에 솜을 누벼 옷을 지어 입으면 한겨울을 따뜻하게 날 수 있지요."

그의 말에 문익점은 문득 헐벗은 고려 백성들을 떠올렸어요. 고려에는 무명 옷감이 없었어요. 대부분의 사람은 모시나 삼베로 옷을 해 입었지요. 값이 비싼 비단옷은 귀족이나 왕가에서만 입을 수 있었거든요. 모시나 삼베는 바람이 잘 통해 여름철에는 시원하지만 겨울엔 고역이었어요. 백성들은 겨울마다 추위에 떨어야 했어요.

'그래, 이걸 가져가야겠다. 잘 키워서 백성들에게 따뜻한 옷을 입혀야겠어.'

생각이 여기에 이르자 고국으로 향하는 그의 무거운 발걸음이 한결 가벼워졌어요.

그 당시 공민왕은 원의 손길에서 벗어나기 위한 반원자주정책을 펼쳤어요. 그러자 원나라는 자신들을 반대하는 공민왕을 폐위시키려 했어요. 그 사실을 알게 된 공민왕은 원나라에 사신단을 보내 무마하려 했지요. 문익점도 사신단의 일원으로서 원나라에 갔던 거예요. 하지만 원 황실은 다른 왕손을 새 고려왕으로 삼고 사신들에게 벼슬을 내려 자기편으로 만들려 했지요. 그때 벼슬자리를 거절하지 못한 문익점은 곧 곤란한 지경에 빠지고 말았어요. 공민왕을 몰아내려던 원 황실의 계획이 실패했기 때문이에요. 결과적으로 공민왕을 배반한 입장에 서버린 문익점은 다시 고려로 돌아갈 일이 난감하기만 했어요. 그런데 때마침 그의 눈에 띈 목화는 시름에 잠긴 그의 마음에 한 줄기 위안으로 다가왔어요.

문익점은 목화 씨앗들을 얻어 주머니에 넣고 고국으로 갔어요.

그리고 벼슬에서 물러나게 되자 고향인 경남 산청으로 돌아가 본격적으로 목화를 키우기 시작했지요. 그는 가져간 씨앗의 절반은 자신이 심고 나머지는 장인 정천익에게 맡겼어요. 새 봄에 씨앗을 뿌려 싹을 틔운 문익점과 정천익은 여름 내내 물 주고 가꾸며 목화 꽃이 피길 기다렸어요. 그러나 그들의 노력에도 불구하고 목화는 한 그루씩 죽어갔지요. 문익점은 자신이 키운 목화가 모두 말라 죽자 실망이 컸답니다. 다행히 장인의 텃밭에는 아직 한 그루가 남아 있었어요. 그 나무에 모든 희망을 걸고 지켜보던 어느 날이에요.

"장인어른, 이거 보십시오. 꽃봉오립니다. 드디어 꽃봉오리가 맺혔어요!"

"오오 이럴 수가. 하늘이 무심치 않으시구면."

갓 맺힌 목화 꽃봉오리를 발견한 두 사람은 하늘을 날듯이 기뻤어요.

문익점은 그 해에 씨앗 100여 개를 얻었어요. 3년 후에는 온 동네 사람들에게 골고루 씨앗을 나눠주며 목화를 키우게 했답니다. 그리고 중국 스님에게서 실을 뽑고 옷감을 짜는 기술과 기계를 얻어 사람들에게 널리 퍼뜨렸지요. 문익점 덕분에 고려의 백성들은 따뜻한 목화솜으로 만든 무명옷을 입으며 추운 겨울을 날 수 있게 됐어요.

키워드로 살펴보기

#백첩포　문익점이 목화씨를 들여오기 전인 삼국시대에도 1년생 풀인 초면으로 만든 백첩포라는 면 옷감이 있었어요. 다른 나라에서 탐낼 정도로 고급 품질인 백첩포는 초면에서 따는 솜의 양이 적어 비싸고 귀했지요. 그에 비해 목면은 많은 양의 솜을 얻을 수 있었어요. 그래서 일반 백성들에게 널리 퍼졌지요.

한국 위인 039

목숨 바쳐 의리를 지킨 고려의 충신
정몽주

이런들 어떠하며 저런들 어떠하리.
만수산 드렁칡이 얽혀진들 어떠하리.
우리도 이같이 얽혀 백년까지 누리리라.

조선을 건국한 이성계의 아들 이방원은 집에 온 정몽주에게 〈하여가〉라는 이 시조를 지어 읊으며 그 마음을 떠보았어요.
그러자 정몽주는 그 자리에서 〈단심가〉를 답으로 지어 이방원에게 들려줬지요.

이 몸이 죽고 죽어 일백 번 고쳐죽어,
백골이 진토되어 넋이라도 있고 없고,
임 향한 일편단심이야 가실 줄이 있으랴.

두 사람이 지은 시조에는 어떤 뜻이 담겨 있었던 걸까요.

고려 말의 성리학자인 정몽주는 호가 포은이에요. 어머니가 난초 화분을 안고 있다가 떨어뜨리는 꿈을 꾼 후 태어났지요. 그래서 어릴 때 이름은 꿈속의 난초라는 의미의 몽란이었어요. 몽란이 아홉 살일 때, 잠깐 낮잠에 들었던 어머니는 꿈속에서 마당의 배나무에 올라간 검은 용을 보았어요. 깜짝 놀라 깨어서 나가보니 배나무 위에 몽란이 올라가 있었지요. 신기한 생각이 든 어머니는 몽란의 이름을 몽룡으로 바꾸었답니다. 몽주는 어른이 되고 나서 바뀐 이름이에요.

정몽주는 젊은 시절 과거시험의 세 단계인 삼장에서 모두 장원을 차지할 만큼 똑똑했어요. 성균관박사가 되어 학생들을 가르칠 때는 성리학 이론으로 해설한 유교 경전을 자기만의 해석으로 막힘없이 술술 풀어 강의했답니다. 당시 성리학은 최신 유학이어서 제대로 아는 이가 드물었어요. 주변 사람들은 정몽주가 멋대로 해석한 게 아닐까 의심했어요. 하지만 그 후 중국 주자학의 대가가 지은 성리학 정통 해설서가 들어왔는데 놀랍게도 정몽주가 설명하던 것과 내용이 똑같았어요. 사람들은 그제야 성리학에 대한 정몽주의 깊은 이해력과 정확한 해석에 감탄했답니다. 정몽주는 우리나라 성리학의 시조라 불릴 만큼 대학자가 되었어요. 그는 학문만 뛰어난 게 아니라 성리학의 도덕과 윤리를 평생 몸으로 실천했지요. 부모님이 돌아가셨을 때는 그 당시 풍습과 달리 산소 옆에 초가를 짓고 3년간 묘를 지켰어요.

정몽주는 뛰어난 관리이며 정치가이기도 했어요. 여진족 정벌의 공을 세우고 외교에서도 재능을 펼쳐 나라에 큰 도움을 주었지요. 또한 같은 뜻을 지닌 정도전 등 이성계 일파와 함께 부패한 고려 사회를 개혁하고 임금과 신하, 백성이 어우러져 잘 사는 성리학의 이상세계를 실현하려 했어요. 정승에 오르자 백성들에게 조상의 제사를 모시게 하고 오부학당과 향교를 설치하여 교육에 힘썼어요. 가난한 사람을 구제하고 나라의 살림도 꼼꼼히 챙겼지요. 청렴한 관리를 지방에 파견한 후 엄격히 관리하는 등 올바른 정치를 폈어요. 새로운 법률을 만들어 나라의 기강도 세우려 했고요.

  그러나 뜻은 같다 해도 이성계 일파의 생각은 정몽주와 차이가 있었어요. 정몽주는 쇠퇴한 고려를 다시 일으켜 세우려는 마음이었어요. 그에 비해 이성계와 정도전 등은 고려를 무너뜨리고 새로운 왕조를 열고자 했지요. 그들은 정몽주를 자기편으로 만들고 싶었어요. 하지만 정몽주는 성리학에서 중시하는 나라에 대한 의리와 충성심을 저버릴 수 없었지요. 그는 설사 죽임을 당한다 해도 고려의 충신으로 남고 싶다는 속마음을 〈단심가〉에 담았어요. 그의 속마음을 알고 난 이방원은 부하를 시켜 집으로 돌아가는 정몽주를 선죽교에서 죽이고 말았어요. 선죽교 위에 흘린 정몽주의 피는 고려를 향한 변치 않는 그의 마음처럼 붉은 자국 그대로 지워지지 않고 남아 있었다고 해요.

> 키워드로 살펴보기

#삼은 고려 말의 유학자인 포은 정몽주, 목은 이색, 야은 길재를 삼은이라고 해요. 세 사람은 고려가 망할 때 조선의 신하가 되는 것을 거부하며 끝까지 절의를 지켰지요.

#오부학당 고려 시대의 초등교육기관으로 조선 초기에도 유지된 학제예요. 학당에는 별감을 두어 가르쳤지요.

한국 위인 040 | 황금을 돌처럼 여긴 비운의 명장
최영

"백수 최 만호다! 최 만호가 나타났다!"

집집마다 불을 지르고 쌀과 옷감을 닥치는 대로 약탈하던 왜구들은 그 한 마디만 들으면 갑자기 하던 짓을 멈추고 달아났어요. 백수 최 만호는 흰 머리의 우두머리 벼슬을 지닌 최 장군이라는 뜻이에요. 왜구들은 고려의 명장 최영 장군을 그렇게 불렀지요.

우왕 2년인 1376년 왜구는 지금의 충남 부여인 홍산을 쑥대밭으로 만들고 있었어요. 고려군 총사령관인 최영 장군은 이미 노인의 나이였어요. 그런데도 맨 앞에 나서서 왜구들과 싸웠지요. 장군의 칼날에 적들은 바람 앞의 풀처럼 쓰러졌어요. 그때 왜구 하나가 몰래 장군에게 활을 쏘았어요. '휘잉' 하고 날아온 화살은 장군의 입술에 박히고 말았답니다. 피가 철철 흘렀지만 장군은 놀라는 기색도 없이 재빨리 활을 겨눠 화살을 날린 왜구를 쏘아 죽였지요. 그런 다음 침착하게 입술에서 화살을 뽑아냈어요. 그 모습을 본 부하들은 더욱 힘을 내 열심히 싸웠어요. 홍산의 전투에서 고려군은 결국 큰 승리를 거두었답니다. 그 후부터 왜구들은 최영 장군의 이름만 들어도 벌벌 떨며 두려워하게 되었어요.

최영 장군은 대대로 문신을 배출한 집안에서 태어났어요. 체격이 크고 담대했던 그는 어릴 때부터 무술과 병법을 더 좋아했지요. 또 "황금을 보기를 돌같이 하라"는 아버지의 유언에 따라 사사로운 이익을 취하지 않았어요. 항상 목숨이 오가는 전쟁터에서 살았던 그는 숱한 외적의 침입과 난을 막아냈어요. 젊어서부터 왜구를 소탕한 공으로 이름났고 원나라에 원군으로 파견되었을 때는 무려 27차례나 승리를 거두었답니다. 1360년에는 고려에 홍건족이 쳐들어왔어요. 홍건적은 머리에 붉은 천을 두르고 원나라에 저항한 한족 농민의 무리예요. 최영은 빼앗긴 서경을 되찾고 달아나는 홍건적을 혼내줬어요. 2년 후 그들이 다시 침입했을 때도 최영이 개경을 탈환했지요. 또 흥왕사에서 반역의 무리를 만난 공민왕도 구했고요. 원나라에서 공민왕을 폐하고 덕흥군을 왕으로 세우기 위해 군사를 보냈을 때도 최영이 나아가 무찔렀답니다.

일흔 살에 최고 벼슬에 오른 최영 장군은 기강이 해이해진 고려 사회를 엄하게 다스렸어요. 모두에게 가차 없이 세금을 걷고 법을 어기면 엄벌에 처했지요. 그가 고려를 다시 일으키기 위해 한창 애쓸 무렵, 중국의 새로운 강자인 명나라는 원나라가 설치했던 쌍성총관부 지역을 다시 내놓으라며 고려를 윽박질렀어요. 최영은 즉각 반발했어요. 그는 함께 나라를 지켜왔던 이성계에게 요동 정벌을 명했어요. 하지만 이성계는 명나라를 칠 마음이 없었기에 명령을 어긴 채 위화도에서 군대를 돌려 개경으로 향했어요. 제아무리 용맹한 최영 장군이라도 갑작스런 반란을 피할 도리가 없었지요. 이성계는 최영 장군을 유배 보냈다가 누명을 씌워 처형했답니다.

"만약 내가 한 톨의 욕심이라도 있었다면 내 무덤에 풀이 날 것이고, 그렇지 않다면 풀이 나지 않을 것이다."

최영 장군이 죽기 전에 남긴 말이에요. 그의 무덤에는 풀이 자라지 않았다고 해요. 백성들은 한평생 욕심 없이 나라만을 위해 싸웠던 장군의 억울한 죽음을 슬퍼했어요. 그런 안타까운 마음이 최영 장군을 다룬 수많은 전설과 설화에 담겨 오늘날까지 전한답니다.

키워드로 살펴보기

#신흥무인세력　　고려 말 홍건적과 왜구를 퇴치하며 세력을 키워 정치에 관여한 무인들을 말해요. 최영, 이성계, 조민수, 최무선, 박위 등이 있지요.

한국 위인 041 조선을 세운 **태조 이성계**

"요동을 포기하는 게 어떻겠소, 조 장군. 이대로 진군한다면 우린 다 죽을 거요."

1388년 여름, 요동을 코앞에 둔 압록강 위화도라는 섬에 주둔한 고려 장군 이성계가 무겁게 입을 뗐어요. 옆에 있던 조민수 장군은 깜짝 놀랐어요.

"무슨 말씀이시오. 이대로 돌아간다면 어명을 거역한 반역이 됩니다."

"어차피 요동 정벌은 무모한 짓이오. 난 앞으로 대세가 될 명나라와 싸우긴 싫소."

이성계는 그길로 군사를 돌려 개경 쪽으로 진군을 시작했지요. 역사상 고려가 멸망하고 조선이 개국한 계기가 된 이 사건을 '위화도회군'이라 부릅니다.

이성계는 동북쪽 변방 출신 무장이에요. 그의 아버지 이자춘은 원나라가 설치한 쌍성총관부의 실력자였어요. 공민왕은 원나라의 힘이 약화된 틈을 타서 그 땅을 되찾으려 했어요. 그래서 이자춘의 힘을 빌려 원의 군사를 몰아내고 고려 땅으로 만들었지요. 아버지와 함께 공을 세운 이성계는 고려의 중앙 정치 무대에 등장하게 되었어요.

 활을 유난히 잘 쏘았던 이성계는 고려의 장군이 되어 가는 곳마다 승리를 거두었어요. 홍건적의 침입 때는 빼앗겼던 개경을 탈환했어요. 원나라군이 공민왕을 몰아내기 위해 덕흥군을 앞세우고 쳐들어오자 그들을 물리쳤지요. 또 고려를 노략질하던 왜구 섬멸에 여러 번 큰 공을 세웠어요. 이성계가 승리를 거둘 때면 그 곁에는 늘 최영 장군이 함께했어요. 새로운 무인 실력자인 두 사람은 고려를 지키는 든든한 버팀목이었지요. 그리고 중앙귀족 출신인 최영은 이성계보다 먼저 나라의 최고 권력자가 되었어요.

 그때 중국에서는 명나라가 일어나 원나라를 북쪽으로 몰아냈어요. 그런 뒤 명은 고려에 옛 쌍성총관부 땅을 돌려달라고 강요했어요. 우왕과 최영 장군은 그들의 청을 거절하며 도리어 요동 땅까지 정벌하려는 계획을 세웠어요. 그러나 이성계는 생각이 달랐지요. 그는 과거를 통해 관직에 오른 신진 사대부 세력을 등에 업고 있었어요. 유학을 공부한 그들은 유교를 숭상하는 명나라와 친하게 지내고 싶었고요.

이성계는 네 가지 이유를 들며 요동 정벌을 반대했어요. 첫 번째 이유는 작은 나라가 큰 나라를 거스르면 안 되고 두 번째로는 농번기에 농민을 군에 동원하는 건 무리라고 했지요. 세 번째, 왜구가 침략할 가능성이 있고, 네 번째, 장마철 습기로 활의 접착제가 약해지며 전염병이 우려된다고 했어요. 어명에 따라 억지로 요동을 향해 가던 이성계는 불어난 강물을 핑계로 위화도에서 시간을 끌다가 군대를 돌렸어요. 개경으로 돌아온 그는 최영 장군을 처형하고 권력을 장악했답니다. 그리고 신진 사대부와 함께 백성을 괴롭히던 권문세족의 땅을 몰수하여 토지개혁을 실시했어요.

이 과정에서 신진 사대부가 둘로 갈라졌지요. 정몽주로 대표되는 온건개혁파와 정도전이 이끌던 급진개혁파예요.
"고려를 그대로 두고 개혁정치를 실시하세."
"고려는 이미 국운이 다했네. 고려를 무너뜨리고 새로운 유교 국가를 세워야 하네."
결국 고려를 지키려 했던 온건개혁파가 급진개혁파에게 졌지요. 이성계는 급진개혁파와 함께 새 나라 조선을 세웠어요. 그리고 조선의 첫 왕인 태조가 되었답니다.

키워드로 살펴보기

#과전법　고려 공양왕 때인 1391년 이성계와 신진 사대부가 만든 토지제도예요. 권문세가들이 불법으로 차지한 대농장으로 나라의 재정과 백성의 삶이 어려워지자 이를 해결하기 위해 실시한 토지개혁정책이었지요.

한국 위인 042

조선왕조의 기틀을 세운
정도전

아득한 세월 한 그루 소나무
첩첩 싸인 청산에서 자라났네.
다른 해에 서로 볼 수 있을까.
인간이란 살다 보면 문득 묵은 자취 되는 것을.

고려 말 정도전이 지어 소나무에 새긴 시예요. 변방 출신으로 영웅이 된 이성계를 깊은 산속에서 잘 자란 소나무에 빗대었지요. 그는 왜 이런 시를 썼을까요.

정도전은 젊은 시절부터 책 읽기를 좋아하여 학문이 높고 여러 방면의 지식에 능통했어요. 그는 고려 공민왕 때 과거에 급제해서 벼슬자리에 나갔지요. 정도전 등의 신진 사대부와 공민왕은 원나라를 멀리하고 명나라와 친해지려 했어요. 그러나 공민왕이 갑자기 시해되자 친원파인 이인임이 조정을 장악했답니다. 정도전은 다시 원나라와 가까워지면 안 된다고 주장하다가 이인임의 미움을 사서 나주로 유배를 가야 했어요.

가난한 백성들과 함께 지내게 된 정도전은 그들의 고통을 직접 보고 들으며 백성을 위한 정치를 결심했어요. 정도전은 유방을 도와 한나라를 세우게 한 장자방이 되고 싶었어요. 장자방은 유학에 밝고 세상 이치를 잘 아는 책략가였지요. 장자방이 그랬던 것처럼 정도전은 자신의 지략을 현실 속에서 실행해줄 용맹한 장수를 찾아보았어요. 때마침 신흥무인세력 중 하나인 이성계가 눈에 들어왔지요. 정도전은 함경도로 이성계를 찾아갔어요. 잘 훈련되고 기강이 잡힌 이성계의 군대를 본 정도전은 그가 왕이 될 재목이라고 확신했어요. 그래서 자신의 뜻을 시로 지어 나무 위에 새겼지요.

이성계의 추천으로 다시 조정에 나간 정도전은 권문세족의 힘을 뺏기 위한 토지개혁을 추진했어요. 하지만 모든 백성에게 토지를 균등하게 나눠주자는 그의 정책은 너무 앞선 주장이었어요. 그 대신 좀 더 온건한 과전법이 시행되었지요. 과전은 관리에게 세금을 거둘 권리가 주어지는 땅이에요. 과전법은 관리인 신진사대부에게 유리했지요. 토지개혁으로 경제적 기반을 다진 신진사대부와 이성계는 1392년 새 왕조 조선을 세웠어요.

태조의 명을 받은 정도전은 그동안 꿈꾸었던 성리학의 이상에 따라 백성이 근본이 되는 새 왕조의 틀을 설계했어요. 우선 백성을 다스릴 기본 법전인 《조선경국전》을 지었지요. 또 성리학 책과 역사를 편찬하고 왕실의 위엄을 갖출 수 있도록 예악을 정비했어요. 새 수도인 한양 땅에는 궁궐과 도시를 계획했고요. 유교 예법에 따라 궁궐인 경복궁을 중심으로 오른쪽에는 조상의 사당인 종묘를 두고 왼쪽에는 토지신과 곡식의 신을 모신 사직단을 두었어요. 궁궐에 이름을 붙인 사람도 정도전이에요.

그런데 태조가 물러날 때쯤 왕위 계승을 둘러싼 갈등이 생겼어요. 정도전은 재상을 중심으로 신하들이 의논하는 정치를 꿈꿨어요. 그래서 왕권 강화를 꾀하는 이방원이 아닌 정도전이 꿈꾸는 정치에 적합한 이방석을 세자로 삼았지요. 화가 난 이방원은 정도전 등이 왕자들을 모두 죽이려 했다며 그와 세자를 없앴어요. 억울하게도 정도전은 그 일로 정조 이전까지 역적 취급을 받았답니다. 그러나 조선은 정도전이 설계한 기틀 위에서 나라를 이어 갔으니 그가 조선왕조의 일등 공신이라는 사실은 변하지 않지요.

키워드로 살펴보기

#왕자의_난 조선 태조 때 왕위를 누가 이어받는가를 두고 왕자들 사이에서 벌어진 두 차례의 난이에요. 이방원은 1차 왕자의 난을

일으켜 정도전과 세자 방석을 제거했고, 2차 왕자의 난에서 경쟁자인 형 방간을 제거하며 태종이 되었어요.

#함흥차사 조선 초 태조 이성계를 모시러 함흥에 갔다 돌아오지 않은 사신을 가리키는 말이에요. 태조는 두 차례에 걸친 왕자의 난에 울분하여 정종에게 왕위를 물려주고 함흥으로 가버렸어요. 형제들을 죽이고 왕위를 차지한 태종 이방원은 아버지로부터 왕위 계승의 정당성을 인정받기 위해 아버지를 도성으로 모셔오려고 함흥으로 여러 번 사신을 보냈지요. 하지만 이성계는 그 사신들을 죽이거나 잡아 가두어 돌려보내지 않았어요. 이로써 생겨난 말이 함흥차사예요. 심부름을 간 사람이 소식이 아주 없거나 또는 회답이 좀처럼 오지 않음을 비유하는 말이에요.

한국 위인 043
한글을 만든 위대한 성군
세종대왕

　캄캄한 밤, 세종대왕은 집현전에서 숙직 중인 학사가 무엇을 하는지 궁금했어요. 그래서 내관을 보내 알아보게 했지요. 그날 밤은 신숙주가 당번이었어요.
　"몇 번이나 가서 살폈사온데 줄곧 책을 읽다가 닭이 울고서야 잠이 들었사옵니다."
　내관이 아뢰자 세종은 입고 있던 담비 가죽옷을 벗어 건네주며 그에게 일렀어요.
　"밤새 책을 읽다니 기특한 일이로다. 깊이 잠든 틈을 타 이 옷을 덮어주도록 해라."
　잠에서 깬 신숙주는 눈물을 흘리며 감격했어요. 그리고 더 열심히 공부했지요.

　인재를 아꼈던 자상한 임금 세종은 태종의 셋째아들로 태어났어요. 왕자 때 이름은 충녕대군이에요. 충녕은 어릴 때부터 책을 좋아했어요. 병이 났을 때도 책을 보자 태종은 책을 빼앗으라고 명했어요. 그러나 소용없었어요. 충녕은 겨우 한 권 남은 책을 보고 또 봐서 모두 외워버렸지요. 그는 유교 경서는 꼭 100번씩 읽고 그 외의 책들도 30번씩 읽었어요. 유학뿐 아니라 천문학, 의술, 음악, 병법, 기술에 이르기까지 한 번 파고들면 전문가가 돼야 직성이 풀렸답니다.

한편, 왕세자인 양녕대군은 풍류를 더 좋아했어요. 말썽 많은 행동을 일삼다가 기어코 태종의 눈 밖에 나고 말았지요.

"세자 저하를 폐하신 후 어질고 현명한 대군을 후계로 삼으시옵소서."

신하들의 말대로 태종은 아들 중 가장 총명하고 학문이 높으며 성품이 좋은 충녕대군을 새 왕세자로 삼았어요. 왕이 된 세종은 학문 연구를 통해 성리학의 이상을 실현하고 백성들의 삶에 도움되는 실용적인 정치를 펼치려 했어요. 우선 집현전을 세우고 똑똑한 인재들 중 집현전 학사를 선발하여 학문과 나라의 정책을 연구하게 했지요. 또한 유교에서 중시하는 예와 음악에 신경을 기울였어요. 국가 의례 제도를 바로 세우고 박연을 통해 아악을 정비하거나 새 악기를 제작하고 새 악보도 창안했지요.

세종은 조선의 실정에 맞는 역법을 펴내고 장영실에게 천문관측기구인 혼천의, 물시계인 자격루, 해시계인 앙부일구 등을 만들게 했어요. 그 덕에 백성들은 올바른 날짜와 시간을 알 수 있었어요. 측우기도 만들어 농사에 필요한 비의 양을 재고, 개량된 농사법을 보급했지요. 무기를 개발하고 국방도 튼튼히 했어요. 김종서 장군 등을 보내 4군 6진을 설치하는 등 북방 영토를 개척해서 우리 땅을 지금의 위치까지 넓혔답니다.

늘 백성들의 불편을 살피고 고쳐주던 세종은 어느 날 고민이 생겼어요.
'사리에 밝은 사람도 법률을 따져봐야 죄가 무거운지 가벼운지 아는 법이다. 하물며 글을 모르는 일반 백성은 무엇이 죄가 되는지도 몰라 억울한 일을 당하겠구나.'
세종은 법률을 간단히 요약해 읽히면 백성들이 모르고 법을 어기지 않을 거라 여겼어요. 그러나 한자는 배우기 어렵고 우리말과 차이가 났어요. 그는 백성들이 쉽게 읽고 뜻을 표현할 수 있는 우리글을 만들기로 했어요. 연구를 거듭하던 세종대왕은 1443년 음력 12월 30일, 드디어 28자로 이루어진 훈민정음을 창제했습니다. 집현전 학자들을 시켜 꼼꼼하게 시험을 거친 후 1446년 음력 9월 29일에 반포했지요.

이처럼 세종대왕은 백성을 사랑하고 나라를 다스리는 모든 면을 완벽하게 살폈던 뛰어난 임금이에요. 특히 우리의 생각과 느낌을 우리글로 마음껏 표현하여 우리 문화가 발달할 수 있도록

한 그는 우리 역사상 가장 위대한 성군으로 꼽힙니다.

키워드로 살펴보기

#훈민정음　　조선 시대 세종대왕이 창제하여 반포했을 때 한글을 부르던 공식 이름이에요. '백성을 가르치는 바른 소리'라는 뜻을 지니고 있지요. 자음은 입술, 혀, 목구멍, 이 등 발음기관의 모양을, 모음은 하늘, 땅, 사람의 모양을 본떠 만들었지요.

#용비어천가　　조선왕조의 창업을 칭송한 노래예요. 모두 125장에 달하는 서사시로서, 한글로 엮은 책으로는 한국 최초의 것이지요.

한국 위인 044 | 노비 출신으로 조선 제일의 발명가가 된 장영실

"물시계는 사람이 밤낮으로 붙어 있으면서 눈금을 읽어야 하는 것이 불편하구나. 때가 되면 저절로 시각을 알려주는 자동 물시계를 만들도록 해라."

세종대왕의 명에 장영실 등은 우리나라 최초로 자동 시간 알림 장치가 달린 물시계인 자격루를 완성했어요. 부력과 위치에너지를 운동에너지로 변환시키는 원리 등을 활용하여 만든 자격루는 당시 이웃 나라들의 기술보다 훨씬 앞선 발명품이에요.

이처럼 놀라운 장치를 만들어낸 장영실은 본래 관청의 노비인 관노 출신이에요. 아버지는 중국에서 귀화했고 어머니는 관에 속한 기생인 관기였지요. 신분제도가 엄격했던 조선 시대에는 관기가 낳은 아들은 반드시 관노가 되어야 했어요. 관기의 아들로 태어난 장영실은 머리가 좋고 무엇이든 만드는 솜씨가 비상했어요. 철을 다루는 제련기술이 뛰어났고 농기구나 무기 수리에도 능했어요. 또 성과 군사시설을 쌓는 일도 잘했지요. 태종 때부터 그런 재주를 인정받은 장영실은 궁중의 기술자로 뽑혀갔어요.

세종대왕은 충녕대군 시절부터 장영실의 재능을 눈여겨봤어요. 왕위에 오른 세종대왕은 장영실을 비롯해서 다른 두 명의 관리와 함께 궁궐 내에 천문관측대인 간의대를 만들겠다는 계획을 세웠어요.
"명나라에 가서 혼천의와 물시계를 살펴보고 천문학 책도 구해 오너라."
세종대왕은 그들을 명나라로 보냈어요. 장영실은 1년 간 명나라에 머물며 그들의 앞선 천문학을 배웠고, 천문학이 발달한 서양과 아라비아의 책들도 구해 돌아왔어요. 그 후 장영실은 연구와 시행착오를 거쳐 여러 종류의 천문기구와 시계를 만들어냈어요.

세종대왕은 자신이 원하면 어떤 기구든 마음에 꼭 맞게 만들어내는 장영실을 믿고 아꼈어요. 세종대왕의 기발한 발상과 그것을 현실 속의 기계로 만들어내는 장영실의 마이더스의 손과 같은 솜씨는 그야말로 환상의 짝꿍이었지요. 세종대왕은 신하들의 반대에도 불구하고 그에게 천민으로서는 오르기 힘든 궁중의 관직을 내려주었어요. 세종대왕의 전폭적인 후원 속에 장영실은 물시계인 자격루, 해시계인 앙부일구, 천구의와 비슷한 혼상, 천체의 위치와 운행을 살펴보는 천문관측기구 혼천의 등을 만들었어요. 또 금속활자인 갑인자를 만들 때도 도왔지요. 장영실은 점점 누구도 따라올 수 없는 조선 최고의 과학자요 발명가가 되었답니다.

   그러나 예상치 못한 일이 일어났어요. 세종대왕이 아픈 몸을 치료하기 위해 이천의 온천으로 가던 중이었지요. 갑자기 우지끈 소리와 함께 소동이 일었어요.
"가마가 부서졌다! 임금님이 타실 가마가 망가졌어! 아이고 이를 어째."
   그 당시 이천 가는 길은 큰 산과 강으로 둘러싸여 있어 몹시 험했어요. 왕을 태우기 위해 따라가던 수레로 된 새 가마는 험난한 여정을 이기지 못해 부서지고 말았어요. 가마 제작을 지휘한 사람은 바로 장영실이었어요. 임금님이 타고 있었다면 다쳤을 수도 있었죠. 그는 그 일로 의금부에 끌려가 국문을 받았어요. 벌로 곤장을 맞고 관직에서도 쫓겨났지요. 그 사건 이후 장영실은 역사 속에서 완전히 사라졌어요. 그의 흔적을 전혀 찾을 수 없었기에 많은 학자가 의아해하고 있답니다. 만약 그가 좀 더 궁중에 머물며 또 다른 기구를 발명했다면 조선의 과학은 한층 더 발전할 수 있었지 않을까요.

키워드로 살펴보기

#자격루   세종 16년인 1434년에 장영실이 만든, 자동으로 시간을 알려주는 물시계예요. 시간의 흐름에 따라 물시계의 물받이 그릇에 물이 차오르면 부력에 의해 떠오른 잣대가 쇠구슬을 건드려 시간 알림 기계로 굴러가고 그 안에 설치된 장치들이 연쇄적으로 움직이면서 각 인형들이 종, 북, 징을 치며 시간을 알리지요.

한국 위인 045
청백리 정승
맹사성

"아니 이 노인네가! 썩 비키지 못해?"

병졸들이 검은 소를 타고 지나가던 한 할아버지를 거칠게 막았어요. 할아버지는 하마터면 바닥에 떨어질 뻔했답니다.

"왜들 이러는가? 나는 조상님 산소에 성묘를 드리러 가는 길이네."

그때 곁에 있던 원님이 다가왔어요.

"무슨 일로 이렇게 소란스러우냐!"

원님을 본 할아버지가 반가운 얼굴로 하소연했어요.

"이보시오. 길은 본래 사람이 지나라고 만들어놓은 게 아니오? 근데 이 사람들이 다짜고짜 길을 막지 뭐요."

원님은 할아버지를 훑어보았어요. 할아버지는 낡은 겉옷에 다 떨어진 짚신을 신고 있었어요. 원님은 그날 아침, 나라에서 왕 다음으로 제일 높은 정승이 이 길로 지나간다는 소문을 들었답니다. 이번 기회에 정승에게 잘 보여서 더 좋은 벼슬을 얻고 싶은 욕심이 생겼지요. 그런데 기다리던 정승은 오지 않고 할아버지가 나타나자 몹시 화가 났어요. 원님은 큰소리로 할아버지를 꾸짖었어요.

"정승 대감이 지나실 길에 웬 거지 행색을 한 늙은이냐. 당장 비키지 못하겠느냐!"

그러자 할아버지가 껄껄 웃으며 말했어요.

"나도 정승이긴 하오만. 나는 맹사성이라 하오."

원님은 깜짝 놀랐어요. 그 길로 지난다던 정승이 바로 맹사성이기 때문이에요. 원님은 정승에게 야단친 일이 부끄러워 급히 도망을 쳤어요. 그 바람에 가지고 다니던 관가의 도장을 연못에 빠뜨리고 말았답니다. 그 후부터 사람들은 그 연못을 '도장을 빠뜨린 연못'이라는 뜻의 '인침연'이라 불렀어요.

맹사성은 고려 말기인 1360년에 태어나 조선 초기 세종대왕 때 정승이 되었어요. 황희 정승과 함께 청백리로 유명하지요. 청백리란 재물에 대한 욕심이 없는 곧고 깨끗한 관리를 칭하는 말이에요. 비가 새는 초라한 집에 살며 허름한 옷을 입고 다녔기에 사람들은 그가 정승인지 몰라봤다고 해요. 그는 성품이 겸손해서 누구에게든 예의 바르고 성의 있게 대했어요.

또한 여러 면에서 능력을 발휘하여 조선 전기 문화를 크게 발전시켰어요. 우리 전통음악인 향악을 정리하고 각 도의 자연환경과 생활 모습을 담은 조선왕조 최초의 지리서《신찬팔도지리지》를 편찬했지요.《태종실록》편찬을 감독할 때는 왕이 책 내용을 못 보게 막기도 했답니다. 역사를 기록하는 사관들이 왕의 눈치를 본다면 제대로 된 역사를 쓰지 못한다고 생각했기 때문이에요. 제아무리 왕이라 해도 역사를 마음대로 바꿔서는 안 된다는 대쪽 같은 소신을 지녔던 것이지요.

키워드로 살펴보기

#강호사시가   맹사성이 지은 시조예요. 봄, 여름, 가을, 겨울을 다룬 네 편의 시조로 이루어져 있어요. 벼슬을 그만두고 자연에 묻혀 사는 즐거움과 임금의 은혜를 읊고 있지요.

한국 위인 046 — 조선 최고의 명재상 **황희 정승**

"대감마님, 제 말씀 좀 들어보셔요. 저 삼월이라는 것이 아주 못된 아이지 뭐예요."

어느 날 여종 둘이 싸우다 그중 하나가 대감에게 달려와 하소연을 했어요. 그는 묵묵히 여종의 말을 다 듣더니 이렇게 말했어요.

"네 말이 맞다."

곧이어 삼월이라는 여종이 씩씩거리며 다가왔어요. 자신을 못됐다고 말한 그 여종이 실은 더 나쁜 아이라 말하며 몹시 억울해했지요. 그러자 대감이 또다시 답했어요.

"네 말이 맞다."

옆에 있다가 이 모습을 지켜본 조카가 어이없다는 듯이 한 마디 거들었어요.

"아저씨! 너무 불분명하시지 않나요. 쟤는 저렇다 하고 얘는 이렇다 하는데, 만약에 얘가 옳다고 한다면 쟤가 틀렸다고 하셔야 맞지 않습니까."

그러자 대감이 뭐라고 답했을까요. 또 이 말이었지요.
"그래, 네 말이 맞다."
그 대감은 조선의 재상인 황희 정승이었어요.

황희는 어느 한쪽에 치우치지 않고 여러 사람의 의견에 고루 귀기울이는 공평한 사람이었어요. 또 남의 입장을 세심하게 배려했지요. 그는 아이들이 수염을 잡아당기거나 자신의 밥상에 있는 음식을 집어먹어도 화를 내지 않았어요. 하인도 똑같은 사람이라며 그들을 절대 나무라지 않았고 남을 욕하는 말도 하지 않았어요. 반면 공과 사의 구별이 확실했고 원칙에서 벗어난 행동을 싫어했지요. 한번은 공조판서인 김종서가 공조의 부하 관원들을 시켜 술상을 차려냈어요. 그러자 황희는 자리를 박차고 일어나며 소리쳤답니다.
"나라에서 정승들을 접대하는 관청이 따로 있거늘 왜 공조에서 음식을 차려오는가?"
이처럼 그는 평소엔 너그럽지만 법도에 어긋난 경우엔 반드시 짚고 넘어갔지요.

황희는 고려 때 과거에 급제한 후 조선 태종 때 높은 벼슬을 거치며 정사에 적극 참여했어요. 태종은 황희 정승을 아꼈지요. 그러나 태종의 뜻과 달리 세종대왕의 형인 양녕대군을 폐위하면 안 된다고 반대하다가 귀양까지 갔답니다. 자신이 왕이 되는 것을 반대한 셈이지만 세종대왕은 후일 태종이 부탁하자 황희를 다시 조정으로 불러들였어요. 그리고 평생 그에게 일을 맡겼지요. 황희가 나이 들어 물러나겠다고 몇 번이나 사직서를 올렸지만 허락하지 않았어요. 그의 인품과 능력을 믿었기 때문이에요. 그 덕에 황희는 24년간이나 나랏일을 이끄는 재상으로 있었답니다. 조선의 최장수 재상이었지요. 그러나 그는 세종대왕에게 아부하는 신하가 아니었어요. 오히려 세종대왕이 새로운 정책을 실행할 때마다 지나치게 앞서가지 않도록 막는 역할을 했지요.

황희는 청백리로도 유명했어요. 부자와 가난한 자, 신분이 높은 자와 낮은 자를 차별하지 않고 똑같은 사람으로 존중했지요. 또 꾸밈없이 소탈해서 왕이 부르자 농사를 짓던 차림 그대로 궁궐에 들어갔다는 이야기도 전해지고 있어요. 지금도 사람들은 조선의 명재상이라고 하면 가장 먼저 황희를 떠올린답니다.

키워드로 살펴보기

#재상 국왕을 보필하고 모든 관리를 총지휘하여 나랏일을 처리하는 최고 책임자들을 일컫는 말이에요.

한국 위인 047 — 조선의 음악을 정리한 악성
박연

소년 박연은 오늘날의 중고등학교와 같은 향교에서 공부하는 유생이었어요. 주변에 사는 명인에게 피리를 배운 그는 공부하다 틈만 나면 피리를 연습했어요. 어느새 그는 온 고을에 피리의 명수로 소문이 나게 되었지요.

향교를 마치고 청년이 된 박연은 과거시험을 보기 위해 서울에 올라왔어요. 피리를 더 잘 불고 싶었던 그는 궁중에서 음악을 연주하는 악공을 찾아갔어요.

"제발 제 피리 소리를 한 번 들어주십시오. 고칠 점을 알려주시면 좋겠습니다."

박연은 정성껏 피리를 불었답니다. 그런데 연주를 듣자마자 악공이 크게 웃었어요.

"하하, 이보시오. 실례오만 댁의 피리는 소리가 속되고 거칠며 박자도 맞지 않습니다. 거기다 이미 나쁜 버릇이 배어 굳어졌으니 고치기도 어렵겠소이다."

잠시 무안했지만 박연은 마음을 가다듬고 다시 그에게 간절히 청했어요.

"그렇다 해도 꼭 가르침을 받고 싶습니다."

악공은 자신보다 신분이 높은 양반집 청년의 겸손함에 끌려 그를 가르치기 시작했어요. 그리고 며칠 후 악공은 깜짝 놀랐어요. 자신이 가르친 연주법을 박연이 모두 익혔기 때문이지요. 그리고 얼마 지나지 않아 박연은 온갖 연주 기법에 통달했어요. 악공은 처음에 그를 무시했던 자신을 반성하며 박연이 장차 대성할 재목이라 말했어요. 그런데 얼마 지나지 않아 박연은 더 놀라운 모습을 보였어요. 그의 연주를 듣던 악공은 자신도 모르게 무릎을 치며 감탄했답니다.

"어허, 하늘이 내린 솜씨요. 이제 나는 도저히 그 실력을 따라잡을 수 없겠소이다."

그 후 과거에 급제하여 관리가 된 박연은 그의 음악적 재능을 높이 산 세종대왕의 배려로 궁중음악에 관한 일을 맡았어요. 궁중에서는 공식 행사에서 음악을 연주했지요. 개국한 지 얼마 안 된 조선은 일관된 궁중음악이 없어 중국의 아악과 당악, 우리 음악인 향악을 행사에 따라 달리 썼어요. 악기들도 낡고 망가져 음이 잘 맞지 않았지요. 세종대왕은 박연에게 궁중음악을 정비하라고 명했어요.

이에 박연은 여러 악기를 개량하거나 새로 제작했어요. 무엇보다 먼저 국악의 12음을 내는 율관을 원래 규정에 맞게 만들었어요. 그래서 음악의 기본인 정확한 음을 찾아냈지요. 그 음에 맞춰 각 악기를 조율할 때 표준음이 되는 편경도 다시 만들었고요. 음감이 뛰어난 그는 새 편경에서 나는 소리만 듣고도 만들 때 어떤 재료가 넘치고 모자랐는지 알아내고 고칠 수 있었어요. 다음으로 그는 향악 중심의 궁중음악을 아악으로 바꾸었어요. 또 악보와 악곡을 체계적으로 정리하고 책으로 편찬했지요. 우리 음악인 향악을 연구하고 정리하기도 했어요. 박연은 뛰어난 음악적 재능과 실력을 바탕으로 음악에 대한 세종대왕의 이상을 가장 잘 실현할 수 있었던 신하예요. 조선의 궁중음악은 세종대왕과 박연에 의해 확립되었답니다.

키워드로 살펴보기

#아악 #향악   아악은 중국 주나라 때부터 시작되어 송나라 때 집대성된 궁중음악이에요. 고려 때 우리나라에 처음 전해졌지요. 조선은 세종대왕 때 성리학의 나라인 송의 아악을 궁중의 공식음악으로 정했어요. 향악은 삼국 시대 이후 조선 시대까지 사용되던 우리 고유의 음악이에요. 삼국 시대에 당악이 유입된 뒤 외래음악에 대한 상대적 의미로서의 한국음악을 칭하는 용어였지요.

한국 위인 048
눈 속에서 홀로 푸르른 소나무 같은 조선의 충신
성삼문

이 몸이 죽어가서 무엇이 될고 하니
봉래산 제일봉에 낙락장송되어 있어
백설이 만건곤할 때 독야청청하리라.

옥에 갇힌 조선의 충신 성삼문이 지은 시조예요. 흰 눈이 온 세상을 덮어도 자신만은 홀로 푸른 소나무처럼 절개를 지키겠다는 뜻이 담겨 있지요. 그가 죽음을 무릅쓰고 의리를 지키려 했던 대상은 누구일까요.

성삼문이 태어날 때 공중에서 "아기를 낳았느냐?"라는 소리가 세 번이나 들렸다고 전해져요. 그래서 이름을 '세 번 묻다'는 의미의 '삼문'으로 지었다고 해요. 이른 나이에 과거에 급제한 그는 세종대왕이 만든 집현전의 학사로 발탁됐어요.

세종대왕은 집현전 학사들을 몹시 아꼈어요. 그들이 일에 시간을 빼앗겨 제대로 공부를 못할까 걱정하여 사가독서제를 운영하기도 했어요. 사가독서제는 재능과 실력이 뛰어난 학사들을 선발하여 독서와 연구에만 전념할 수 있게 휴가를 주는 제도예요. 나라에서 그 비용을 모두 뒷바라지해주었지요. 성삼문은 스물다섯 살 되던 해에 사가독서 대상으로 뽑혀 진관사라는 절에서 학문에만 열중할 수 있었어요.

바로 그다음 해, 훈민정음을 창제한 세종대왕은 사가독서가 끝난 성삼문과 신숙주를 요동으로 보내 한자의 음과 운에 대해 공부하게 했어요. 세종대왕의 후원과 배려로 언어에 대한 깊고 넓은 지식을 쌓은 성삼문은 정인지, 신숙주, 박팽년 등 다른 집현전 학사들과 함께 새로 만든 훈민정음의 원리와 사용법을 상세히 설명한 〈훈민정음 해례〉를 지었어요. 또 통일되지 않은 우리나라의 한자음을 한 가지로 바로잡기 위한 《동국정운》 편찬에도 참여했지요.

그러나 세종대왕이 돌아가시고 아들인 문종마저 어린 단종을 남기고 3년도 못 되어 승하하자 위기가 찾아왔어요. 단종의 숙부인 수양대군은 계유정난을 일으켜 단종을 보호하던 김종서와 수많은 대신을 죽이고 권력을 잡았어요. 몇 년 후 단종은 압력에 못 이겨 수양대군에게 왕위를 양보했지요. 조선의 제7대 왕인 세조가 등극한 거예요. 세종대왕은 생전에 세손인 단종을 잘 보살펴 달라고 집현전 학사들에게 부탁했어요. 임금의 도장인 옥새를 세조에게 전달하는 임무를 맡은 성삼문은 집현전 학사들을 아껴주던 세종대왕이 생각났지요. 그래서 그 자리에서 엉엉 통곡을 했어요.

"충신은 두 임금을 섬기지 않는 법. 왕위를 빼앗기신 상왕을 다시 왕으로 모시자."

성삼문과 뜻을 함께하는 사람들은 단종을 다시 왕으로 세우려 계획했어요. 그러나 세조에게 발각되어 잡혀갔지요. 옥에 갇힌 성삼문은 자신의 굳은 마음을 눈 속에서 홀로 푸르른 한 그루 소나무에 빗대어 시조를 썼답니다. 성삼문을 비롯한 여섯 명의 신하는 온갖 고문에도 굴하지 않고 단종에 대한 의리와 충절을 지켰어요. 그래서 역적으로 몰려 처형되었고, 온 집안이 망하고 대가 끊기는 화를 겪어야 했지요. 다행히 200여 년 후 숙종은 그의 명예를 되찾아주었어요. 역적의 누명을 썼던 성삼문은 왕에게 의리를 지킨 조선 최고의 충신으로 역사에 길이 남게 되었답니다.

키워드로 살펴보기

#사육신 #생육신 조선 세조 때 단종을 다시 왕으로 세우려다 죽은 성삼문, 유응부, 이개, 하위지, 박팽년, 유성원 등 여섯 충신을 사

육신이라고 해요. 그에 비해 김시습, 남효온 등 벼슬을 버리고 평생 숨어 살며 단종에 대한 의리를 지킨 여섯 신하를 생육신이라고 하지요.

#계유정난   문종이 승하한 뒤 그의 아들 단종이 왕위에 올라요. 그런데 1453년, 수양대군은 왕위를 빼앗기 위해 김종서와 두 아들을 죽이지요. 곧이어 단종의 명인 것처럼 꾸며 중신을 소집한 뒤 생살 계획에 따라 죽이거나 귀양보냈다가 사사합니다. 수양대군이 벌인 이 일련의 정변을 계유정난이라고 해요.

한국 위인 049

우리나라 최초의 한문소설 《금오신화》를 지은
매월당 김시습

"네가 태어난 지 팔 개월 만에 글자를 읽고 세 살 때부터 시를 지었다는 그 아이냐?"

"예, 그렇사옵니다. 상감마마."

세종대왕이 묻자 다섯 살 김시습이 또박또박 답했어요.

"도승지는 어서 이 아이에게 시를 지어보게 하라."

세종대왕의 명에 도승지가 어린 시습을 무릎에 앉히고 문장을 하나 지어 읊었어요.

"어린 아이의 학문은 흰 학이 푸른 하늘가에서 춤을 추는 듯하구나."

그러자 어린 시습이 바로 붓을 들고 그 문장에 맞춰 대구를 지었어요.

"임금님의 덕은 노란 용이 푸른 하늘 가운데서 꿈틀거리며 나는 듯하구나."

주변에서 감탄하는 소리가 들렸어요. 승지가 다른 문장들을 부를 때마다 어린 시습은 빼어난 문장으로 답했어요. 인재를 아끼는 것으로 유명했던 세종대왕은 어린 시습을 대견하게 바라보며 약속했어요.

"애야, 공부를 열심히 하여라. 네가 학문에 밝아지면 내 너를 크게 쓸 것이니라."

세종대왕은 글을 잘 지은 상으로 어린 시습에게 비단 50필을 하사했어요. 그러고는 문득 어린 시습이 어찌 대처할까 궁금해서 장난스런 명을 내렸어요.

"이 무거운 비단을 혼자서 들 수 있겠느냐? 어디 네 힘껏 집에 가져가보아라."

모두들 웃으며 어린 시습의 대답을 기다렸어요. 잠시 생각에 잠겼던 시습은 비단을 풀어 그 한끝을 손에 쥐었어요. 그러고는 그대로 걸어 나갔지요. 비단은 술술 풀리며 어린 시습의 뒤를 따랐어요. 세종대왕과 신하들은 아이의 영특함에 깜짝 놀랐답니다.

안타깝게도 세종대왕은 김시습이 열여섯의 나이로 한창 배움에 열중하던 때 승하하고 말았어요. 세종대왕의 약속은 물거품이 되었지만 김시습은 더 열심히 공부해서 나라를 위해 큰일을 하고 싶었어요. 그런데 절에 들어가 과거를 준비하던 그에게 놀라운 소식이 들려왔어요. 수양대군이 세종대왕의 손자요 문종의 아들인 단종을 폐위시키고 왕위를 빼앗았다는 것이었지요.

"아니 될 말이다. 세종대왕께서 생전에 왕세손을 그토록 아끼셨거늘."

그는 분한 마음을 참을 길 없었어요. 며칠을 통곡하고 책을 불태운 뒤 스스로 머리를 깎고 스님이 되었지요. 그 후 평생 벼슬에 나가지 않고 세상을 떠돌며 살았어요.

그는 세조의 신하가 되는 것을 거부하고 숨어 살면서 단종에 대한 의리를 지킨 생육신 중 한 사람이에요. 그에 비해 단종을 복위하려다 목숨을 잃은 신하들을 사육신이라고 하지요. 사육신이 처형당하자 사람들은 세조의 눈치를 보느라 아무도 버려진 시신에 손을 대지 않았어요. 그러나 김시습은 그들의 시신을 잘 거두어 노량진에 묻어주었답니다. 그 덕분에 오늘날까지 사육신의 묘가 전해지고 있는 거예요.

김시습은 매월당이라는 호를 짓고 타고난 재능과 노력으로 좋은 문장들을 남겼어요. 그의 한문소설집 《금오신화》는 우리나라에서는 처음으로 소설이라고 불릴 만한 형식과 내용을 갖추고 있지요. 그는 일생 떠도느라 높은 벼슬에 올라 뜻을 펼치진 못했어요. 하지만 스스로 의리를 지키는 삶을 택해 자유롭게 살며 글로 이름을 떨쳤으니 그 자체로 후회 없고 뜻깊은 삶이지요.

키워드로 살펴보기

#금오신화　조선 세조 때 김시습이 지은 우리나라 최초의 한문소설집이에요. 〈이생규장전〉, 〈만복사저포기〉, 〈취유부벽정기〉, 〈남염부주지〉, 〈용궁부연록〉 등 총 다섯 편의 전기소설이 남아 있어요. 전기소설은 비현실에서 일어나는 기괴하고 신비로운 이야기를 다룬 소설이에요.

한국 위인 050
성리학이 다스리는 세상을 꿈꾼 개혁가
조광조

"전하, 이것 좀 보시어요. 벌레들이 나뭇잎을 갉아먹은 모양이 참으로 희한하옵니다."

조선 중종 때예요. 후궁인 희빈 홍씨가 나뭇잎 하나를 들고 와 왕에게 보였지요.

"마치 벌레들이 주초위왕(走肖爲王)이라는 글자를 새긴 것 같지 않사옵니까?"

나뭇잎을 살펴본 중종은 안색이 변했어요. 주초위왕이란 대체 무슨 뜻일까요.

20여 년 전, 열일곱 살의 조광조는 평안도 어천에 역무 관리인 찰방으로 부임하는 아버지를 따라갔어요. 그곳에서 그는 근처에 유배를 와 있던 김굉필의 제자가 되었어요. 김굉필은 고려 말 충신인 정몽주의 학문을 이어받은 성리학자예요. 그들은 인격 수양과 도덕의 실천을 중시했어요. 스승의 영향을 받은 조광조는 과거 급제를 위해 문장 솜씨에만 치중하는 당시의 학문 풍조를 비판했지요. 그보다 먼저 성리학이 가르치는 도리를 다하는 인간이 되어야 한다고 주장했어요.

그때 조정은 훈구파와 사림파로 나뉘어 대립했어요. 훈구파는 세조가 왕위에 오를 때 공을 세워 토지 및 노비, 벼슬을 받은 공신들이에요. 폭군인 연산군을 몰아내고 중종을 세울 때도 큰 역할을 했지요. 그러나 훈구파가 권력을 휘두르며 부정부패가 만연해지자 그들을 비판하는 사림파가 나타났어요. 사림파는 성리학의 이상인 인과 덕으로 다스리는 왕도정치를 실현하려 했어요.

즉위 후 훈구파에 시달리던 중종은 사림파의 실력자인 조광조에게 큰 기대를 걸었어요. 중종의 총애를 받은 조광조는 과거에 급제한 지 몇 년 안되어 대사헌이라는 높은 자리에 올랐지요. 권력을 잡은 조광조는 개혁정치를 실시했답니다. 우선 성리학에 어긋난다며 도교의 제사를 관장하는 소격서를 폐지했어요. 시와 문장 실력만을 따지는 과거제도를 개선하기 위해 현량과도 설치했지요. 현량과는 학문과 덕행이 뛰어난 인재를 추천받은 후 왕의 앞에서 최종 시험을 치러 관리를 뽑는 제도예요. 주로 젊은 사림들이 현량과를 통해 관리가 되었어요. 또한 조광조는 실제로 공을 세우지 않았는데도 공신이 된 사람들을 공훈 명단에서 삭제하고 나라에서 받은 토지와 노비, 관직을 빼앗았어요.

조광조의 개혁정치는 훈구파의 강한 반발을 샀어요. 중종도 성리학의 이상을 지나치게 강요하는 조광조와 사림파가 점점 부담스러워졌지요. 이를 눈치 챈 훈구파는 음모를 꾸몄어요. 궁녀들을 시켜 꿀로 나뭇잎에 '주초위왕'이라는 글자를 쓰고는 벌레가 파먹도록 만들었지요. 조광조의 성은 한자로 '조(趙)'예요. '주(走)' 자와 '초(肖)' 자가 합해진 글자지요. 주초위왕이란 '조씨가 왕이 된다'라는 뜻이에요. 후궁이 가져온 나뭇잎을 본 중종은 발끈했어요. 조광조가 자신을 몰아내고 왕이 되려 한다는 의심이 들었지요. 중종은 사림파를 모두 잡아들이라 명했어요. 조광조는 전라도 화순으로 유배를 당한 후 사약을 받았답니다. 그와 함께 많은 사림파가 죽었어요. 이 사건을 기묘사화라고 해요.

조광조의 개혁정책은 너무 과격하고 조급하게 진행하는 바람에 실패했어요. 그러나 후대에 정권을 잡은 사림파들은 조광조를 정몽주, 김종직, 김굉필에 이어 우리나라 성리학의 정통을 이은 현인으로 모시며 존경했답니다.

키워드로 살펴보기

#4대사화 조선 시대에 조정의 선비들이 반대파에게 화를 당한 사건을 사화라고 해요. 그중에서도 무오사화, 갑자사화, 기묘사화, 을사사화를 4대사화라고 하지요.

한국 위인 051 | 조선의 대표 성리학자
퇴계 이황

형이 칼에 손을 베자 여덟 살 난 어린 동생이 그 옆에서 슬피 울었어요.

"다친 건 형인데 왜 네가 우느냐? 정작 형은 안 우는데."

어머니가 의아해 묻자 동생이 답했지요.

"형이 울진 않아도 피가 저렇게 많이 흐르는데 아프지 않을 리가 있겠어요. 엉엉…."

동생은 후일 조선의 유명한 성리학자가 된 퇴계 이황이에요.

이처럼 인정 많고 마음씨가 착했던 이황은 경상도 안동 예안현에서 태어났어요. 두 살 때 아버지를 여의고 홀어머니 밑에서 자랐지요. 그는 어릴 때부터 몸가짐이 바르고 공부를 좋아했어요. 겨우 여섯 살일 때도 서당에 갈 때면 먼저 깨끗이 세수하고 머리를 단정하게 빗었지요. 그런 다음 서당 울타리 앞에서 전날 배운 것을 반드시 외우고 들어갔어요.

서른네 살에 과거에 급제한 이황은 조정의 중요한 자리들을 맡아 일했어요. 그러나 학문이 뛰어났음에도 그의 마음속은 공부를 더하고 싶은 생각으로 가득했지요. 그래서 몸이 안 좋아지자 얼른 벼슬을 그만두었어요. 고향으로 돌아간 그는 도산서당을 세워 제자들을 가르쳤어요. 젊은 학자 기대승과 성리학 논쟁을 벌여 당시 선비들 사이에 화제가 되기도 했지요. 하지만 임금님은 이황의 실력과 재능을 아껴 그를 놓아주지 않으려 했어요. 할 수 없이 왕이 부를 때마다 예의로 벼슬에 나갔다가 그만두는 일을 반복했지요. 이황은 성리학을 깊이 연구하고 체계를 세웠어요. 사람들은 주자가 확립한 성리학을 더욱 발전시킨 이황을 동방의 주자라고 불렀답니다.

다른 한편으로 이황은 성리학이 꿈꾸는 도덕 세상을 실현할 방법을 찾았어요.

'먼저 학교를 세워 성리학을 널리 퍼뜨리고 백성들의 일상에서 실천해야 해.'

이황은 우선 서원을 적극적으로 보급해 성리학을 교육하고 인재를 길렀어요. 풍기군수로 부임한 그는 나라에 요청하여 주세붕이 세운 백운동서원을 국가에서 토지와 노비를 지원받는 공인기관으로 바꿨어요. 그리고 소수서원이라는 새 이름도 하사받았지요. 이때부터 서원은 제사와 함께 공부와 수양을 하는 장소로 널리 퍼지게 됐어요. 또한 그는 마을의 규칙인 향약을 제정하여 백성들이 성리학의 윤리와 도덕에 따라 생활하도록 만들었어요. 이황의 학문과 사상을 기반으로 백성들의 마음을 얻고 세력을 키운 사림파는 훈구파를 물리치고 조선의 정치와 학문을 장악할 수 있었어요.

중국에서 들어온 성리학은 이황에 의해 우리나라에 맞게 토착화되었어요. 이황에게 가르침을 받고 그의 학문을 따르는 사람을 영남학파라고 해요. 이황의 영남학파는 이이의 기호학파와 함께 조선 성리학을 이끌었어요. 이황과 이이는 우리나라 성리학의 대표 학자로 불리지요. 그들이 우뚝 세운 조선 성리학은 훗날 조선 사회의 토대가 되었어요. 또 조선 고유의 문화에 대한 자신감과 자부심을 심어주었답니다. 이황의 학문은 우리나라뿐 아니라 이웃 나라에도 영향을 끼쳤어요. 그의 사상이 담긴 책은 임진왜란 때 일본으로 넘어가 그들의 유학 발전에 큰 도움을 주었지요.

키워드로 살펴보기

#주리론 성리학에서는 세상과 우주가 '이(理)'와 '기(氣)'라는 두 가지 요소로 이루어진다고 생각해요. 이때 이와 기는 따로 있으며 그중 이를 우주의 근본으로 보는 이황의 이론을 주리론이라고 해요. 이에 비해 이와 기는 떨어질 수 없는 하나이며 기가 더 중요하다고 여기는 이이의 이론을 주기론이라고 하지요.

한국 위인 052 — 위대한 어머니이자 예술가였던 **신사임당**

"아이고 이를 어째. 빌려 입고 온 치마에 국물이 튀어 얼룩이 졌네."

떠들썩한 잔칫날이에요. 한 아주머니가 부엌에서 치마를 잡은 채 발을 동동 구르고 있었어요. 비싼 치마 값을 물어낼 생각을 하니 앞이 캄캄해서였지요. 그때 옆에서 그 모습을 안타깝게 지켜보던 사람이 있었어요. 그녀의 이름은 신사임당이에요.

"아주머니, 치마를 다른 것으로 갈아입고 기다려보세요. 저한테 좋은 수가 있어요."

신사임당은 붓에 먹을 찍어 아주머니가 벗어놓은 치마에 쓱쓱 그림을 그리기 시작했어요. 얼룩이 묻었던 자리는 곧 보이지 않게 되었어요. 그 대신 검고 탐스러운 포도 한 송이가 그려져 있었지요. 아주머니는 그림을 시장에 내다 판 돈으로 새 치마를 사서 빌린 집에 무사히 돌려줄 수 있었답니다.

신사임당은 강원도 강릉에서 아버지 신명화와 어머니 이씨 부인의 다섯 딸 중 둘째로 태어났어요. 천성이 온화하고 자상하며 행동거지가 얌전하고 겸손해서 웃어른들의 사랑을 많이 받았어요. 조선 시대 여자아이들은 학문을 배울 기회가 없었는데, 신사임당의 집안은 다른 집과 달리 딸들에게도 글공부를 시키고 글씨를 가르쳤어요. 어릴 때부터 머리가 좋았던 사임당은 유학의 경전과 예법을 금세 익혔어요. 글과 시도 잘 지었지요. 예술적인 감각과 손재주가 뛰어나 글씨에도 능했고 특히 그림 솜씨는 주변에 따라올 사람이 없었어요. 겨우 일곱 살에 유명한 화가인 안견의 산수화를 똑같이 그려 온 동네에 소문이 날 정도였어요.

신사임당이 살던 당시의 기록에도 그녀가 포도와 산수화를 잘 그리는 것으로 유명하다고 적혀 있어요. 신사임당의 그림을 본뜬 병풍과 족자가 돌아다니기도 했지요. 신사임당은 초충도도 즐겨 그렸어요. 초충도란 풀과 풀벌레를 그린 그림이에요. 그림 속 벌레가 어찌나 진짜 같았는지 닭이 쪼아 먹으려 했다는 이야기도 전해온답니다.

신사임당은 파주가 고향인 이원수라는 선비와 결혼해서 일곱 아이를 낳았어요. 그녀는 아이들이 태어나자 직접 글공부를 가르치고 바른 품성과 자세를 길러주려 노력했지요. 또한 시를 짓고 그림을 그리는 모습을 보여주며 예술적 재능을 북돋았어요. 사임당이라는 호에서 '사임'은 '태임을 본받는다'는 뜻이에요. 태임은 중국 주나라의 어진 왕인 문왕의 어머니예요. 역사상 가장 훌륭한 어머니로 꼽힌답니다. 사임당은 태임처럼 좋은 어머니가 되는 게 꿈이었어요. 그런 영향으로 아이들은 모두 잘 자랐지요. 첫째 딸 매창은 시와 그림으로 유명해졌고 아들 중 셋째인 이이는 조선 제일의 대학자가 되었어요. 넷째인 이우도 시와 글씨, 거문고와 그림에 모두 뛰어나 사절로 불렸지요.

신사임당은 여성의 사회활동을 억제했던 조선 시대에 태어났지만 그런 환경 속에서도 열심히 노력해서 화가로 명성을 떨친 위대한 예술가예요. 또한 좋은 어머니와 아내로 충실히 살아 오늘날에도 우리나라의 대표적인 현모양처로 불리고 있어요.

키워드로 살펴보기

#남귀여가혼 신사임당과 그녀의 어머니는 결혼 후에도 친정인 강릉에서 오랫동안 생활했어요. 이처럼 혼례 후 남자가 여자의 집에서 사는 혼인 풍습을 남귀여가혼이라고 해요. 16세기까지 이어진 이런 풍속은 성리학의 윤리가 제도로 정착된 17세기 이후에 사라졌습니다.

한국 위인 053 — 사회제도를 고쳐 국난에 대비하자고 주장한 선각자
율곡 이이

조선 중기의 학자이며 정치가인 이이는 외가가 있는 강릉의 오죽헌에서 태어났어요. 어머니인 신사임당은 율곡을 낳기 전날 밤 꿈을 꾸었어요. 동해 바닷물 속에서 검은 용 한 마리가 솟아오르더니 방 안으로 날아든 것이지요. 이이의 어릴 적 이름도 용을 보았다는 뜻의 현룡이었어요.

현룡은 용꿈처럼 어릴 때부터 비범한 아이였어요. 말을 배울 때 이미 글을 알았지요. 세 살 때 외할머니가 석류를 가리키며 "얘야, 이게 무엇 같니?" 하고 물었어요. 현룡은 "석류 껍질 속에 부서진 붉은 구슬이네"라는 옛 시의 한 구절로 답해 할머니를 놀라게 했어요. 여덟 살에는 친가가 있는 파주의 화석정에서 가을 경치를 읊은 시를 지었지요. 그중 이런 뛰어난 구절이 있어요.

"산은 외로운 둥근달을 토해내고 강은 만 리의 바람을 머금었네."

열세 살이 되자 현룡은 과거 시험 중 진사 초시를 보러 갔어요. 모두들 아직 어려 무리일 거라고 말했지만 일등인 장원으로 합격했지요. 이후에도 그는 각종 과거에서 모두 아홉 번이나 장원급제를 했어요. 그래서 구도장원공이라는 별명으로 불리기도 했답니다.

이이에게 큰 시련이 닥친 건 열여섯 살 때예요. 어머니 신사임당이 세상을 떠난 것이지요. 효심이 지극한 이이는 큰 충격을 받았어요. 그는 3년 상을 치르고 금강산에 있는 절로 들어가 불교 공부를 했어요. 그러나 1년 후 자신이 평생 가야 할 길은 성리학이라는 깨달음을 얻었어요. 다시 돌아와 스스로를 경계하는 글인 자경문을 쓰고 성인의 뜻을 본받아 유학 공부에 매진할 것을 다짐했지요.

스물세 살이 되던 해 이이는 쉰여덟 살의 이황과 처음 만났어요. 처음부터 뜻이 잘 맞은 두 사람은 헤어진 후에도 편지를 주고받으며 성리학의 여러 주제에 관한 의견을 나눴어요. 이이는 이황의 학문을 토대로 자신만의 성리학 이론을 세웠지요. 동시에 여러 제자를 키웠고 아이들을 위한 학습서인 《격몽요결》을 짓기도 했어요. 이황이 이끈 영남학파와 이이의 기호학파는 우리나라 성리학의 양대 산맥으로 불린답니다.

이이는 목숨을 걸고 상소를 올려 임금님이 잘못된 길로 가지 않게 바로잡는 참된 신하였어요. 성리학을 통해 잘못된 현실을 개혁하고 이상적인 사회를 만들기 위해 노력했지요. 이이는 당시 사회의 문제점을 지적하고 그에 대한 개혁안을 왕에게 건의했어요. 그가 죽기 1년 전 선조에게 올린 상소인 〈시무육조〉에서는 10만의 병사를 키워 외적의 침략에 대비하자고 했답니다(십만양병설). 이이가 제안한 개혁안은 신하들의 반대에 부딪쳐 시행되지 못했어요. 하지만 임진왜란 후 무너진 조선을 다시 세우는 정책들로 실현되었지요.

몸을 돌보지 않고 나라를 위해 고민하고 힘쓰던 이이는 마흔아홉의 나이로 세상을 떠났어요. 높은 벼슬을 살았어도 재물에 욕심이 없어 집에는 늘 먹을 것이 부족했지요. 그가 죽은 후 가족들은 살 집조차 없었어요. 딱하게 여긴 주변 사람들이 돈을 모아 집을 마련해주었을 정도예요. 시대 상황을 정확히 꿰뚫어 보고 앞날에 대비한 정책을 세운 이이는 시대를 앞서간 선각자였지요. 또한 배운 것을 실천하고 사람과 일에 성의를 다하며 청빈하게 살다 간 진정한 선비였답니다.

키워드로 살펴보기

#경장   묵은 제도를 개혁하여 새롭게 고친다는 뜻이에요. 이이는

나라를 세운 후 얼마간은 법과 제도에 의해 잘 운영되지만 시간이 흐르면서 점점 문제점이 쌓이고 나라가 위기에 빠진다고 보았어요. 이 때 경장이 꼭 필요하다고 했지요.

#오죽헌 강원도 강릉시 죽헌동에 있는 조선 중기의 목조건물이에요. 신사임당과 이이가 태어난 집으로, 보물로 지정되었지요.

한국 위인 054
행주대첩의 명장 조선군 총사령관
권율 장군

"큰일 났다! 성 한쪽이 뚫려 왜놈들이 마구 쏟아져 들어오고 있어!"

1593년 행주산성에서 왜군과 싸우던 병사 하나가 다급하게 외쳤어요. 파도처럼 몰려드는 까마득한 왜군의 숫자에 질린 조선 병사들은 주춤하며 뒤로 물러섰지요. 그러자 싸움을 지휘하던 장수가 직접 칼을 빼 들고 맨 앞으로 나가 적을 치기 시작했어요.

"겁낼 것 없다. 일당백의 각오로 싸우면 못 이길 리 없다!"

그 모습에 용기를 낸 병사들은 앞다퉈 적과 싸웠어요. 몸을 사리지 않고 적과 싸운 이 용감한 장수는 임진왜란에서 활약한 명장 권율 장군입니다.

권율은 어릴 때부터 생각이 깊고 주관이 뚜렷했어요. 여섯 살 때였지요. 어머니가 비단옷을 지어주려 하자 어린 율은 두 손을 내저으며 공손하게 말했어요.

"괜찮습니다, 어머니. 옷은 살과 몸을 가릴 수 있으면 되는 것인데 고운 옷감으로 만들 필요가 없지 않겠어요? 비단옷은 오히려 뛰노는 데 적합하지 않습니다."

자라서도 그는 여느 젊은이와는 달랐어요. 권율의 집안은 대대로 벼슬이 높았지요. 아버지는 영의정을 지냈어요. 모두들 머리 좋은 율이 과거를 보아 곧 벼슬자리에 나갈 거라고 여겼지요. 하지만 권율은 세상 구경을 더 좋아했어요. 전국의 산과 바다를 돌며 장부의 기개를 키웠지요. 친구들이 벼슬길을 권하면 웃으며 이렇게 답했어요.

"강태공은 팔십 살에 세상에 나가 뜻을 펼치지 않았나. 난 아직 그럴 때가 아닐세."

강태공은 중국 주나라의 문왕과 무왕을 도와 나라를 부강하게 만들고 천하를 평정한 재상이에요. 강에서 늘 낚시를 하며 세상에 나갈 때를 기다렸지요. 권율도 오래도록 실력을 쌓았어요. 그리고 마흔여섯 살이 되어서야 과거에 급제하며 벼슬길에 올랐답니다.

그런데 그로부터 10년 후 나라에 큰일이 터졌어요. 임진왜란이 일어난 것이지요. 선조는 한양을 빼앗긴 채 머나먼 의주까지 피난을 갔어요. 신중하고 대범하며 사람을 이끄는 위엄이 있던 권율은 병사를 통솔하는 광주목사를 맡으면서 뛰어난 지도력을 드러냈어요. 그는 금산의 이치고개에서 왜군을 격파하여 곡창지

대인 호남으로의 진출을 막았어요. 왜군은 전쟁을 계속하기 위한 식량과 무기의 보급이 어려워졌지요.

권율은 다시 수원 독산성에 진을 쳤어요. 이 성은 남쪽과 연락을 주고받는, 군사적으로 중요한 위치예요. 왜군은 산성을 포위하고 수차례 공격했지만 권율의 유격전에 당하며 지쳐갔어요. 왜군은 성안의 물이 떨어질 때만 노렸지요. 이를 알아챈 권율은 눈에 잘 띄는 높은 곳에서 흰쌀로 말을 목욕시키게 했어요. 멀리서 그 광경을 본 왜군은 쌀을 물로 착각했어요. 그들은 공격을 포기한 채 후퇴했지요.

이후 권율은 한양을 되찾기 위한 전투를 준비했어요. 그는 정예 군사 2천 300명을 이끌고 행주산성으로 갔답니다. 의병과 승병, 백성들도 합류했지요. 며칠 후 3만 명이나 되는 왜군이 새벽부터 조총을 쏘며 공격해왔어요. 조선군은 화살과 화차, 비격진천뢰 등의 무기로 맞섰어요. 백성들도 돌을 던지며 싸웠지요. 부녀자들은 돌을 주워 행주치마에 담아 날라주었어요. 결국 조선군은 큰 승리를 거두었어요. 이 전투가 바로 행주대첩이에요. 왜군은 이 싸움으로 엄청난 피해를 입고 한양성에서 퇴각했지요.

행주대첩 승리로 권율은 조선군 총사령관인 도원수가 되었어요. 권율 장군은 이순신 장군과 함께 임진왜란을 승리로 이끈 대표적인 장수예요. 뒤늦게 과거에 합격했지만 전쟁에서 나라를 구한 영웅이 됐으니 사람에게는 다 자신만의 때가 있는 법이겠지요.

키워드로 살펴보기

#임진왜란_3대_대첩　　대첩은 전투에서 크게 이긴 것을 말해요. 이순신의 한산도대첩, 김시민의 진주대첩, 권율의 행주대첩을 임진왜란 3대 대첩이라고 합니다.

| 한국 위인 055 | 《동의보감》으로 한의학의 기초를 세운 조선의 명의
허준 |

"공연히 약을 써서 더 위독해지신 게야."

"누가 아니래. 두창에 함부로 약을 썼으니 반드시 큰 탈이 날 걸세."

1590년 겨울, 선조의 왕자인 광해군은 두창이라는 전염병에 걸렸어요. 두창은 천연두를 말하지요. 마마라고도 불린 이 병은 백성들이 가장 두려워하는 병이었어요. 걸리면 대부분 죽거나 나아도 큰 흉터를 남기기 때문이지요. 어의 허준은 두창에 효험이 있다고 기록된 온갖 약을 찾아 왕자를 치료했어요. 병이 쉽사리 좋아지지 않자 사람들은 약을 잘못 썼다며 뒤에서 수군거렸지요. 허준은 그에 아랑곳하지 않고 혼신의 힘을 기울여 약을 썼어요. 그렇게 하길 며칠째, 죽어가던 왕자가 조금씩 차도를 보이기 시작했어요. 그제야 사람들은 명의 허준의 의술을 우러러보았답니다.

허준은 양반 가문의 서자로 태어났어요. 어릴 때부터 책 읽기를 좋아했지만 글공부를 잘해서 뽑히는 문관은 될 수 없는 신분이었지요. 다행히 그는 의술에 남다른 재질이 있었어요. 해남 땅에 살던 그는 젊은 시절부터 병을 잘 고쳐 한양에까지 이름이 알려질 정도였답니다. 허준은 왕가의 질병을 치료하고 약을 조제하던 내의원에 들어갔고 곧 왕을 진찰하는 어의가 되었어요.

허준은 공부를 많이 한 까닭에 온갖 의서에 통달했어요. 머릿속에 백과사전처럼 많은 의학지식을 담고 있었지요. 젊어서부터 수많은 백성을 치료하여 환자를 보면 어떤 약을 써야 할지 척척 알 수 있었어요. 선조는 허준을 몹시 믿고 의지했어요. 허준이 선조의 강한 신임을 얻은 것은 광해군의 두창을 치료하고부터예요. 허준은 그 공으로 높은 벼슬을 얻었답니다. 임진왜란이 일어나자 허준은 의주로 피란하는 선조를 따라가 건강을 돌보기도 했어요.

전쟁 중이던 1596년 선조가 어의들에게 명했지요.
"백성들이 쉽게 참고하여 스스로 치료할 수 있는 의서를 만들도록 하라."
왕명을 받은 허준은 책을 쓰기 시작했어요. 그러나 신하들은 서자 출신인 허준이 높은 자리에 오르는 걸 달가워하지 않았어요. 선조가 허준의 신분을 양반으로 올려준 것도 모자라 공신으로 삼고 정1품이라는 높은 벼슬을 내리려 하자 신하들은 크게 반발했지요. 1608년 선조가 세상을 떠나자 신하들은 눈엣가시였던 허준이 약을 잘못 쓴 탓이라고 비난했어요. 허준은 어의에서 쫓겨나 유배를 갔어요. 하지만 그는 절망하지 않았어요. 이때야말로 오래도록 끌어왔던 의서를 끝맺을 기회라고 생각했지요. 처음엔 다른 어의와 함께 썼지만 정유재란으로 중단되는 바람에 허준 혼자 집필해왔어요. 그는 밤낮을 가리지 않고 책을 써서 드디어 완성했어요. 그 책이 바로《동의보감》이랍니다.

《동의보감》은 이전에 있던 중국과 조선의 의학책들을 총망라했지만 단지 내용을 모아놓기만 한 책이 아니에요. 수많은 의학 지식을 허준의 관점에서 정리하여 다른 의학책들과는 그 방식을 달리 구성했지요. 평생 쌓아온 의학지식과 치료 경험으로 구축한 자신만의 의견대로 수많은 자료를 재구성한 셈이에요. 그로써 허준은 조선의 실정에 맞지 않는 중국의 처방에서 벗어나 우리 의술인 한의학의 체계를 확립할 수 있었지요. 동의보감은 출간된 후 이웃 나라들의 의학 발전에도 큰 도움을 주었어요.

키워드로 살펴보기

#동의보감 1610년에 허준이 중국과 조선의 의서를 집대성하여 완성한 일반 백성을 위한 의학책이에요. 동양의학 발전에 큰 영향을 주었고 유네스코 세계기록유산으로 등재되기도 했지요.

한국 위인 056 | 임진왜란의 교훈을 책으로 남긴 영의정
유성룡

    1592년 임진왜란이 일어났어요. 한양마저 왜군의 손아귀에 들어갈 위기에 처하자 선조는 급히 북쪽으로 피란을 떠났어요. 왕은 중국 땅인 요동으로 피신할 생각이었지요. 그때 한 신하가 왕을 가로막았어요.

    "아니 되옵니다. 대왕의 수레가 한 발짝이라도 국토를 벗어난다면 조선은 더 이상 우리 땅이 아니옵니다."

    그는 좌의정과 병조판서를 겸하고 있던 유성룡이었어요. 유성룡은 백성들이 하늘처럼 의지하는 임금님이 나라를 등지면 백성들의 마음도 떠날 거라 생각했어요. 대신들은 신중하고 사려 깊은 그의 의견에 고개를 끄덕였어요.

    유성룡은 어려서부터 단정하고 어른스러웠어요. 네 살 때 글을 읽었을 정도로 총명했고 무어든 한 번 보면 잊어버리는 법이 없었지요. 스승인 퇴계 이황은 유성룡을 하늘이 낸 사람이라고 칭찬했어요. 일찍 과거에 급제한 유성룡은 중요한 관직을 두루 거쳤어요. 그 당시 조정은 당파싸움이 한창이었어요. 늘 사리에 맞게 판단하고 행동했던 그는 동인이었지만 반대파인 서인이라도 치우침 없이 대했답니다. 선조는 당쟁을 조화롭게 이끄는 유성룡을 믿고 아꼈어요.

'머지않아 틀림없이 왜군이 쳐들어올 것이다. 미리 대비하지 않으면 안 돼.'

그는 일본의 동정이 심상치 않다고 여겼어요. 그래서 전쟁의 대비책을 왕에게 건의했지요. 권율과 이순신이 용맹하고 지략이 뛰어난 인재임을 알아본 유성룡은 그들을 장수로 천거해서 군사적으로 중요한 위치에 배치했어요. 지방의 방위체제도 적이 갑자기 쳐들어왔을 때 빨리 대처할 수 있는 진관체제로 되돌리자고 했어요. 그러나 그의 의견은 실현되지 못한 채 전쟁이 나고 말았답니다.

유성룡이 왕을 모시고 의주까지 피란하던 차에 명나라의 원군이 온다는 반가운 소식이 들렸어요. 하지만 평양성전투에서 이긴 후 왜군을 얕잡아본 명나라 장수 이여송은 벽제전투에서 크게 졌어요. 그러자 싸울 마음이 없어졌지요. 유성룡이 온갖 굴욕을 참으며 부탁했지만 명군은 일본과 화해하고 싶어 했어요. 다행히 유성룡이 뽑은 권율과 이순신은 각각 육지와 바다에서 왜적을 크게 무찔렀지요.

　1년 만에 한양에 돌아온 선조는 유성룡을 영의정으로 삼았어요. 그런데 유성룡은 나라를 이끌어갈 일이 난감하기만 했답니다. 백성들은 자신들을 버리고 떠난 왕과 조정에 불만이 컸어요. 농사를 못 지어 굶어죽는 이들도 많았지요. 명나라군에 줄 군량도 구해야 했어요. 유성룡은 한편으론 전쟁을 총지휘하면서 백성들을 잘 도닥이고 보살폈어요. 조선을 따돌리고 자기들끼리 화해를 하려는 명나라와 일본 사이에서 어떻게든 나라를 지키려는 외교의 줄타기도 했지요.

　결국 조선은 임진왜란에서 승리를 거두었어요. 그러나 전쟁이 끝나자 반대파들이 유성룡을 모함했지요. 유성룡은 고향인 하회 마을로 돌아왔어요. 최선을 다했지만 알아주지 않는 왕과 조정에 실망한 그는 다시 불러도 벼슬자리에 나가지 않았지요. 그 대신 그는 임진왜란 때 벌어진 일들을 글로 정리한 《징비록》을 썼어요. 장수들이 전장에서 직접 왜군과 싸웠다면 유성룡은 전쟁을 유리하게 이끌고 나라를 유지하기 위해 싸웠지요. 임진왜란의 승전에는 이처럼 뒤에서 노력한 여러 사람의 공이 숨어 있답니다.

키워드로 살펴보기

#징비록 조선 선조 때 영의정을 지낸 유성룡이 임진왜란의 원인과 추이를 기록한 책이에요. '징비'란 이전의 잘못을 나무라고 반성하여 후환에 대비한다는 뜻이랍니다.

한국 위인 057

어머니와의 내기에서 진 후 명필이 된 서예가

한석봉

싸리나무 막대기를 손에 든 아이가 흙 위에 정성스레 글씨를 쓰고 있어요. 그 모습을 바라보던 어머니는 아이가 갓 태어났을 때 점쟁이가 했던 말이 떠올랐어요.

"이 아이는 필시 글씨를 잘 쓰는 것으로 이름을 날릴 거요."

아이의 이름은 한호예요. 호가 석봉이어서 한석봉으로 널리 알려졌지요. 한호는 가난한 양반집에서 태어나 홀어머니와 어렵게 살았어요. 한호가 어릴 때부터 글씨 쓰는 것을 유난히 좋아했기에 어머니는 아들의 장래를 위해 어린 아들을 글씨 잘 쓰는 스승님 밑으로 보냈어요. 그러고는 떡을 팔아 뒷바라지를 했지요.

한호는 어머니와 몇 년간 떨어져 글씨 공부에만 전념했어요. 그러던 어느 날 이만하면 집에 가도 되겠다는 생각이 들었어요. 어머니가 너무 보고 싶기도 했지요. 그런데 반가워할 줄 알았던 어머니는 돌아온 한호를 엄한 표정으로 꾸짖었어요.

"아직 공부가 덜되었을 터인데 왜 벌써 왔느냐?"

"어머니, 온 동네에 저보다 글씨 잘 쓰는 아이가 없다고들 합니다. 이젠 더 공부하지 않아도 되겠어요."

어머니는 잠시 생각에 잠겼어요. 그러다 좋은 생각이 난 듯 말했어요.

"그렇다면 누가 더 잘하는지 내기를 해보자꾸나. 불을 끈 채로 나는 떡을 썰고 너는 글씨를 쓰는 거다. 만약 네가 이기면 공부를 그만하고, 내가 이기면 돌아가 공부를 더 하는 거야. 알겠느냐?"

그쯤은 식은 죽 먹기라는 생각에 한호는 얼른 그러자고 했어요. 마침내 내기가 벌어졌어요. 어둠 속에서 어머니는 떡을 썰고 한호는 먹을 갈아 글씨를 썼지요. 그런 다음 불을 켰어요. 결과가 어땠을까요? 한호의 글씨는 삐뚤빼뚤 엉망이었어요. 그에 비해 어머니가 썬 떡들은 크기가 똑같았지요. 한호는 크게 부끄러워하며 다시 스승님께 돌아갔답니다. 그 후 힘들 때마다 그는 가지런하게 썰린 어머니의 떡을 생각하며 마음을 다잡았어요.

글과 글씨 공부를 열심히 한 한호는 스물다섯 살에 드디어 과거에 합격했어요. 그는 나라의 문서를 붓글씨로 쓰는 관리인 사자관이 되었어요. 그리고 외교와 관공서 문서 전용 글씨체인 사자관체를 만들었답니다. 선조 임금은 한호의 글씨를 특별히 아꼈어요. 그가 마음 놓고 글씨에 전념할 수 있도록 경치 좋고 한가한 가평의 군수 벼슬을 내리기도 했지요. 또한 그는 명나라에 사신이 갈 때마다 함께 파견되어 글씨를 썼어요. 한호의 글씨는 곧 조선을 대표하는 솜씨가 되었지요. 명나라 명사들은 앞다투어 한호를 칭찬했어요. 한호의 글씨가 중국 서예가인 왕희지나 안진경에 견줄 만하다는 이야기도 나왔어요. 또 당나라 서예가인 서호의 솜씨처럼 '성난 사자가 돌을 후벼 파고 목마른 준마가 냇물로 달음질치는 것과 같다'는 평도 있었답니다.

한석봉은 김정희와 함께 우리나라 제일의 명필로 꼽히는데요. 타고난 재질도 있지만 어둠 속에서도 떡을 같은 크기로 썬 어머니처럼 글씨를 능숙하게 쓸 수 있을 만큼 열심히 노력한 것이 스스로를 성공으로 이끌었지요.

키워드로 살펴보기

#왕희지 왕희지는 중국에서 서성이라고 불리는 서예가예요. 서예의 다섯 가지 서체 중 해서, 행서, 초서를 완성하고 서예를 예술의 경지로 끌어올렸지요.

| 한국 위인 058 | 승복을 입고 나라 구하기에 앞장선 의승병장 **사명대사** |

"조선의 제일 귀중한 보물이 무엇인가?"

왜국의 장수가 물었어요. 그와 마주 앉아 회담을 하던 스님이 답했어요.

"우리나라엔 보물이 없네. 값비싼 보물은 일본에 있지."

"그게 무슨 말인가?"라며 의아해하는 왜장에게 스님이 껄껄 웃으며 말했어요.

"요즘 우리나라에선 그대의 머리를 가져오면 천금을 준다고 하네. 모두들 노리고 있지. 그러니 가장 귀한 보물은 일본에 있는 게 맞지 않은가."

순간 왜장 역시 호탕하게 웃었어요. 적진 한가운데서 적장인 자신을 향해 그런 얘기를 아무렇지도 않게 던지는 스님의 배포에 감탄해서였지요. 스님의 이름은 유정이에요. 사명대사라는 당호로 더 유명하지요. 왜장은 가토 기요마사랍니다. 임진왜란 때 고니시 유키나가와 함께 조선을 침공한 장수예요. 그는 성격이 몹시 포악한 것으로 알려져 있었어요.

사명대사는 경남 밀양의 이름난 가문에서 태어났어요. 일곱 살에 할아버지께 유학을 배우기 시작했지요. 하지만 부모님이 일찍 돌아가신 후 출가하여 스님이 되었답니다. 그는 어릴 때부터 총명하고 세상의 이치를 혼자 깨우쳐 주변을 놀라게 했어요. 불법에도 빼어나 스님들을 위한 과거인 승과에 뽑혔지요. 그는 선종의 으뜸 사찰인 봉은사 주지로 추천되었지만 공부와 수행을 위해 사양했답니다. 그리고 묘향산에 머물던 서산대사의 제자가 되었어요. 이때 익힌 병법과 무예는 훗날 큰 도움이 되었지요.

1592년에 일본은 임진왜란을 일으켰어요. 조선을 침략하여 궁궐과 집을 불태우고 백성들을 해쳤지요. 그 모습에 울분을 참지 못한 사명대사는 잠시 수행을 멈추고 괴로움에 빠진 백성들을 구해야겠다고 마음먹었어요. 때마침 서산대사가 전국의 스님들에게 의병이 되자는 글을 보냈지요. 강원도에 있던 사명대사는 곧바로 승병을 조직해 스승 곁으로 달려갔어요. 사명대사가 이끄는 승병은 조선군, 명나라군과 힘을 합해 왜군이 점령 중이던 평양성을 공격했답니다. 왜군은 조명 연합군의 위세와 뛰어난 활약을 펼친 승병들의 전투력에 놀라 성을 버리고 도망쳤지요. 단 한 명의 전사자도 없이 평양성을 되찾은 사명대사와 승병들의 기세는 하늘을 찔렀어요. 두 달 후, 승병은 관군과 연합하여 다시 왜군에게 승리를 거두며 한양을 수복하는 데 큰 힘이 되었답니다.

이후 사명대사는 왜장 가토 기요마사의 진중에 네 차례나 들어가 회담을 나눴어요. 명나라와 일본 사이에 오가는 강화 조건을 알아내고 조선에 유리한 쪽으로 설득하기 위해서였지요. 조선의 보물 이야기도 그때의 일이에요. 스님은 전쟁 후 일본으로 건너가 전란 중에 끌려간 조선인 3천여 명을 직접 데려오기도 했어요.

선조는 사명대사에게 높은 벼슬을 내렸어요. 백성들과 사대부들도 나라를 구한 사명대사를 존경하고 감사하게 여겼지요. 불교가 억압당하던 조선에서 승려 신분으로 높은 자리에 오르고 인정을 받는 건 특별한 경우예요. 사명대사의 인품과 공이 그만큼 뛰어나고 학식과 병법, 무예와 외교 등 다방면에서 실력이 있었다는 뜻이지요.

키워드로 살펴보기

#명과_일본의_강화협상 일본은 조선 몰래 명과 협상하여 전쟁을 끝내려 했어요. 일본이 내건 강화 조건에는 명 황제의 딸을 일왕의 후궁으로 보내고, 명과 일본의 무역을 재개하며, 조선 8도 중 4도를 일본이 차지하고, 조선 왕자를 일본에 볼모로 보낸다는 내용 등이 포함되어 있었어요.

| 한국 위인 059 | 거북선을 만들어 왜적을 물리친 임진왜란의 명장
이순신 장군 |

"아악, 저게 뭐야? 조선 배들이 학의 날개처럼 늘어서서 우리를 포위했다!"

놀란 왜군들이 소리치자 천둥소리처럼 큰 포성이 울렸어요. 왜군의 배보다 높은 조선군의 판옥선에서는 화살이 비 오듯 쏟아졌지요. 혼비백산한 왜군들의 눈에 입에서 유황 연기를 내뿜는 무시무시한 용의 머리가 보였어요. 거북 등을 닮은 몸체에는 날카롭고 뾰족한 쇠침이 촘촘히 박혀 있었지요. 맞아요, 거북선이에요. 거북선이 포를 쏘며 충돌해오자 공포감에 휩싸인 왜군들은 배에서 뛰어내리기 바빴어요. 1592년 음력 7월 8일, 이순신 장군이 이끄는 조선 수군은 한산도에서 왜군을 크게 물리쳤지요. 이 전투가 바로 임진왜란의 전세를 조선에 유리하게 뒤바꾼 한산도대첩이에요.

이순신은 어릴 때부터 지혜롭고 용맹했어요. 또한 정직하고 불의를 싫어했지요. 무인이 된 후에는 상대가 누구든 부정을 저지르거나 법을 어기면 반드시 바로잡았어요. 반면 부하들과 백성들에게는 의리와 인정이 넘쳤지요. 같은 동네에서 자라 그의 사람됨을 잘 알고 있던 유성룡은 이순신을 조정에 추천했답니다. 이순신은 전라도 수군을 지휘하는 전라좌수사가 되었어요. 머지않아 왜군이 쳐들어올 거라는 사실을 예측한 그는 홀로 군사를 훈련하고 거북선을 만들며 싸움에 미리 대비했지요.

1년 후 마침내 왜군은 명나라를 정벌한다는 명분으로 임진왜란을 일으켰어요. 이순신은 첫 싸움인 옥포해전에서 승리를 거두었어요. 연이은 전투도 모두 이겼지요. 한산도대첩에서는 왜군을 한산도 앞바다까지 유인한 뒤 학익진으로 크게 승리했어요. 그런 공으로 그는 삼도수군통제사가 되어 조선 수군을 총지휘하게 되었답니다. 왜군은 본래 육지의 병력이 빠르게 조선 땅을 점령하면 서해 바닷길로 지원군과 무기, 식량을 보급한다는 전략을 세웠어요. 그러나 이순신의 무적함대에 막혀 바다의 보급로가 끊기자 시간이 갈수록 불리해졌지요. 그들은 명나라와 강화회담을 시작했어요.

긴 강화회담에서 원하는 것을 못 얻은 일본은 1597년, 재차 조선을 침범하여 정유재란을 일으켰어요. 그때 왜군은 첩자인 요시라를 이용해 음모를 꾸몄지요. 그들의 이간책과 평소 이순신에게 경쟁심을 느끼던 원균의 모함에 넘어간 선조는 이순신을 옥에 가두었어요. 고문 끝에 간신히 풀려난 이순신은 병졸이 되어 백의종군하게 되었답니다.

이순신이 없는 바다는 왜군의 공격에 속수무책이었어요. 이순신이 쫓겨난 뒤 삼도수군통제사를 맡았던 원균이 싸움에 지면서 조선 수군은 배를 대부분 잃었지요. 다급해진 선조는 다시 이순신을 찾았어요. 이순신은 남은 판옥선 12척을 포함한 총 13척의 배로 진도 울돌목에서 133척이나 되는 왜선과 맞서 싸웠어요. 왜군은 바닷물의 방향이 바뀌는 때를 이용한 그의 계략에 넘어가 크게 패했지요. 이 전투를 명량대첩이라고 해요.

도요토미 히데요시가 죽자 왜군은 조선에서 철수를 시작했어요. 이순신은 도망가는 왜군을 전멸하기 위해 노량해전을 벌였어요. 싸움이 한창일 때였어요. 갑자기 적의 총탄 하나가 날아와 장군의 가슴에 박히고 말았답니다. 고통 속에 죽어가면서도 그는 병사들의 사기가 떨어질까 걱정하며 침착하게 마지막 말을 남겼어요.
"싸움이 급박하게 진행 중이니 내 죽음을 알리지 마라."
전투는 우리의 승리로 끝났어요. 그러나 그가 세상을 떠났다는 소식이 퍼지자 온 나라의 백성이 가슴을 치며 통곡했지요. 이순신 장군은 우리 역사상 가장 위대하고 존경받는 위인이에요.

그는 전 세계 해전 역사에도 길이 빛날 명장으로 추앙받고 있답니다.

키워드로 살펴보기

#난중일기   임진왜란 때 이순신 장군이 쓴 일기예요. 당시 전투 상황을 상세히 알려주는 역사 자료이며 장군의 인간적인 모습과 생각이 담겨 있어요.

한국 위인 060 꾀 많은 의병대장 홍의장군 곽재우

"나라의 운명이 바람 앞의 등불인데 초야에 묻혔다 하여 안 일어선다면 어찌 이 조선 땅에 남자가 있다 하리오. 뜻이 있는 자는 나를 따르라!"

한 선비가 긴 칼을 하늘 높이 치켜들며 외쳤어요. '충의'라고 쓰인 깃발 아래 모인 사람들 사이에서 "와아" 하는 함성이 일었어요. 활과 칼을 들었지만 그들은 병사가 아니었어요. 양반부터 천민에 이르기까지 왜적을 물리치겠다는 한뜻으로 자발적으로 뭉친 의병이었지요. 의병을 이끈 선비의 이름은 곽재우랍니다. 전투를 할 때면 늘 붉은 겉옷을 입고 의병을 지휘해서 홍의장군으로도 불렸어요.

1592년 음력 4월, 왜군은 부산진 등을 급습하며 임진왜란을 일으켰어요. 갑자기 침략당한 조선은 싸울 엄두조차 못 낸 채 그들에게 차례로 성을 내주었지요. 관군은 도망치기 바빴어요. 그러자 경상도 의령에 살던 곽재우는 자신의 재산을 털어 의병을 모았어요. 그는 꾀가 많았고 유격전의 대가였어요. 유격전이란 적은 수의 병사로 적의 뒤편이나 측면을 기습하여 교란하는 전투를 말해요. 그는 늘 척후병을 숨겨놓고 보고를 받으며 왜적의 움직임을 조용히 주시했어요. 그러다가 아군이 파놓은 함정이나 빠져나가기 힘든 지형에 적이 들어오면 재빨리 나타나 공격했어요. 적군의 수가 많을 때면 의병들의 손에 여러 개의 가지가 달린 횃불을 들게 하고 밤새도록 함성을 지르게 했지요. 불빛과 소리에 기가 질린 왜군은 자기들보다 훨씬 많은 병사가 있는 줄 알고 도망가기 일쑤였어요. 그들은 홍의장군이라는 말만 들어도 공포에 떨었어요.

그가 이끄는 의병은 관군과 연합작전을 펴기도 했어요. 김시민의 지휘 아래 겨우 몇천의 병사로 왜군 2만 명을 물리친 진주대첩에서는 후방 공격으로 적군에게 타격을 주며 아군이 승리를 거두는 데 도움을 주었지요. 곽재우 장군의 활약 덕에 의령 일대의 사람들은 전쟁 중인데도 평화롭게 농사를 지으며 살 수 있었어요. 당시 왜군은 곡창지역인 호남을 점령하기 위해 애를 썼지요. 병사들에게 먹일 식량과 물자를 확보해야 전쟁을 계속할 수 있으니까요. 다행히 조선은 호남 지역을 빼앗기지 않았어요. 바다 쪽은 이순신 장군이 막아냈지요. 육지에서는 곽재우 장군을 비롯한 여러 의병장이 이끄는 의병들이 관군과 힘을 합쳐 호남으로 향하는 길목들을 방어했고요.

　곽재우 장군은 많은 전공을 세웠지만 나라를 지키는 것 외에는 욕심이 없었어요. 전쟁 후 조정에서는 그에게 육군사령관인 병마절도사나 3도 수군 총사령관인 수군통제사 같은 높은 직위를 주었어요. 그는 마지못해 그런 직책들을 맡았다가 곧 그만두었답니다. 그러고는 고향에 은둔하며 여생을 마쳤어요. 하지만 붉은 옷을 입고 홀로 말을 몰아 적진을 향해 돌진하는 홍의장군의 용맹한 모습은 전란에 지친 조선 백성들의 가슴에 큰 용기와 자부심을 심어주었지요.

키워드로 살펴보기

#정암진전투　남강 유역인 경남 의령 정암진에서 곽재우 장군이 이끄는 의병과 왜군이 벌인 전투예요. 임진왜란 최초로 의병이 승리한 싸움이지요. 곽재우 장군은 왜군이 강을 건너기 위해 표시해둔 푯말을 밤에 몰래 습지로 옮겨놓았어요. 푯말만 믿고 이동하다 습지에 빠진 왜군은 의병의 공격을 받고 대패했지요. 이 전투로 왜군은 호남 진출이 어려워졌어요.

한국 위인 061
개구쟁이 오성과 한음 이야기의 주인공
백사 이항복

어린 오성은 집안의 큰 감나무를 바라보았어요. 옆의 정승대감 집으로 넘어간 가지에 실하게 매달렸던 감들이 한 개도 남아 있지 않았어요. 그 집 하인들의 짓이에요.

'음… 괘씸한 것들. 이번만큼은 그냥 넘어갈 수 없구나.'

밖으로 나간 오성은 옆집 대문을 열고 사랑채로 들어갔어요. 그러고는 방문으로 다가가 한쪽 주먹을 쑥 밀어넣었답니다.

"이, 이게 무슨 짓이냐?"

안에서 놀란 정승의 음성이 들렸어요. 오성이 물었어요.

"대감마님, 이것이 누구의 주먹이옵니까?"

"누, 누구긴. 네 것이 아니냐."

"그럼 이 댁 담장을 넘어온 저희 집 감나무 가지에 달린 건 누구의 감입니까?"

정승은 말문이 막혔어요. 그제야 자초지종을 안 정승은 하인들을 따끔하게 혼내고 오성에게 사과했어요. 오성이 돌아가자 정승은 고개를 끄덕이며 감탄했어요.

'어허, 어릴 때부터 총명하다고 소문이 자자하더니 배짱마저 두둑하지 않은가.'

정승의 이름은 권철이에요. 행주대첩으로 유명한 권율 장군의 아버지랍니다. 몇 년 후 정승은 똑똑한 오성을 손녀사위로 삼았어요. 오성이 권율 장군의 사위가 된 것이지요.

오성은 호가 백사이고 이름은 이항복이에요. 나라에 큰 공을 세워 오성부원군이라는 작위를 하사받았지요. 그래서 오성이라는 이름으로 더 널리 알려져 있답니다. 오성은 재치 있고 해학적인 말로 사람들에게 웃음을 주었어요. 반면 성격이 강직해서 한 번 옳다고 믿는 것은 그대로 밀고 나가는 소신과 뚝심이 있었지요.

그 당시 선비들은 여러 당파로 나뉘어 같은 편이 아니면 말조차 섞지 않았어요. 하지만 서인이던 오성은 당파와 관계없이 상대가 억울한 상황이라고 생각되면 그쪽 편을 들었지요. 오성의 평생지기인 한음도 다른 당파인 남인이었어요. 같은 해 과거에 합격해서 친구가 된 오성과 한음은 둘 다 학문과 능력이 뛰어나 최고의 벼슬인 영의정까지 올랐어요. 평소 둘이 장난도 잘 치고 친하다 보니 사람들은 어릴 때도 함께 자랐을 거라고 추측했어요. 그래서 두 사람의 짓궂은 장난이나 기지가 담긴 어린 시절에 대한 많은 이야기가 생겨났답니다.

임진왜란이 일어나자 오성과 한음은 선조를 잘 보필하고 민심을 수습했어요. 또한 병조판서 등 요직을 맡아 전란을 헤쳐나가는 중심적인 역할을 했지요. 전쟁에 이기기 위해서는 전세를 유리한 방향으로 이끄는 외교의 힘이 중요하답니다. 두 사람은 명나라에 원군을 청해야 한다고 주장했어요. 오성과 한음의 외교적 노력으로 이루어진 명군의 참전은 임진왜란의 전세를 역전하는 계기가 되었어요.

키워드로 살펴보기

#붕당 사림 중 학문에 대한 의견과 정치 이념이 같은 사람들끼리 모인 무리를 붕당이라고 해요. 선조 때 관리의 인사권을 가진 이조전랑 자리를 놓고 동인, 서인의 두 당파로 나뉘어 서로 반목하게 된 것이 붕당의 시작이에요. 처음엔 다른 붕당의 일방적인 권력을 비판하고 견제하여 바른 정치를 추구하는 긍정적 측면이 있었지만 점차 자기 당파의 이익을 앞세운 치열한 경쟁으로 변모해갔어요.

한국 위인 062

《홍길동전》으로 신분제도의 모순을 비판한 조선의 소설가 **허균**

　허균은 명문가의 자손으로 태어났어요. 아버지와 친형, 이복형이 모두 높은 벼슬을 했고 여동생인 허난설헌은 조선 시대 대표적인 여류 시인으로 꼽히지요. 허균도 어릴 때부터 문장력이 뛰어났어요. 겨우 다섯 살의 나이에 글을 처음 배우기 시작해서 아홉 살에는 능숙하게 시를 지었어요. 스물여섯 살에 과거에 합격하고 3년 후에는 문과중시라는 과거를 보아 장원급제했지요. 문과중시는 낮은 관직의 관리가 높은 자리로 승진할 수 있는 시험이에요. 그 후 그는 형조판서와 좌참찬 등 높은 관직에 올랐어요.

　천성이 자유로웠던 허균은 유교뿐 아니라 불교와 도교에도 깊이 빠져들었어요. 그러나 유학을 하는 사람들은 불교나 도교를 정통에서 벗어난 이단이라 하여 배척했어요. 허균은 불교를 깊이 믿는다는 이유로 여러 번 탄핵을 당해 관직에서 쫓겨났답니다. 하지만 그는 불교를 포기하지 않았어요. 오히려 중국에서 천주교 교리까지 얻어 공부했지요. 그 덕분에 세상을 보는 그의 눈은 유학만을 고집하던 일반 선비들과 달리 폭넓을 수밖에 없었어요.

사람을 사귀는 데서도 허균은 신분을 가리지 않았어요. 그는 글을 잘 짓는 기생들과 교류하거나 서얼들과도 친하게 지냈어요. 그에게 큰 영향을 준 스승 이달도 서얼이었지요. 조선은 양반의 자손이지만 첩이 낳은 자식인 서얼에 대한 차별이 심한 사회였어요. 서얼은 양반보다 낮은 신분인 중인 취급을 받았고 과거를 볼 수도 없었어요. 하지만 허균의 서얼 친구들 중에는 재능이 뛰어난 이가 많았지요. 그는 사회적 제약 때문에 서얼들이 재능을 펼치지 못하는 현실을 안타까워했어요.

'하늘이 인재를 태어나게 한 이유는 사회를 위해 훌륭한 일을 하라는 뜻이다. 그런데 기회조차 주지 않는다면 하늘의 뜻을 어기는 거야.'

그는 그렇게 생각했지요.

허균은 양반들의 횡포에 헐벗고 굶주리는 일반 백성들도 가엾게 여겼어요. 다양한 학문을 접하고 신분이 낮은 사람들의 입장도 알게 된 그는 유교 사상이 머리에 박힌 사람들이 상상조차 할 수 없는 파격적인 세상을 꿈꾸었어요. 그런 생각을 담아서 지어 낸 한글 소설이 《홍길동전》이에요.

주인공 홍길동은 판서인 아버지와 노비인 어머니 사이에서 태어났어요. 영웅이 될 만한 능력을 지녔지만 서얼 출신이라 사회 속에서 꿈을 펼칠 수 없었지요. 집을 나온 그는 활빈당을 조직해 가난한 사람을 도왔어요. 그리고 도술로 자신과 똑같은 사람을 일곱 명 만들었지요. 총 여덟 명이 된 홍길동은 조선 팔도를 누비며 탐관오리를 혼내주고 그들이 빼앗은 쌀과 재물을 되찾아 백성들에게 나눠주는 통쾌한 활약을 벌인답니다.

허균은 역모를 꾸민 죄인으로 몰려 갑자기 처형되었어요. 반대파의 모함으로 죄 없이 죽었다는 설도 있답니다. 그가 꿈꾸던 신분 차별이 없는 세상은 그로부터 몇백 년 후에야 이루어졌지요. 수많은 글과 책을 지어 조선 사회의 문제점을 비판하고 억울한 사람들 곁에 서고자 노력했던 그의 일생 자체는 시대를 앞서간 혁명적인 삶이었다고 평가받고 있습니다.

키워드로 살펴보기

#홍길동전 허균이 지은 우리나라 최초의 한글 소설이에요. 신분 차별과 탐관오리 등 조선의 현실을 비판하고 율도국이라는 이상적인 나라를 그렸지요.

한국 위인 063 — 자연을 친구로 삼은 시조 시인
윤선도

삼가 아룁니다. 예조판서 이이첨은 조정의 모든 자리에 자기 심복을 앉혀 제 마음대로 정치를 하고 있습니다. 과거에서도 부정을 저질렀습니다. 이이첨과 같은 당파의 자식들은 시험 문제를 미리 알고 저와 제 친척에게 책을 빌려 답안을 준비해 갔습니다. 실력 없는 이이첨의 네 아들도 그런 식으로 과거에 급제한 것을 온 나라 사람이 압니다. 간신이 나라를 위태롭게 하면 외적이 쳐들어올 것입니다. 혹 제 말이 틀리다고 저를 죽이신다면 난리통에 죽느니 상소를 올리고 전하를 위해 죽겠사옵니다.

이 글은 광해군 때 성균관 유생이었던 윤선도가 임금님에게 올린 글인 〈병진소〉의 일부를 요약한 내용이에요. 당시 최고 권력자였던 이이첨에 맞서 죽기를 각오하고 쓴 이 용감한 문장의 주인공 윤선도는 어떤 사람일까요.

호가 고산인 윤선도는 1587년 한양에서 태어났어요. 여덟 살 때 큰집의 양자로 들어가 해남의 종가를 잇게 되었지요. 그는 어린 시절 집안의 묵은 책 속에서 유교의 도덕과 예의범절이 담긴 《소학》을 발견해 읽고 크게 감명을 받았어요. 수백 번을 읽으며 유교의 가르침을 가슴에 새긴 그는 평생 그릇된 것을 보면 그냥 지나치지 않았답니다. 상대가 왕의 친인척이라 해도 상소를 올려 잘못을 지적했지요. 곧은 말을 잘하는 그의 행동은 반대 당파에게 공격당하는 빌미가 되곤 했어요. 〈병진소〉로 화가 난 이이첨은 윤선도를 함경도 경원으로 유배 보냈어요. 윤선도는 7년간이나 유배지에서 지내다가 인조반정으로 광해군이 쫓겨난 후 한양에 돌아올 수 있었지요.

　그런데 역사 속에서 고산 윤선도를 더 빛나게 한 일은 따로 있어요. 그는 우리말로 된 75수의 아름다운 시조를 남겨 우리 문학을 크게 발달시켰지요. 병자호란이 일어나자 그는 장정들을 모아 배에 싣고 왕족이 피난 간 강화도로 향했어요. 왕실을 지키기 위해서였지요. 하지만 도착하기도 전에 강화도가 함락되었어요. 곧이어 왕이 청나라에 항복했다는 소식도 들렸어요. 절망에 빠진 그는 세상을 등지려 제주도로 뱃머리를 돌렸지요. 그때 보길도라는 섬이 눈에 띄었어요. 보길도의 경치는 윤선도의 마음을 사로잡았어요. 그는 섬이 연꽃을 뜻하는 부용을 닮았다 하여 부용동이라 이름 짓고 낙서재라는 집을 지었답니다. 정원을 만들어 세

연정이라는 정자도 세웠지요.

　그 후 윤선도는 병자호란 때 배를 돌린 일로 모함을 당해 또다시 유배를 가게 됐어요. 이듬해에 풀려난 그는 보길도에 머물며 〈어부사시사〉를 비롯한 많은 시조를 지었어요. 또 해남의 금쇄동에서 변치 않는 자연의 다섯 가지 벗인 물, 바위, 소나무, 대나무, 달을 노래한 〈오우가〉도 썼어요.

　윤선도는 제자였던 봉림대군이 효종이 되자 다시 벼슬길에 불려 나갔다가 또 한 번 당쟁에 휘말렸어요. 일흔 살이 훨씬 넘은 나이에 멀고 험한 유배 길을 떠나야 했지요. 먼 곳에서도 그는 늘 보길도를 그리워했어요. 보길도에는 모함도 당파싸움도 없었고, 사계절 아름다운 자연과 어우러진 한가하고 운치 있는 삶이 있었기 때문이에요. 오랜 세월 후 간신히 유배지에서 풀려난 그는 보길도 낙서재에서 생의 마지막을 보냈답니다. 윤선도는 정철, 박인로와 함께 조선의 3대 가인으로 꼽혀요. 또 시조의 윤선도, 가사의 정철을 우리 고전 시가의 양대 산맥이라고 부릅니다.

키워드로 살펴보기

#어부사시사　1651년 윤선도가 보길도에 머물며 지은 연시조예요. 계절마다 변화하는 어촌의 풍경과 어부의 흥취를 읊었지요. 고려

속요 〈어부가〉를 고쳐 지은 이현보의 〈어부사〉를 40수의 우리말 연시조로 다시 창작한 작품이에요.

#효종   조선의 제17대 왕인 효종은 인조의 둘째아들이에요. 봉림대군 시절 병자호란으로 청나라에서 8년간 볼모생활을 했어요. 형인 소현세자가 갑자기 세상을 떠나자 세자에 책봉되었어요. 왕위에 오른 후 은밀히 북벌계획을 수립하고 군제의 개편, 군사훈련의 강화 등에 힘썼어요. 하지만 그의 북벌정책은 안타깝게도 사대부의 반대로 추진되지 못했답니다.

한국 위인 064

진경산수화를 크게 발달시킨 조선의 화가
정선

"난 진짜 우리 산과 강을 그리고 싶네. 우린 우리만의 특색이 있지 않나."

조선의 화가인 겸재 정선의 말에 친구 이병연이 반가운 얼굴로 맞장구를 쳤어요.

"오, 나와 똑같은 생각을 하는구먼. 난 우리 정서가 담긴 우리 시를 쓰고 싶네."

뜻이 맞은 두 사람은 조선의 자연을 그림과 시로 표현하기 시작했어요.

임진왜란과 병자호란을 겪은 조선은 18세기 초반이 되자 안정을 되찾았어요. 퇴계와 율곡 등을 거치며 조선만의 성리학도 확립했지요. 문화적 자부심이 커진 조선의 선비들은 우리 고유의 것을 찾기 시작했어요. 그림도 마찬가지였어요. 이전에는 중국의 화법을 그대로 따라 그림을 그렸어요. 그림 속 자연과 사람도 모두 중국 것이었지요. 정선은 우리 것을 그리고 싶었어요. 그래서 전국의 산과 강을 직접 눈으로 확인하며 화폭에 담았어요. 그는 우리 자연의 실제 모습을 그린 진경산수의 대가였어요.

정선은 한양 인왕산 밑의 사대부 집안에서 태어났어요. 아버지가 일찍 돌아가시는 바람에 어린 나이에 소년 가장이 되어야 했지요. 그는 조선 고유의 문화를 중시했던 스승 김창흡에게 유학을 배웠어요. 함께 공부한 이병연과는 평생 친구가 되었답니다. 정선은 과거 공부보다 그림 그리기를 더 좋아했어요. 특히 서른여섯 살에 처음 가본 금강산은 그의 마음을 사로잡았어요. 그는 기회가 닿을 때마다 금강산을 그렸지요.

서른아홉이라는 늦은 나이에 관직에 나간 정선은 영조의 총애를 받았어요. 영조의 적극적인 후원으로 그는 벼슬을 맡은 고장마다 주변의 산천을 돌아보며 진경산수를 그렸어요. 청하현감으로 있던 쉰아홉 살에는 금강산 그림의 최고봉인 〈금강전도〉를 그렸지요. 몇 년 후 양천현령으로 임명되자 한강 주변의 경치를 묘사한 《경교명승첩》을 그리기 시작했어요. 이 그림첩에는 그림과 어우러진 이병연의 시가 함께 들어 있어요. 그림을 보내면 시로, 시가 가면 그림으로 답장을 하자던 두 사람의 약속이 명작을 만들었지요.

'이보게. 비 그치고 안개 걷혀가는 인왕산처럼 기운차게 병을 떨치고 일어나야지.'

그러나 오랜 세월을 함께한 친구와 헤어질 시간이 다가왔어요. 이병연이 병이 들었지요. 정선은 친구가 낫기를 바라며 젊은 날 함께 누볐던 인왕산을 그렸어요. 그 그림이 바로 정선의 대표작 중 하나인 〈인왕제색도〉예요. 비 온 뒤 아직 운무가 채 가시지 않은 신비하고 장대한 인왕산의 모습이 힘 있는 선으로 담겨 있답니다. 며칠 후 이병연은 결국 세상을 떠났어요.

정선이 친구를 위해 진심을 다해 그린 인왕산은 오늘날에도 숨을 쉬며 살아 있는 느낌을 주지요. 그리는 대상의 겉모습뿐 아니라 그 안에 살아 있는 기운까지 그림에 담았기 때문이에요. 그런 그림을 진경산수라고 해요. 정선은 아름다운 우리 산천의 기운과 함께 한층 더 나아가 바라보는 이의 마음까지 그린 진경산수를 완성했어요. 조선의 자연을 묘사하기에 알맞은 새로운 표현 기법도 만들어냈지요. 예를 들어 그는 밝은 바위색인 인왕산을 검은색으로 표현했어요. 그래서 한결 힘차게 보이지요. 그는 그처럼 독특한 방식으로 그림을 보는 이들에게 인왕산이 지닌 기상을 느끼게 했어요. 우리 그림 역사상 정선은 그림의 성인이라는 뜻의 '화성'으로 불린답니다.

키워드로 살펴보기

#진경산수화　우리나라 산천의 실제 경치를 소재로 그린 산수화예요. 조선 후기 겸재 정선에 의해 개척되어 한때 크게 유행했어요.

한국 위인 065
수학 실력으로 청나라 사신을 이긴 조선의 수학자
홍정하

"360명의 사람이 은 1냥 8전씩 내면 합계는 얼마인가?"

청나라 수학의 대가인 하국주가 물었어요. '작은 나라 백성 따위가 어디 계산이나 제대로 하겠어'라고 생각하는 눈치였지요. 조선의 수학자 홍정하는 의외였어요. 수학의 기초인 곱셈을 문제로 냈으니 말이지요. 그는 즉시 답했어요.

"답은 648냥이오."

그러자 하국주는 한층 어려운 방정식 문제들을 냈어요. 홍정하가 그 문제들마저 바로 풀어내자 그는 조선에 없는 새로운 측량 기구를 꺼내어 그 사용법을 설명했어요. 그런 후 문제를 냈지요. 처음 보는 기구지만 그 안에 담긴 수학 원리를 아는 홍정하는 또 정답을 맞혔어요. 젊은 그를 무시했던 하국주는 그제야 자세를 바로 하며 진지하게 홍정하와 그 일행을 대했어요. 이제 홍정하가 질문할 기회가 왔어요.

"알처럼 동그란 모양의 옥 안에 내접한 정육면체의 옥이 있습니다. 정육면체의 옥을 빼낸 껍질의 무게는 265근 15냥 5전이고 두께는 4치 5푼입니다. 그럼 동그란 옥의 지름과 내접하는 정육면체 옥의 한 변의 길이는 얼마입니까."

순간 하국주는 크게 당황했어요. 이 문제를 어떻게 풀어야 할지 난감한 표정이었어요.

"이 문제는 지금 당장 풀기는 어렵겠소. 내가 내일 답을 가져오리다."

그 자리를 모면한 하국주는 그다음 날도 답을 내지 못했어요. 그가 무시하던 작은 나라 조선의 한 수학자 앞에서 큰 나라인 청나라의 대 수학자 체면이 말이 아니게 됐지요.

조선 시대에는 수학을 산학이라고 했어요. 산학은 천문과 역법, 또 토지나 세금 계산 등에 필수였어요. 나라에서 산학을 교육하고 산학취재라는 시험을 통해 관리를 뽑았지요. 홍정하는 대대로 산학을 하던 중인 집안에서 태어났어요. 할아버지, 아버지, 형제들은 물론 외가, 처가 식구 등이 모두 산학 관리인 산원이었지요. 집안이 모두 수학을 잘했지만 그는 어릴 때부터 좀 더 특별했어요. 늘 어려운 문제를 물어봐서 온 가족이 쩔쩔 매며 푸는 적이 많았어요. 홍정하의 특기는 고차방정식 풀기였어요. 아무리 어려운 방정식이라도 수를 세는 나뭇가지인 산가지를 이용해 척척 풀어냈지요.

1713년 산학 관리였던 서른 살의 홍정하는 청나라의 유명한 수학자 하국주가 조선의 북극 고도를 측정하기 위해 사신으로 온다는 소식을 들었어요. 그 당시 청나라는 과학과 수학이 발달한 나라였지요. 앞선 수학을 배우고 싶었던 홍정하는 동료 수학자 유수석과 함께 한걸음에 청나라 사신을 만나러 갔어요. 그리고 당당한 실력대결을 통해 조선 수학을 무시하던 하국주를 혼내준 셈이에요. 그 일을 계기로 홍정하는 조선에 없던 서양수학 이론에 대해 공부할 수 있었어요. 또 하국주는 조선의 수준 높은 방정식 해법과 함께 계산 도구인 산가지를 얻어갔어요. 평생 수학을 연구하고 산학교수가 되어 학생들을 가르치던 홍정하는《구일집》이라는 수학책을 써서 조선 시대 우리 수학 발전에 크게 기여했답니다.

키워드로 살펴보기

#구일집　홍정하가 1724년 조선 경종 때 지은 수학책이에요. 방정식의 구성과 해법 등을 다루었어요. 중국 수학책에 그려진 마방진의 오류를 발견하여 바로잡은 내용과 중국 사신 하국주와 나눴던 수학 대담 이야기도 실려 있어요.

한국 위인 066
왕의 잘못을 바로잡고 백성들의 고통을 위로한 어사
박문수

"우리 집 개가 가서 잡았으니 저 여우는 내 거라구."

"무슨 소리야. 내가 덫을 놓지 않았으면 어떻게 여우를 잡았겠어?"

암행어사 박문수가 길을 가던 중 죽은 여우 한 마리를 놓고 서로 자기 것이라고 싸우는 두 사람을 봤어요. 박문수는 두 사람에게 이렇게 판결을 해주었지요.

"개는 고기를 먹으려 여우를 잡았겠고 덫을 놓은 이유는 여우 가죽을 얻기 위해서였을 것이오. 그럼 고기는 개 주인이 갖고 가죽은 덫을 놓은 사람이 가지면 되지 않겠소."

현명한 그의 판결에 두 사람은 바로 싸움을 멈추고 화해했답니다. 암행어사 박문수에 얽힌 이야기는 이밖에도 헤아릴 수 없이 많아요. 그런데 실제 역사 속의 박문수는 암행어사로 활동한 적이 없답니다. 어사로 파견되었을 뿐이에요. 어사란 왕이 특별한 임무를 주어 공개적으로 지방에 보내는 관리예요. 이에 비해 암행어사는 백성들을 괴롭히는 탐관오리를 찾아내어 벌주고 백성들의 고충을 파악하는 비밀 임무를 띤 관리지요. 그렇다면 왜 그는 어사가 아닌 암행어사로 널리 알려졌을까요.

박문수는 영조가 몹시 아끼던 신하였어요. 어린 시절 그는 친가의 어른들이 모두 일찍 돌아가시는 바람에 외가에서 자랐어요. 그 당시는 붕당정치가 한창이었지요. 벼슬자리에 나아간 그는 외가의 당인 소론에 속하게 되었어요. 소론은 숙종의 아들인 경종을 지지했어요. 반대파인 노론은 후에 영조가 된 연잉군을 왕위에 올리려 했지요. 경종이 왕이 된 후 연잉군은 왕위를 이을 왕의 동생인 세제로 책봉되었어요. 박문수는 세제인 연잉군의 교육을 맡았답니다. 영조를 밀어준 노론과는 반대편에 있었지만 그런 인연으로 평생 영조와 친한 사이로 지낼 수 있었어요.

"영남 지방에 흉년이 극심하니 어사가 되어 백성들을 구하도록 하라."

왕위에 오른 영조는 박문수에게 어명을 내렸어요. 박문수는 어사로 이곳저곳 누비며 백성들을 잘 보살피고 그들의 어려운 점을 척척 해결해주었어요. 그런 공으로 승진한 그는 평생 나라 살림과 국방 분야에 뛰어난 능력을 발휘했어요. 보통 사람은 상상하지 못하는 기발한 계획을 세우고 실행에 옮겨 성공시키곤 했지요. 한번은 북쪽 관아에 저축된 돈으로 쌀을 사서 남쪽 지방의 굶주린 백성을 구하기도 했어요.

박문수는 왕의 잘못에 대해서도 따끔한 말을 서슴지 않는 소신 있는 사람이었어요. 원수지간인 반대편 당의 사람이라 해도 옳다고 생각되면 편을 들었지요. 영조는 당파에 관계없이 인재를 쓰는 탕평책을 펼쳤어요. 당파보다 옳고 그름에 따라 행동하는 박문수는 영조의 마음에 꼭 맞는 신하였지요. 영조는 그가 세상을 떠나자 자신을 가장 잘 아는 사람이 죽었다며 몹시 슬퍼했어요.

강직한 성품으로 백성들의 배고픔과 어려움을 해결해준 박문수의 이야기는 사람들 사이에 널리 퍼졌어요. 백성들은 정의롭고 능력 있는 박문수가 탐관오리를 혼내주는 암행어사가 되어 자신들의 억울함을 풀어주었으면 하는 소망을 품었지요. 그래서 그가 주인공인 암행어사 이야기가 많이 만들어졌다고 해요.

키워드로 살펴보기

#암행어사 조선 시대에 왕명을 받고 비밀리에 지방에 파견되던 관리예요. 수령의 비리를 밝혀내어 벌주고 백성들의 어려움을 해결해주는 일을 했어요. 어사의 임무가 적힌 봉서와 참고할 규칙을 담은

사목, 말을 사용할 수 있는 마패, 죄인을 벌하는 형구의 크기나 도량형을 재는 자인 유척을 증표로 가지고 다녔지요.

#탕평책   조선 후기 영조와 정조가 당쟁을 해소하기 위해 당파간 정치세력에 균형을 꾀한 정책을 말해요. 당파에 치우치지 않고 골고루 인재를 등용하기 위한 정책인데 숙종이 처음 시행하고자 하였으나 여의치 않았지요. 영조가 탕평책을 실시했을 때도 당파의 대립은 그 기세가 쉽게 꺾이지 않았어요. 정조는 영조의 탕평책을 계승하여 노론과 소론은 물론 출신을 가리지 않고 인재를 등용해 많은 효과를 거두었답니다.

한국 위인 067

조선의 갈릴레이
홍대용

"애야, 드디어 네 평생소원이 이루어지게 됐구나. 내 이번에 나랏일로 청나라 연경에 갈 때 널 자제군관으로 삼아 데려가려고 한다."

"예에? 참말이옵니까? 작은아버님!"

조선 선비 홍대용은 뛸 듯이 기뻤어요. 그 당시 선비라면 모두 꿈꾸던 연경 여행을 가게 되었거든요. 연경은 북경의 옛 이름이에요. 그는 가슴이 설레어 잠이 오지 않았어요.

홍대용은 담헌이라는 호를 썼어요. 조상 때부터 높은 벼슬을 해온 좋은 가문 출신이에요. 학문에 대한 호기심이 강했던 그는 벼슬에 나가기 위한 과거 준비보다는 무엇이든 탐구하는 걸 더 좋아했어요. 또 이전의 지식을 의심하고 비판하며 새로운 사상과 학문을 인정할 줄 아는 열린 생각을 지니고 있었어요. 거문고를 배우며 다양한 음악에도 관심을 갖게 된 그는 서양의 악기를 개

조해 연주법을 창안했어요. 천문과학에도 남다른 관심이 있었지요. 아버지가 나주목사로 부임했을 때 나경적이라는 과학자를 찾아가 함께 새 기술을 이용하여 천문관측기구인 혼천의를 만들었어요. 자신의 집에 농수각이라는 천문관측소를 만들어 하늘을 관찰하기도 했지요.

홍대용은 서른다섯 살 되던 1765년, 중국에 사신으로 가는 작은아버지를 수행해서 연경에 다녀왔어요. 이때의 경험은 홍대용에게 큰 깨달음을 주었어요. 그곳에서 지내는 동안 그는 천주교 신부 등과 만나 서양의 과학이 얼마나 발전했는지 보고 들었어요. 마음 맞는 청나라 선비들과 사귀며 그들의 생각도 알 수 있었지요. 홍대용은 연경에서 경험한 것을 한문 여행기인《담헌연기》와 한글 일기인《을병연행록》으로 남겼어요. 이 책들은 그와 친한 박지원, 박제가, 이덕무 등에게 큰 영향을 끼쳤답니다. 나중에 이들은 청의 기술과 학문을 받아들이자고 주장한 실학자 무리인 북학파를 형성했어요.

홍대용은 여행을 통해 깨달은 사상을《의산문답》이라는 과학 소설에 담았어요. 30년간 책만 읽어 세상을 다 안다고 생각했던 주인공 허자는 서양의 과학기술을 배워 실제 세상에 필요한 지식을 지닌 실옹을 만나 문답을 나누며 자신의 어리석음을 깨닫게 돼요. 책 속에서 홍대용은 지구가 돈다는 지전설을 주장했어요.

"지구는 고정된 게 아니라 돌기 때문에 어느 한 나라가 중심이 될 수는 없지. 중국에서는 중국이 중심이지만 서양에서는 서양이, 우리나라에서는 우리가 중심인 거야."

홍대용의 이런 생각은 그때까지 동아시아를 지배한 중국 중심의 세계관을 허물어뜨린 파격적인 주장이었어요.

예로부터 중국은 자기 나라가 세상의 중심이고 나머지 나라는 오랑캐라 여기는 중화사상에 젖어 있었어요. 중국의 유교 사상을 이어받은 조선의 선비들도 같은 생각을 했지요. 그런데 홍대용은 세상 사람들이 오랫동안 사실로 믿어온 것을 한번에 뒤집어버렸어요. 마치 서양의 갈릴레이가 '달과 태양, 행성 들은 지구를 중심으로 돈다'는 사람들의 고정관념을 깨뜨리고 '지구가 태양 주위를 돈다'는 지동설을 널리 알린 것과 비슷한 경우예요. 그래서 실학자인 홍대용을 조선의 갈릴레이라고 부른답니다.

키워드로 살펴보기

#실학 실생활에 도움이 되는 실용적인 학문을 말해요. 조선 후기 유학자들 사이에서 현실과 동떨어진 성리학에 대한 반성으로 등장했지요. 실학자들은 토지제도와 국가제도를 개혁하거나, 상공업과 기술발전을 중시하고, 객관적 사실을 통한 진리 탐구 자세를 요구하는 등 현실을 개혁하기 위한 서로 다른 방법의 다양한 주장을 펼쳤어요.

한국 위인 068
청의 학문과 기술을 배워 강한 조선을 만들자던 북학파
연암 박지원

'옛 시와 문장을 깨알같이 베껴 쓰되 한 줄에 백자씩 쓴다. 손에 돈을 잡지 말고, 쌀값을 묻지 말며, 더위도 버선 벗지 말고, 맨상투 바람으로 밥 먹지 말고, 밥보다 먼저 국 먹지 말고, 후루룩 소리 내어 마시지 말고, 젓가락으로 방아 찧지 말고….'

조선 시대에 양반이 되기 위해서는 이렇게 까다로운 일을 해내야만 했대요. 박지원의 한문 소설인 《양반전》에 나오는 내용이에요. 소설 속에서 돈으로 양반을 사려 했던 평민 부자는 이런 말을 듣자 차라리 양반을 포기하고 말겠다고 하지요.

박지원은 명문 양반가에 태어났지만 아버지가 벼슬을 하지 않아 집안이 가난했어요. 그는 신분이 낮은 이웃 사람들과 가까이 지내며 그들의 애환을 엿볼 수 있었지요. 그의 눈에 어려운 백성들을 구제할 생각은 않고 허례허식에만 빠져 있는 양반은 정말 한심해 보였어요. 그래서 양반 사회의 모순을 풍자한 《양반전》을 지었답니다.

　종로 탑골의 백탑 부근으로 이사 간 박지원은 이웃에 살던 이덕무 등과 함께 학문과 사상을 나누며 시를 짓는 모임인 백탑시사를 결성했어요. 유득공, 박제가, 홍대용도 이 모임에 속했지요. 백탑파라고 불리던 이들은 다른 양반들과는 생각이 달랐어요. 그 당시 조선 선비들은 여진족이 세운 청나라를 오랑캐라며 무시했어요. 병자호란 때 인조가 청나라에 항복한 치욕을 겪은 탓에 그들에 대한 복수심도 가득했지요. 그러나 백탑파는 청나라가 밉다 해도 조선보다 발전된 그들에게서 배울 건 배우자는 생각이었어요.

　1780년 박지원은 청나라 건륭황제의 일흔 살 생일축하사절로 가는 팔촌 형을 수행하게 되었어요. 박지원은 연경에 이어 황제의 별궁이 있는 열하까지 다녀왔는데, 그 일은 그의 인생을 바꿔 놓았지요. 그때 청나라는 최고의 전성기를 누리고 있었어요. 그들이 세계 각국과 교류하며 발전한 모습을 실제로 본 박지원은 큰 충격을 받았어요.

　한양에 돌아온 박지원은 연경과 열하에서 보고 겪은 것들을 적은 《열하일기》를 썼어요. 《열하일기》는 청나라의 정치, 경제, 사회, 문화는 물론 학문과 문학의 새 경향, 사람들의 모습 등이 모두 담긴 기행문이에요. 소설 〈허생전〉과 〈호질〉도 들어 있지요.

책 속에서 박지원은 나라를 부강하게 만들고 백성들을 잘살게 하려면 청에 대한 편견에서 벗어나 그들의 앞선 문물과 학문을 배워야 한다고 주장했어요. 또 무엇보다 상업과 공업을 발전시켜야 한다고 했지요. 이를 북학 사상이라고 해요. 실학자 중 이런 주장을 펼친 일파를 북학파라고 불러요. 박지원은 북학파를 이끄는 스승이었어요.

쉰 살이 넘어 벼슬자리에 나간 박지원은 경상도 안의현감을 맡게 됐답니다. 그에게는 북학 사상을 실천할 좋은 기회였지요. 그는 백성들의 실생활에 청나라의 실용적인 제도와 문물을 도입했어요. 바람을 일으켜 곡식 속의 티를 날리는 풍구나 물레방아 같은 농기계를 만들어 쓰게 하고 농사에 청나라의 개량 농법을 적용했지요. 담을 쌓을 때도 청나라처럼 벽돌을 사용했어요. 후일 이때의 농사 경험을 되살려 《과농소초》라는 농서를 짓고 토지제도의 모순을 바로잡을 방법도 내놓았지요. 박지원의 북학 사상은 제자인 박제가 등에게 이어지며 조선 후기 개혁정책에 많은 영향을 주었답니다.

키워드로 살펴보기

#북학파   청의 학문과 기술, 제도 등을 받아들여 조선의 뒤떨어진 경제와 사회를 개혁하자고 주장한 실학자들을 일컫는 말이에요.

한국 위인 069 | 큰돈을 벌어 굶주린 백성을 구한 제주 상인
김만덕

조선 정조 때인 1795년, 태풍과 폭우가 제주 땅을 휩쓸고 지나갔어요. 익어가던 곡식들이 모두 물에 잠겨버렸지요. 마을 사람들은 땅바닥에 주저앉아 통곡했어요.

"엉엉 하늘도 무심하시지. 일 년 내내 고생고생해서 키워놨더니 싹 쓸어가버렸네."

"올겨울은 또 무엇으로 버티나. 이젠 소도 닭도 다 잡아먹고 아무것도 없는데."

말을 타고 지나가던 한 여인이 멈춰 서서 그 모습을 안타깝게 바라보았어요. 그녀는 김만덕이라는 큰 상인이에요. 제주 사람들은 벌써 4년째 큰 기근에 시달리고 있었어요. 마을 사람 600여 명 중 80명이 굶어 죽은 곳도 있었답니다. 만덕의 얼굴엔 굳은 결심이 엿보였어요. 집으로 돌아온 그녀는 하인들에게 일렀어요.

"가진 돈 모두를 줄 터이니 육지의 쌀을 사도록 해라. 그중 약간은 배고픈 친척들에게 나눠주고 나머지는 전부 관가로 보내 못

먹고 죽어가는 백성들을 구해야겠다."

  만덕은 평생 동안 모아온 전 재산을 내놓은 거예요. 그녀는 어릴 때 부모님을 여의었어요. 본래 양인 출신이지만 먹고살기 위해 어쩔 수 없이 천민인 관가의 기생이 되었지요. 어떻게든 가난에서 벗어나고 싶었던 그녀는 안 먹고 안 쓰며 돈을 모았답니다. 돈이 조금 모이자 만덕은 물건을 많이 사들여 쌓아놨다가 귀해지면 내다 파는 방법으로 재산을 불렸어요. 육지의 쌀과 소금을 사서 되팔거나 말총, 전복, 귤 같은 제주 특산물을 육지 상인들에게 공급하여 큰돈을 모았다는 이야기도 있지요.

  만덕이 베푼 쌀로 제주 사람 수천 명이 굶어 죽을 위기를 넘겼어요. 만덕의 미담은 임금님에게까지 전해졌답니다. 왕은 제주목사를 통해 그녀의 소원을 물었어요.
  "쉰네는 한양 땅과 금강산을 한 번 구경해보는 게 소원이옵니다."
  만덕이 말한 소원은 쉽게 이루어질 수 있는 게 아니었어요. 그 당시는 제주도 사람이 육지로 오는 것이 국법으로 금지되어 있었거든요. 섬 인구가 줄어드는 걸 막기 위해서였지요. 하지만 왕은 특별히 허락해주었어요. 그녀에게 의녀반수라는 벼슬도 내렸답니다. 그녀가 한양에 도착하자 벼슬 높은 사람들과 학자, 문인들은 만덕을 한 번 만나보고 싶어 난리가 났어요. 또한 수많은 사대부가 그녀의 선행을 칭송하는 글을 썼어요. 당시 좌의정이던 채제공은 그녀의 전기인 《만덕전》을 쓰기도 했지요.

대궐에 들어가 왕과 왕비까지 알현한 만덕은 왕의 배려로 가마를 타고 가는 곳마다 관가의 융숭한 대접을 받으며 금강산을 유람하고 돌아왔어요. 이처럼 상인 김만덕은 여성의 사회적 지위가 낮았던 조선 시대에 큰돈을 벌어 선행한 것으로 이름을 떨쳤어요. 비록 가난한 집에 태어나는 등 타고난 환경이 어려워도 노력하면 못 이룰 일이 없는 거예요.

키워드로 살펴보기

#삼종지도 #칠거지악 조선 시대 후기에는 여성의 사회적 지위가 무척 낮았어요. 삼종지도는 여자가 따라야 할 세 가지 도리라는 뜻이에요. 어릴 때는 아버지를, 결혼해서는 남편을, 남편과 사별하면 아들을 따라야 한다고 했지요. 칠거지악이라 하여 아내가 일곱 가지 경우의 나쁜 일을 저지르면 남편이 내쫓을 수도 있었어요.

| 한국 위인 070 | 조선의 그림 천재
김홍도 |

 조선 시대 서당 안은 어떤 모습일까요. 〈서당〉이라는 그림에서 당시의 모습을 엿볼 수 있어요. 사방관을 머리에 쓴 훈장님 양쪽에 학생들이 나란히 앉아 있어요. 책상 없이 방바닥에 책을 펼쳐 놓았네요. 시험은 그동안 배운 한자를 훈장님 앞에 나가 외워야 했어요. 만일 다 못 외웠으면 회초리로 종아리를 맞곤 했답니다. 옛날에는 사진이 없었기에 사람들의 일상생활과 풍습을 그린 풍속화를 통해 어떻게 살았는지를 알 수 있어요. 이 그림을 그린 김홍도는 풍속화로 유명한 조선 후기의 화가랍니다.

 중인 출신인 김홍도는 어린 시절부터 그림 솜씨가 뛰어났어요. 일곱 살 무렵부터 그 당시 유명한 화가인 강세황에게 그림을 배웠어요. 김홍도는 일찌감치 궁중 화가인 도화서의 화원이 되었어요. 화원들 중에서도 왕의 초상화인 어진을 그리는 어용화사는 최고의 실력자로 꼽혔어요. 김홍도는 어진을 세 차례나 그릴 정도로 이름을 날렸지요.

   정조는 세손 시절 자신의 초상화를 그린 김홍도의 솜씨에 놀라, 그가 마음껏 그림을 그릴 수 있게 도왔어요. 나라의 중요한 행사 그림은 모두 김홍도에게 맡겼지요. 백성들의 모습을 담은 그의 풍속화도 몹시 마음에 들어 했어요. 김홍도는 서당을 비롯하여 씨름하는 사람들, 대장간, 새참 먹는 사람들 등 다양한 모습을 그렸어요. 그림 속 사람들은 저마다 표정이 달라요. 살아 있는 듯 생생하지요. 그림만 봐도 그 안에서 어떤 일이 벌어지는지 알 수 있을 만큼 재미있는 이야기가 담겨 있답니다.

   김홍도는 어진을 잘 그린 상으로 충청도 연풍현감이 되었어요. 현감은 작은 고을을 다스리는 원님이에요. 중인 신분으로 오를 수 있는 최고 벼슬이었지요. 그러나 그에겐 정치가 적성에 맞진 않았어요. 결국 벼슬을 빼앗긴 그는 그림에 열중하며 자신만의 화풍을 완성해갔어요. 1795년에는 화성에서 열린 혜경궁홍씨의 회갑연 행사를 기록한 책 《원행을묘정리의궤》의 그림 작업을 맡아 그만의 개성이 잘 나타나게 표현했어요.

   김홍도는 풍속화만 잘 그린 게 아니랍니다. 산수화, 초상화는 물론 신선을 그린 그림과 불화에서도 실력을 발휘했어요. 꽃, 새, 벌레, 물고기 등 무얼 그려도 신의 손 같은 솜씨였어요. 그래서 조선 시대 그림의 깊이를 더하고 폭을 넓혔다고 평가되지요.

그는 얼굴이 맑고 마음 씀씀이가 넓으며 속세의 때가 묻지 않은 신선 같은 사람이었다고 해요. 그림뿐 아니라 시도 잘 짓고 음악적인 재능도 뛰어났지요. 그가 나이 들고 가난한 때의 일이에요. 그림을 그려주고 3천 냥이 생겼답니다. 그 돈이면 쌀과 땔감을 실컷 살 수 있었어요. 하지만 그는 2천 냥이나 하는 매화나무가 사고 싶어 견딜 수가 없었어요. 그래서 매화나무를 샀지요. 나머지 돈 중 800냥으로는 술을 사고 친구들을 불러 함께 매화를 감상했어요. 그 덕분에 남은 돈이 조금밖에 없어 여전히 배고픈 날을 보내야 했지요. 예술가의 삶이란 보통 사람들이 살아가는 방식과는 다를 수도 있어요. 돈이나 명예에 관심이 없고 아름다움 하나에만 눈길이 가기 때문이에요. 그림에 미친 김홍도 역시 아름다움을 사랑하는 마음이 더 컸답니다. 돈은 없었지만 다른 이들보다 아름다움을 더 많이 보고 즐길 줄 아는 마음 부자였지요.

키워드로 살펴보기

#도화서 조선 시대, 그림에 관한 일을 맡아본 관청이에요. 도화서에 속한 화가를 화원이라 했지요. 도화서 화원은 국가의 중요행사를 기록하는 의궤의 그림을 맡거나 어진 등을 그렸어요.

한국 위인 071 — 상인을 천시하던 조선에서 상업의 중요성을 외친 실학자 **박제가**

"부자 나라가 되려면 청나라를 배척할 게 아니라 본받아야지. 그들처럼 상업을 장려하고 닫힌 문을 열어 외국과 무역을 해야 해. 신분 차별을 없애고 놀고 있는 양반들도 상업에 종사시켜야 뒤떨어진 조선 사회가 발전할 수 있어."

조선 시대는 상업을 천시하고 신분을 중요하게 여겼어요. 그런데 이처럼 파격적인 주장을 펴서 논란을 일으킨 사람이 있지요. 그는 초정 박제가예요.

박제가는 조정의 높은 관리인 아버지와 그의 셋째 부인인 어머니 사이에서 태어난 서자예요. 그는 어린 시절부터 시와 문장을 잘 지었어요. 옛것을 그대로 따르기보다 스스로 느낀 것을 자신만의 글로 표현했어요. 글씨와 그림 솜씨도 뛰어났지요. 그러나 열한 살 때 아버지가 돌아가시자 어머니가 삯바느질을 해서 먹고 살아야 할 만큼 가난했어요. 게다가 조선 시대는 서얼에 대한 차별이 심했어요. 서얼은 과거도 볼 수 없었지요. 그는 관리로 성공해서 뜻을 펼치겠다는 꿈을 일찌감치 접어야 했어요. 그에게는 백탑 주변에 살던 문인들의 모임인 백탑시사가 유일한 돌파구였어요.

"오 자네가 바로 초정이구먼. 어서 오게."

열아홉 살이었던 박제가가 처음 찾아갔을 때 박지원은 버선발로 뛰어나와 그를 반갑게 맞아줬어요. 직접 따뜻한 밥을 지어주며 정성껏 대접했지요. 그는 박지원이 아끼는 제자가 되었어요. 그들이 함께한 백탑시사는 양반과 서얼이 차별 없이 어울리는 자유로운 모임이었어요. 사람들은 그들을 백탑파라고 불렀답니다. 박제가는 같은 처지인 서얼들과 울분을 나누고 양반과도 학문을 논하며 자신의 재능을 활짝 꽃피웠어요. 친구를 유난히 좋아했던 그는 이덕무와 평생지기가 되었지요. 다른 백탑파 회원들처럼 박제가 역시 홍대용의 연경 기행문을 읽으며 청나라 학문인 북학에 빠져들었어요.

백탑시사에서 학문과 문장력을 쌓던 그에게 뛸 듯이 기쁜 소식이 들렸어요. 왕위에 오른 정조가 1777년 서얼의 관직 진출을 허용하는 서류허통절목을 반포한 것이지요. 실력을 갖춘 박제가는 바로 과거에 응시했고 그다음 해에는 이덕무와 함께 청나라 사은사 일행이 되어 연경을 방문했어요. 청나라의 발전상에 놀란 그는 귀국길에 《북학의》를 써서 자신만의 북학사상을 펼쳤답니다.

정조는 재능 있는 서얼을 뽑아 관리로 임명했어요. 박제가는 이덕무, 유득공 등과 함께 규장각의 관리로 뽑혔어요. 규장각은 도서관이자 학문과 정책을 연구하는 기관으로, 정조의 개혁정치를 뒷받침했지요. 정조는 규장각 신하 중 특히 박제가를 아꼈어요.

그런데 상업을 중시하고 신분제를 없애려던 박제가의 주장은 갑작스런 변화를 싫어하는 반대파의 미움을 샀어요. 박제가를 감싸주던 정조가 승하하자 그는 모함을 받아 유배를 가게 되었어요. 그리고 돌아온 지 얼마 되지 않아 세상을 떠났답니다. 시대를 한참 앞서 있던 그의 뜻은 결국 실현되지 못했어요. 하지만 스승 박지원의 사상을 한층 발전시킨 그의 개혁 사상은 규장각 후배인 정약용과 제자인 추사 김정희에게 이어지며 조선 후기 사회에 근대적인 학문과 사상을 전하는 징검다리가 되었어요.

키워드로 살펴보기

#이용후생 학문은 백성들을 부유하게 하고 일상을 편리하게 만들어야 한다는 주장이에요. 홍대용, 박지원, 박제가 등 북학파 실학자들을 이용후생학파라고 부르지요. 상공업을 중시하여 중상학파라고도 해요.

| 한국 위인 072 | 효심 지극하고 백성과 인재를 아낀 개혁 군주
정조 |

"세손, 새벽에 너무 일찍 일어나면 건강이 상하지 않겠소."

혜경궁 홍씨는 어린 정조가 매일 새벽같이 일어나 책을 읽는 게 안쓰러웠어요. 어머니의 걱정을 들은 정조는 그다음 날부터 등불을 가리고 몰래 책을 보았지요. 그는 아기 때부터 책을 좋아했어요. 할아버지 영조는 그런 손자를 몹시 귀여워했어요. 총명한 정조는 영조가 무엇을 묻든 척척 이치에 맞는 답을 했어요. 그뿐 아니라 마음가짐과 몸가짐이 바르고 겸손하며 사치를 멀리했지요. 백성들이 굶주린다는 말을 듣자 고기반찬을 먹지 않은 적도 있답니다. 왕이 될 만한 재목이었지요.

그러나 정조는 열한 살 때 슬픈 일을 당했어요. 할아버지의 노여움을 산 아버지 사도세자가 뒤주에 갇혀 죽은 거예요. 왕가의 사돈이거나 외가인 노론 당파의 척신들은 반대파인 소론의 편을 들던 사도세자가 역모를 꾸몄다고 부추겼어요. 그 일로 정조는 왕이 되기 전까지 힘든 일을 많이 겪었지요. 노론 척신들은 정조가 왕이 되면 사도세자의 일로 복수를 할까 봐 두려워했어요. 그래서 아버지가 죄인으로 죽었으니 왕이 될 자격이 없다고 주장했지요. 정조는 할 수 없이 죽은 큰아버지 효장세자의 양자가 되어야 했어요. 하지만 노론은 영조가 정조에게 임금의 역할을 대신하는 대리청정을 시키려 했을 때도 드러내놓고 반대를 했어요. 정조의 숙소를 염탐하여 흠집을 잡으려고도 했지요.

정조는 그런 세월을 공부로 이겨냈어요. 새벽닭이 울 때까지 밤을 새워 책을 읽었지요. 높은 학문을 쌓은 그는 문화로 나라를 다스리고 제도를 개혁하여 모든 백성을 편안하게 잘 살도록 만들겠다는 큰 꿈을 꾸었어요.

정조는 즉위하자마자 홍국영을 통해 나라를 어지럽히던 척신 세력을 없애고 왕권을 강화했어요. 할아버지를 본받아 신하를 골고루 쓰는 탕평책도 실시했지요. 규장각을 설치하여 인재를 키우고 조선의 문화 발달을 꾀하며 백성들을 잘살게 할 정책을 논의하는 기관으로 삼았지요. 그와 함께 백성을 위한 개혁을 본격적으로 실시했어요. 서얼도 과거를 볼 수 있게 하는 법을 공표하고 일반 백성도 물건을 팔 수 있도록 금난전권을 없앴어요. 금난전권은 나라의 허가를 받은 상점인 육의전과 시전이 아무나 장사를 못 하게 막는 특권이에요.

그러자 권력을 잃은 노론 척신들의 저항도 만만치 않았어요. 틈만 나면 정조를 죽이려 했지요. 암살 위기를 여러 번 모면한 정조는 자신을 지키고 반란을 잠재우려 친위부대를 만들었어요. 이 부대는 훗날 크게 확대되며 장용영이라는 이름으로 불렸어요.

정치가 순조로워지자 정조는 아버지 사도세자의 명예를 회복시켰어요. 수원 화성에 큰 능을 만들어 아버지의 묘를 옮겼답니다. 그와 함께 화성을 개혁 신도시로 만들었어요. 정약용 등 자신이 기른 인재들에게 맡겨 새로운 기술로 성을 지었지요. 그리고 선진 농법을 도입하고 백성들의 자유로운 상업이 가능하도록 했어요. 안타깝게도 정조가 갑자기 승하하면서 그가 추진한 정책들은 모두 물거품이 되었어요. 하지만 그가 키운 인재와 개혁정책은 조선의 근대 사회 문화 발전에 큰 역할을 했어요. 그가 다스렸던 시기는 조선의 문화를 다시금 크게 꽃피웠던 문예부흥기라고 일컬어집니다.

키워드로 살펴보기

#규장각 1776년 조선 정조 때 창덕궁 후원에 만든 왕실 도서관이에요. 학문과 개혁정책을 연구하고 논의했으며 활자를 만들어 수많은 책을 간행했어요. 또 젊은 관리들을 뽑아 왕이 직접 교육하는 교육기관의 역할도 했지요.

한국 위인 073
귀양살이하며 실학을 집대성한 학자
다산 정약용

"수많은 사람이 한꺼번에 건널 만큼 튼튼한 배다리를 만들 수 있겠는가?"

효자 왕 정조는 아버지 사도세자가 묻힌 수원의 현륭원에 매년 방문할 계획을 세웠어요. 그 기회에 백성들을 만나 그들의 고충도 직접 해결해주고 싶었지요. 그런데 수원까지 가려면 한강을 건너야만 했어요. 왕을 따르는 사람과 말 등이 건널 엄청난 크기의 배다리가 필요했지요. 배다리는 수십 척의 배를 잇대어 놓고 그 위에 널판을 깔아 만든 임시 다리예요. 정약용은 웃음을 띠며 말했어요.

"심려 마십시오, 전하. 소신이 꼼꼼하게 계책을 세워보겠습니다."

정약용은 서양과 중국의 기술도 참고하고 강물의 흐름 등을 고려하여 과학적으로 다리를 설계했어요. 그 결과 강물에 떠내려가지 않으면서 나무 바닥 위에 흙이 깔려 있고 난간을 단청으로 장식한 튼튼하고 보기 좋은 배다리가 완성되었어요. 정조는 전보다 더 편하게 강을 건널 수 있었지요.

어릴 때부터 신동 소리를 들었던 정약용은 십 대 중반에 성호 이익의 책을 읽으며 실학에 눈을 떴답니다. 이익은 이론에 치우친 주자학보다 현실에 도움이 되는 학문을 해야 한다고 주장했어요. 그때부터 정약용은 실학을 통한 조선의 개혁을 꿈꾸게 되었어요. 재능이 뛰어난 그는 일찌감치 정조의 눈에 띄었어요. 성균관 유생 때 치른 시험에서 매번 일등을 한 정약용은 왕에게 불려가 칭찬과 함께 상으로 책과 종이, 붓을 받곤 했지요. 정조는 그가 얼른 과거의 최종관문을 통과해 조정에 들어오길 기다렸어요. 스물여덟 살에 드디어 과거에 급제한 정약용은 규장각에서 왕에게 직접 가르침을 받는 초계문신으로 뽑혔어요. 그리고 그해 겨울, 한강에 놓을 배다리 설계를 맡았지요. 그 일을 무사히 마친 정약용은 정조의 신임을 얻게 됐어요. 그는 박제가 등과 함께 정조의 측근이 되어 여러 벼슬을 맡으며 자신의 능력을 맘껏 발휘했어요.

"화성을 세워 남쪽의 요새로 삼고 왕도정치가 이루어지는 개혁 도시를 만들겠다."

정약용은 그런 정조의 뜻에 따라 화성을 설계하고 공사를 이끌었어요. 그는 도르래의 원리를 이용한 거중기를 발명하여 무거운

돌을 날랐지요. 그 덕분에 성 짓는 비용을 절약하고 더 빨리 성을 완성할 수 있었어요. 정약용의 실학 지식과 당시의 첨단 기술이 총동원되어 지어진 화성은 아름답고 튼튼한 조선 후기의 대표적인 성이 되었어요.

정약용은 스물셋 나이에 천주교인 서학에 잠시 빠져든 적이 있어요. 나중에 관계를 끊었지만 노론 벽파들은 주자학을 해치는 나쁜 학문을 했다며 그를 공격했지요. 그때마다 정조는 정약용을 감싸줬어요. 그러던 어느 날 정약용은 하늘이 무너지는 소식을 들었어요. 정조가 갑자기 승하한 거예요. 보호해주던 울타리가 없어진 정약용은 유배를 당해 무려 18년 동안이나 먼 남쪽 강진에서 살았어요. 그 긴 시간 동안 그는 자신의 개혁 사상을 뒷받침할 학문을 연구했답니다. 자신이 머물던 다산을 호로 삼은 정약용은 다산초당에서 제자들과 함께 날마다 토론하고 글을 썼어요. 유배가 풀리고도 공부를 계속한 끝에 조선의 실학을 집대성하기에 이르렀지요. 그는《경세유표》,《목민심서》,《흠흠신서》등 평생 수백 권의 책을 지었어요. 조선의 제도를 개혁하고 백성을 근본으로 여기는 정치를 실현하려 했던 정약용은 그야말로 조선의 대표적인 실학자이며 개혁가랍니다.

키워드로 살펴보기

#경세치용 학문은 세상을 다스리는 데 이익을 주어야 한다는 주장이에요. 실학자 중 유형원, 이익, 정약용 등을 경세치용학파라고 해요. 토지제도 개혁과 농민을 중시하여 중농학파라고도 부르지요.

#목민심서 정약용이 고금의 여러 책에서 지방관의 사적을 가려 뽑아 치민에 대한 도리를 논술한 책이에요. 지방관이 지켜야 할 지침과 지방 관리들의 폐해를 비판한 내용이 담겨 있어요.

한국 위인 074
학문과 예술에 모두 뛰어났던 학자이자 서예가
추사 김정희

'평생 열 개의 벼루를 갈아 구멍 내고 천 개의 붓을 닳게 만들었다.'

얼마나 많이 썼으면 붓과 벼루가 그렇게 닳았을까요. 이 이야기의 주인공은 조선 후기 학자이자 서예가인 김정희예요. 추사 또는 완당이라는 호로 알려져 있지요.

추사 김정희는 어릴 때부터 학문과 그림, 글씨에 재능이 뛰어났어요. 겨우 일곱 살 때 입춘을 맞으려고 대문에 써 붙인 그의 글씨는 여러 사람을 놀라게 했답니다. 재상 채제공은 "이 아이는 반드시 명필로 이름을 떨칠 것이오"라고 예언했어요. 박제가는 자신이 직접 아이를 가르치겠다고 나섰지요.

김정희는 자라서 정말로 박제가의 제자가 되었어요. 스승이 들려준 청나라 이야기는 그에게 넓고 발전된 세상에 대한 꿈을 키위주었지요. 그가 스물네 살 때 드디어 꿈을 이룰 기회가 다가왔어요. 청나라 사절단으로 연경에 가는 아버지를 수행하게 된 거예요. 김정희는 연경에 머물며 청나라의 유명한 학자이며 서예가인 옹방강과 완원을 만났어요. 그리고 그들에게 서법과 금석학, 고증학에 대한 가르침을 받았답니다.

그 당시 청나라는 실제 사실에 바탕을 두어 진리를 얻는 고증학이 크게 발달했어요. 이에 김정희는 철저한 고증을 바탕으로 금석학에 파고드는 실학의 학풍을 갖게 되었고요. 금석학은 옛 비석이나 유물에 새겨진 글씨를 연구하는 학문이에요. 앞선 실학자들은 사회 개혁에 관심을 두었지만 그는 학문하는 방법을 고쳤어요. 사실에 비추어 증명하는 방식으로 옛 비문을 해석했거든요. 그 결과 1816년, 북한산 비봉 정상의 비석이 신라 시대에 만들어진 진흥왕순수비임을 알아내는 큰 성과를 얻었지요.

김정희는 높은 벼슬을 맡아 청나라 학자들과 교류를 이어갔어요. 제자도 많이 키웠지요. 그러나 쉰다섯 살 되던 해 당파 싸움에 휘말리며 제주도에서 귀양살이를 하게 되었어요. 그는 숭숭 갈라진 초가집 벽 틈으로 '휘이잉, 휘이잉' 소리 내며 새어드는 제주의 혹독한 겨울바람을 견뎌야 했어요. 가끔씩 친구 초의선사나 제자 허련이 방문한 일을 빼면 육지의 가족과 친구에게서 오는 편지가 유일한 위안이었지요. 그는 돈도 권력도 모두 잃은 자신에게 의리를 지키는 사람들이 고마웠어요. 사람의 본심은 어려운 때를 당해보아야 비로소 드러난다는 걸 알게 되었지요.

어느 날 김정희는 연경에서 귀한 책을 보내온 제자 이상적에게 자신의 마음을 전하고 싶었어요. 가진 거라곤 먹과 붓, 종이뿐이던 그는 문득 붓을 들어 겨울 추위에 서 있는 소나무와 잣나무를 그렸어요. 그리고 '날이 추워진 후에야 소나무와 잣나무가 늦게 시드는 것을 안다'는 《논어》의 한 구절을 그림 옆에 적어 이상적에게 보냈답니다. 이 작품이 바로 유명한 〈세한도〉예요.

김정희는 9년 남짓한 유배 기간 동안 끊임없이 학문과 예술을 닦았어요. 붓과 벼루가 다 닳을 정도의 치열한 노력 끝에 자신만의 글씨체인 추사체를 완성하였지요. 그는 평소 가슴속에 높은 뜻을 지니고 책을 많이 읽어야 글씨와 그림에 문자의 향기와 책의 기운이 배어난다고 가르쳤어요. 또 기본에 충실하되 얽매이지 말라고 했지요. 그래서 추사체에는 김정희의 드높은 선비정신, 학문과 사상, 법을 지키지만 그에 얽매이지 않는 자유로운 예술혼과 아름다움을 보는 높은 경지가 모두 깃들어 있답니다.

키워드로 살펴보기

#실사구시　사실에 기초하여 진리를 찾는다는 뜻이에요. 김정희를 비롯해 정확한 고증을 통한 학문 연구를 주장한 실학자들을 실사구시학파라고 해요.

한국 위인 075

김삿갓으로 유명한 방랑시인

김병연

"어머니, 소자 향시에 장원으로 뽑혔사옵니다."

"오, 장하다 얘야. 아버님이 살아 계셨다면 얼마나 기뻐하셨을꼬."

김병연이 과거에 일등으로 붙었다는 소식을 듣자 어머니는 기쁨의 눈물을 흘렸어요.

"그래, 어떤 내용을 썼더냐. 이 어미도 한 번 보자꾸나."

병연의 글을 살피던 어머니가 갑자기 통곡하기 시작했어요. 병연은 영문을 몰라 어머니를 바라봤어요. 이들에겐 무슨 사연이 있는 걸까요.

김병연은 어릴 때부터 총명하고 시를 잘 지었어요. 그는 언젠가 높은 벼슬을 해서 집안을 일으켜 세우겠다는 꿈을 갖고 열심히 글공부를 했어요. 스무 살 되던 해 그는 드디어 영월에서 열린 향시에 응시했어요. 시험 문제는 '홍경래의 난 때 싸우다 전사한 가산군수 정시의 충절을 찬양하고 항복한 김익순을 규탄한다'라는 내용이었어요. 병연은 뛰어난 글솜씨로 김익순을 비판하는 글을 써서 장원을 차지했지요. 그러나 집에 돌아와 어머니에게 집안 내력을 들은 그는 절망에 빠졌어요.

알고 보니 시험 문제 속 김익순이 바로 김병연의 할아버지였어요. 평안도 선천부사였던 김익순은 1811년 홍경래의 난이 일어나자 반란군에 항복했어요. 난이 진압된 후에는 역적죄로 처형을 당했지요. 그 당시 여섯 살이던 병연과 그의 형은 하인의 도움으로 도망해 간신히 살아남았어요. 김병연의 부모님은 동생을 데리고 영월로 피신했지요. 그렇게 떨어져 살던 가족은 병연이 열다섯이 넘어서야 영월에서 함께 살게 되었답니다. 그런 사실을 몰랐던 김병연은 자신의 할아버지를 비난하는 글을 썼던 거예요.
'하늘을 보기가 참으로 부끄럽구나.'
그는 그길로 집을 나와 전국을 떠돌았어요. 그는 자신을 하늘을 볼 수 없는 죄인이라 여겨 큰 삿갓을 쓰고 다녔지요. 그래서 사람들은 김병연을 김삿갓이라고 불렀답니다.

김삿갓이 살던 조선 후기는 몇몇 가문이 권력을 쥐고 흔드는 세도정치로 인해 나라의 곳간을 채우는 세 가지 제도인 삼정이 문란해졌어요. 백성들은 수단과 방법을 가리지 않고 돈을 빼앗는 탐관오리의 횡포에 시달렸지요. 김삿갓은 전국을 떠돌며 그런 모습들을 자주 보았어요. 그래서 헐벗은 백성들을 가엾게 여기고 세태를 풍자하며 부패한 권력자를 비판하는 시를 많이 썼지요. 그것도 아주 재미있고 기발한 방법을 사용했어요. 예를 들어 겉으로 보면 칭찬인 단어에서 음은 그대로 둔 채 한자의 글자들만 바꾸어 나쁜 관리들을 사람의 피를 빠는 모기나 벼룩 같은 곤충에 비유했지요. 또 한자로 보면 그럴듯한 뜻 같지만 우리말로 읽으면 상대를 조롱하는 작품도 있어요.

《대동기문》등의 기록에서는 김삿갓이 할아버지를 비난한 글을 쓰고 그 충격으로 방랑을 시작했다는 이야기가 사실과 다르다고 나와요. 그런 글을 쓴 이는 김삿갓이 아니라 그의 글솜씨를 시기한 다른 사람이라고 적혀 있지요. 하지만 그 이야기가 오래도록 사실처럼 전해온 이유는 김삿갓에 대한 백성들의 안타까움이 반영되었기 때문일 거예요. 그토록 천재적인 머리와 재능을 지니고도 평생 떠돌 수밖에 없었으니까요.

키워드로 살펴보기

#홍경래의_난 1811년 평안북도에서 홍경래가 평안도 차별과 부패한 관리들에 저항하여 일으킨 반란이에요. 전국 농민 봉기 발생에 자극을 주었어요.

#대동기문 조선 시대의 인물들에 얽힌 일화를 모은 책이에요.

한국 위인 076 | 조선에서 가장 정밀한 지도를 만든 지리학자
김정호

"경부선 철도 부설에 필요한 지도를 완성했습니다."

"오 수고했네. 어디 한번 볼까. 드디어 일본이 조선을 손에 쥘 수 있겠군. 하하하!"

구한말 일본은 조선의 물자를 빼앗고 일본군을 수송하기 위해 경부선 철도를 놓았어요. 그 첫 단계로 각종 근대식 장비를 이용한 측량을 통해 지도를 만들었지요. 그런데 지도를 완성한 일본 기술자들은 모두 깜짝 놀랐어요.

"아니, 이 지도는 우리가 참고한 조선의 대동여지도와 별로 다를 바 없지 않은가."

"그래서 저희 실무진도 깜짝 놀랐습니다. 대동여지도를 만든 김정호라는 자가 요즘 같은 장비도 없이 어찌 이리 세밀한 실측 지도를 만들었는지 참 모를 일입니다."

그렇다면 김정호는 어떤 방법으로《대동여지도》를 만들었을까요. 한때는 그가 전국을 몇 번이나 일주하고 백두산을 여러 번 오르며 일일이 눈으로 확인한 끝에 지도를 완성했다는 이야기가 있었지요. 지도를 통해 군사 기밀이 적국에 알려지는 것을 꺼렸던 흥선대원군이 그를 감옥에 가두어 죽였다고도 했어요. 최근 들어 각종 기록을 검토한 연구 결과가 발표되면서 그 이야기는 사실과 다르다고 밝혀졌답니다. 그런 이야기를 퍼뜨린 것은 일제지요. 그들은 교과서에 그 내용을 실어 실제로는 지도학이 크게 발달했던 조선이 마치 변변한 지도조차 없던 것처럼 깎아내리려고 했어요.

김정호에 대해서는 황해도 출신으로 호가 고산자이며 김백원으로도 불렸다는 사실 외에는 별로 알려진 게 없어요. 언제 태어나고 죽었는지도 확실하지 않답니다. 중인 신분이라 추측되는 그는 젊어서부터 지도, 각 지방의 자연과 문화를 담은 지리지에 관심이 많았어요. 실학자 최한기와 친하게 지내며 중국 것을 모방해 목판본 세계지도인 《지구전후도》를 만들기도 했지요.

이전의 지도나 지리지들을 살펴보던 김정호는 같은 지역에 대한 내용이 서로 다르거나 사실과 차이가 나는 경우를 발견했어요. 그래서 좀 더 정확한 지도와 지리지를 만들겠다고 마음먹었답니다. 그는 수많은 자료를 모아 오랫동안 꼼꼼하게 살폈어요. 틀린 것은 고치고 거기 적힌 내용이 실제 장소, 또는 풍물과 일치하는지를 직접 확인해보았지요. 그런 노력 끝에 김정호는 첫 전국지도책인《청구도》를 완성했어요. 지도 위에 지리 정보를 함께 담은《청구도》는 지도를 사용하는 사람들이 간편하게 휴대하고 다니며 편리하게 볼 수 있도록 되어 있어요. 또 지금의 독도인 우산도가 울릉도의 동쪽에 확실히 그려져 있지요.《청구도》는 우리나라 보물로 지정되어 있어요.

수십 년 간 여러 지도와 지리지를 만들고 수정과 보완을 거듭하던 김정호는 1861년 그동안 만들어온 지도들의 불편한 점을 개선하고 장점을 살린 목판본《대동여지도》를 완성했답니다. 목판본 지도는 쉽게 인쇄할 수 있어 대량생산이 가능하지요. 그 당시의 지도는 지형의 큰 틀을 보여주는 전국지도와 각 지방의 상세한 정보가 담긴 군현지도가 있었어요.《대동여지도》는 한눈에 전국을 파악할 수 있으면서도 동시에 각각의 지방에 대한 세밀한 내용을 담은 이상적인 지도랍니다.

키워드로 살펴보기

#대동여지도   조선 지리학을 집대성하여 누구나 편리하게 볼 수 있도록 만든 정밀하고 정확한 목판본 지도예요. 총 22개의 첩으로 이루어진 병풍식 책이며 각 첩을 모두 펼치면 세로 약 6.6미터, 가로 4미터의 큰 한반도 지도가 되지요.

한국 위인 077

한량 행세로 눈을 속이며 후일을 도모한
흥선대원군

　세도가인 안동 김씨 집안의 잔칫날이에요. 온 나라의 내로라하는 양반들이 다 모여들었어요. 그때 왕족인 흥선군 이하응이 대문 안으로 들어섰어요. 그를 본 사람들이 저마다 뒤돌아 수군거렸지요.
　"부끄럽지도 않은가 봐. 청하지도 않았는데 또 왔구먼."
　"장안의 건달들과 어울리는 것도 모자라 돈까지 빌린다지? 왕실 체면이 뭐가 되나."
　그는 주변의 소리에 아랑곳하지 않고 넉살맞게 웃으며 대청마루로 올라갔어요. 그러나 뒤돌아선 그의 눈빛만은 유난히 번뜩였어요. 그 모습을 알아챈 이는 아무도 없었지요.

　그 당시는 안동 김씨들의 세상이었어요. 딸을 왕비로 보내 외척이 된 그들은 나라의 권력을 손에 잡고 흔들었어요. 벼슬을 팔아 돈을 벌었고 백성들을 괴롭혀 땅을 늘렸지요. 순조 때부터 시작된 그들의 세도정치는 무려 60년이나 계속되었어요. 그들은 자신들 말에 고분고분한 사람을 왕으로 세웠어요. 자기 뜻과 주장을 보이는 왕손은 온갖 모함을 씌워 없애버렸지요. 어릴 때부터 총명하기로 소문났던 이하응은 그들의 경계심을 풀기 위해 일부러 노는 것에만 관심 있는 것처럼 한량 행세를 했어요. 그러면서 때를 노렸지요.

그런 이하응에게 좋은 기회가 왔어요. 철종이 위독해지자 이하응은 자신처럼 안동 김씨에게 설움을 겪다가 왕실의 최고 어른이 된 대왕대비 조씨와 몰래 만나 다음 번 왕위를 정했지요. 철종이 승하한 후 조대비는 신하들을 모아놓고 공표했어요.
"흥선군 이하응의 둘째 아들 명복으로 왕위를 이을 것이오."
명복이 바로 훗날의 고종이에요. 흥선대원군으로 봉해진 이하응은 아직 어린 고종을 대신해 나라를 다스리게 되었어요. 그는 우선 백성들을 괴롭히던 안동 김씨를 몰아냈어요. 그런 다음 왕권을 강화하고 개혁정치를 펼쳤지요. 세도정치로 문란해진 토지세, 군역, 환곡 등 삼정을 바로잡았어요. 세금을 면제받아 백성과 나라에 부담을 주던 수많은 서원도 대부분 철폐했어요. 인재를 골고루 등용하여 당쟁의 싹을 없애고 임진왜란 때 불타버린 조선의 정식 궁궐 경복궁을 다시 지어 왕실의 위엄을 세웠지요.

서양은 그때 한창 동양을 넘보고 있었어요. 조선에도 프랑스군과 미국군이 각각 강화도를 침략해 전쟁을 일으킨 병인양요와 신미양요가 벌어졌지요. 독일인 오페르트는 시신을 통상의 미끼로 쓰기 위해 흥선대원군의 아버지 남연군의 묘를 도굴하려고 했어요. 흥선대원군은 불법을 동원해서라도 무역을 하려는 외국에 대해 나라의 문을 걸어 잠그는 통상수교거부정책을 감행했어요. 나라 곳곳에 서양과 화해하는 것을 금하는 척화비도 세웠지요.

흥선대원군의 개혁정책은 처음엔 백성들의 호응을 얻었어요. 그러나 경복궁을 짓느라 강제 기부금과 세금을 걷고 무리하게 백성을 동원해 많은 원성을 샀어요. 서원이 없어지니 유생들의 반발도 심했어요. 며느리인 고종 비 민씨 왕후(훗날의 명성황후)와도 사이가 좋지 않았지요. 그는 결국 외척인 민씨 일파에 권력을 내주고 쫓겨났어요. 몇 번이나 다시 권력을 잡으려 했지만 모두 실패했답니다.

흥선대원군은 국운이 기울던 조선을 바로 세우기 위해 노력했어요. 서양과 교류하기 전에 먼저 나라를 개혁하고 국방을 튼튼히 해서 힘을 키우려 했지요. 그러나 급변하는 세계정세와 그에 맞물려 소용돌이치던 정국의 변화에 밀려 자신의 이상을 제대로 펼치지 못했답니다.

키워드로 살펴보기

#석파란　　홍선대원군 이하응의 호는 석파예요. 그는 예술에 뛰어난 재능이 있었어요. 특히 사군자 중 난초를 잘 치기로 유명했지요. 그가 그린 난초를 석파란이라고 해요.

| 한국 위인 078 | 모두가 평등한 새 세상을 꿈꾼 동학의 창시자
최제우 |

조선 시대 헌종 시절이에요. 경상도 경주의 몰락한 양반 가문 출신인 열일곱 살 최제선은 아버지를 여의었어요. 그의 아버지는 제선이 여섯 살 때 아내와 사별한 후 외아들을 홀로 애지중지 키웠지요. 제선은 큰 슬픔에 빠졌어요. 엎친 데 덮친 격으로 3년상을 치르던 그의 집에 큰불이 났어요. 집과 재산이 한순간에 잿더미가 되었지요. 모든 것을 잃은 제선은 깨달음을 얻기 위해 유랑에 나섰어요. 그렇게 10년 간 전국을 돌아다니며 그는 나라의 기강이 해이해진 조선 후기 사회의 참상을 고스란히 목격했어요. 정치와 사회는 혼란하고 사람들은 절망에 빠져 살고 있었지요.

"참으로 큰일이구나. 저 어리석고 가여운 백성들을 어쩐단 말인가."

제선은 가난과 탐관오리들의 학정에 시달리는 백성들을 구원해야 한다는 사명감을 다졌어요. 그들이 믿고 의지할 만한 새로운 도를 얻어 널리 전하고 새 세상을 열겠다고 다짐했지요.

어느 날 제선은 한 스님에게서 '하늘에 기도하라'는 내용이 담긴 책을 전달받았어요. 그것이 하늘의 계시임을 깨달은 최제선은 방랑을 멈추고 기도와 수련을 시작했어요. 고향 용담정에 터를 잡고 수행에 들어간 다음 해인 1860년 4월 5일의 일이에요. 기도를 하던 그는 갑자기 신비한 기운을 느꼈어요. 그의 귀에 이런 말이 들려왔지요.

"나는 하늘의 상제이니라. 내 너를 세상에 내어 사람들에게 나의 법을 가르치려 하니 의심하지 말거라. 너에게 천신의 징표인 이 영부를 줄 터이니 이로써 사람을 질병에서 건지도록 하라. 또한 내 주문을 건네받아 사람을 가르쳐, 나를 한울님이라 부르고 따르게 하면 너 또한 오래도록 살며 천하에 덕을 펼 수 있을 것이다."

상제의 뜻을 전달받고 큰 깨달음을 얻은 최제선은 자신이 펼칠 새로운 도의 이름을 동학이라고 지었어요. 자신의 이름도 어리석은 백성들을 구제한다는 뜻을 지닌 제우로 바꾸었지요. 동학의 가르침과 이론을 정리한 최제우는 동학 교주가 되어 사람들에게 도를 전하기 시작했어요. 모두가 평등하게 대접받는 살기 좋은 새로운 세상에 대한 희망이 담긴 동학은 당시 사람들의 고통을 어루만지며 곧 세상에 널리 퍼졌어요. 남자와 여자, 어른과 아이는 물론 노인들에 이르기까지 그의 제자가 되겠다는 이들이 구름처럼 몰려들었지요. 동학교도가 폭발적으로 늘어나자 최제우는 각 지방에 접이라는 조직을 설치하고 접주라는 책임자를 두어 그들을 관리하기에 이르렀어요.

　동학의 세력이 전국적으로 커지자 조정에서는 교묘한 술법으로 사람들을 현혹한다는 혐의로 그를 잡아들였어요. 유교를 나라의 가르침으로 삼아 왕이 다스리던 조선으로서는 수많은 백성이 또 다른 종교와 우두머리를 갖는 데 위기감을 느꼈지요. 혹독한 심문을 받던 그는 결국 처형되고 말았어요. 2대 교주인 최시형은 그가 글로 남긴 가르침을 《동경대전》과 《용담유사》라는 경전으로 만들며 교세를 이어갔지요. 최제우가 일으킨 동학은 우리나라 최초의 농민 봉기인 동학농민운동의 정신적 뿌리가 되었어요.

키워드로 살펴보기

#동학　최제우가 유교, 불교, 도교와 민간신앙을 통합해 만든 종교예요. 동학은 서양문물과 종교인 서학에 대해 우리 것을 뜻하는 이름이지요. 3대 교주 손병희가 '사람은 곧 하늘'이라는 인내천 사상을 확립하며 천도교로 발전했어요.

한국 위인 079 | 동학농민운동을 이끈 녹두장군
전봉준

"탐관오리를 물리치고 외세를 몰아내어 나라를 구하고 백성을 편안하게 하자!"

1894년 3월 21일 전라도 고부 땅 백산에서 동학농민운동이 시작되었어요. 농민군 총대장 전봉준의 목소리가 사방에 쩌렁쩌렁 울려 퍼졌지요. 그는 녹두알처럼 몸집이 작아 녹두장군이라 불렸지만 눈빛만큼은 매서웠어요.

전봉준은 전북 고창의 가난한 양반가에서 태어났어요. 아버지를 따라 이 고을 저 고을로 떠돌다가 오늘날의 정읍인 고부에서 살게 됐지요. 그는 마을 훈장과 약 파는 일 등을 했어요. 그러다 동학에 들어가 고부 지역 책임자인 접주가 되었답니다. 얼마 후 조병갑이 고부군수로 부임했어요. 조병갑은 온갖 방법으로 백성들의 돈을 빼앗고 괴롭혔어요. 멀쩡한 사람에게 죄를 씌워 돈을 받고 풀어주거나 자기 아버지의 비석을 만든다며 돈을 걷었지요. 또 만석보라는 저수지 옆에 저수지를 하나 더 만들면서 돈 한 푼 주지 않고 사람들을 강제로 동원했어요. 한 술 더 떠 물세까지 받았지요. 전봉준의 아버지는 주민들의 물세를 없애달라고 건의했다가 곤장을 맞고 죽었어요. 참다못한 전봉준은 백성들과 함께 새 만석보를 무너뜨리고 관아를 습격해 조병갑을 쫓아냈어요. 이 사건을 고부민란이라고 해요. 동학농민운동을 부른 농민봉기지요.

새로 온 고부군수는 농민들을 달래 집으로 돌려보냈어요. 간신히 마무리되는가 싶던 봉기는 조정에서 파견한 관리에 의해 다시 자극을 받았어요. 관리는 오자마자 고부민란의 주모자를 찾아 처벌하고 동학교도를 잡아 가두었지요. 농민들은 더 크게 화가 났어요. 인근 동학접주들에게 사발통문을 돌려 뜻을 모은 전봉준은 1만의 농민을 이끌고 고부 백산에서 봉기를 일으켰어요. 1차 동학농민운동의 시작이었지요.

가는 곳마다 승리를 거두던 동학농민군은 전주성까지 함락했어요. 다급해진 조정은 청나라에 구원병을 요청했지요. 청군이 투입되자 일본은 청과 맺은 톈진조약을 핑계로 자기들도 군대를 보냈어요. 나라가 걱정된 전봉준은 청과 일의 군대를 조선에서 철수시키기 위해 12개의 폐정개혁안을 내걸고 관군과 화해했답니다. 그 결과 농민군은 각 관아마다 집강소를 두고 전라도를 다스리며 정치 개혁을 단행하게 되었어요.

한편 농민군의 해산에도 일본은 군대를 그대로 두고 무력으로 조정을 장악했어요. 청나라를 내쫓으려 청일전쟁을 벌이고 갑오개혁을 실시했지요. 전봉준은 나라를 구하기 위한 항일투쟁을 결심했어요. 그는 전라도 지역인 남접의 10만 동학농민군을 이끌고 충청도 지역인 북접의 동학농민군과 논산에서 만나 일본을 몰아내기 위한 2차 봉기를 일으켰어요. 그러나 공주 우금치전투에서 관군과 연합한 일본군에 크게 패했지요. 민간인들인 농민군이 최신 화기로 무장한 정규군인 일본군을 이기긴 어려웠어요.

전봉준은 관군에 체포되어 일본군에 넘겨졌어요. 그는 죽을 때까지 당당하게 행동하며 처형되었지요. 사람들은 나라를 지키고 백성이 존중받는 새 세상을 이루려다 뜻이 꺾인 녹두장군 전봉준의 넋을 슬픈 노래로 지어 부르며 달랬어요.

새야 새야 파랑새야.
녹두밭에 앉지 마라.
녹두꽃이 떨어지면
청포장수 울고 간다.

파랑새는 파란 군복의 일본군, 녹두는 전봉준, 청포장수는 백성을 뜻한다고 해요.

키워드로 살펴보기

#동학농민운동   1894년 부패한 신분제 사회를 개혁하고 외세의 침략을 물리치기 위해 동학을 중심으로 농민들이 일으킨 반봉건, 반외세 운동이에요.

한국 위인 080 — 체질에 따라 치료법이 다른 사상의학을 만든 이제마

　조선 시대 말 함경도 함흥에 살던 이충원은 꿈속에서 이상한 일을 겪었어요. 한 낯선 남자가 집에 잘생긴 망아지 한 마리를 끌고 찾아와 말했지요.

　"이 말은 제주도에서 가져온 용마입니다. 한데 주변에 아무도 이 말의 진가를 알아주는 사람이 없소이다. 말을 드릴 테니 이 댁에서 잘 길러주시오."

　남자는 망아지를 이충원의 집 기둥에 묶어놓고 가버렸어요. 꿈에서 깬 이충원은 아직도 눈에 생생한 망아지를 떠올리고 있었지요. 그때, 밖에서 하인의 목소리가 들렸어요.

　"나리, 웬 여인네가 아기를 데려왔습니다."

　이충원은 얼른 방문을 열어봤어요. 마당엔 한 젊은 여인이 강보에 싸인 갓난아기를 안고 서 있었어요. 알고 보니 아기는 아들이 밖에서 낳은 이충원의 손자였어요.

　'이럴 수가, 그럼 꿈에서 봤던 용마가 바로 이 아이란 말인가!'

집안이 잘될 좋은 징조라 여긴 이충원은 아기와 여인을 집에서 살게 하며 잘 보살펴주었어요. 아기의 이름은 '꿈에서 본 제주 말'이라는 뜻의 제마라고 지었어요.

이제마는 할아버지의 꿈에 찾아온 용마처럼 용감하고 활발해서 말타기나 활쏘기 같은 무예를 좋아했어요. 일곱 살 때는 문장으로 이름을 떨친 큰아버지에게 역사를 배우기 시작했지요. 이제마는 머리가 좋고 다양한 책을 많이 읽어 유교 경전에 금세 능통해졌어요. 열세 살이 되자 지방에서 보는 과거 1차 시험인 향시에 장원으로 뽑히기도 했지요. 하지만 바로 그해에 큰 시련이 닥쳤어요. 아버지에 이어 할아버지마저 돌아가신 거예요. 충격에 빠진 이제마는 물려받은 재산을 가난한 사람들에게 모두 나눠준 후 집을 떠났어요. 젊은 시절 내내 만주와 러시아, 전국을 유람하며 수많은 사람을 만나고 견문을 쌓았지요. 그러면서도 학문을 게을리하지 않았어요. 유학자 기정진에게 찾아가 성리학을 배웠답니다. 그리고 세상 사람들에게 이익을 주는 학문을 추구한 한석지를 마음의 스승으로 삼아 자신만의 철학을 세웠어요.

가족의 죽음과 병마를 겪고 학문과 견문을 넓힌 이제마는 점차 의술을 익히게 되었어요. 그리고 의원이 되어 환자들을 치료했지요. 이제마에게 의술은 학문과 기술로 세상 사람들을 이롭게 만드는 최선의 방법이었어요. 그런데 사람들을 치료하던 그는 한

가지 의문이 생겼어요.

'저마다 타고난 생김새와 특성이 다른데 어떻게 증상이 같다고 똑같은 약을 쓸까?'

그게 늘 궁금했던 이제마는 옛사람의 의서를 참고하고 수많은 환자를 관찰하면서 사람은 각자 다른 체질을 지니고 태어난다는 사실을 알게 됐어요. 그는 사람들을 태양인, 태음인, 소양인, 소음인의 네 가지 체질로 나누었지요. 그리고 체질에 따라 치료법을 달리했어요. 이제마가 만든 이 한의학 이론을 사상의학이라고 해요. 이제마의 사상의학은 조선의 한의학은 물론 오랜 역사를 지닌 동아시아 의학에서도 예전의 학설과는 다른 독창적 이론이에요. 오늘날 이제마는 《동의보감》을 지은 허준과 함께 한의학 발달을 이끈 대표적인 한의사이며 한의학자로 꼽힌답니다.

키워드로 살펴보기

#동의수세보원　1894년에 이제마가 지은 한의학 책이에요. 사상의학 이론을 담고 있지요.

| 한국 위인 081 | 한글의 과학적 기초를 세운 국어학자
주시경 |

"수위하광 일위항지!"

훈장님이 크게 외우자 서당 아이들도 앵무새처럼 똑같이 소리 높여 따라 했어요.

"수위하광 일위항지!"

그러자 훈장님이 뜻을 풀이하기 시작했어요.

"그 누가 황하를 넓다 하는가. 거룻배 한 척으로도 건널 수 있는 것을."

아이들은 그제야 무슨 소리인지 알아듣고 고개를 끄덕였지요. 그런데 고개를 갸웃하며 의아해하는 소년이 있었어요.

'한자는 우리말로 풀이해야만 알아들을 수 있어. 그럼 처음부터 우리말로 쓰면 곧바로 뜻이 통하지 않을까? 한문은 중국말을 적는 거야. 우린 우리말을 적을 수 있는 국문이 있어.'

그 순간 소년의 눈이 반짝였어요. 앞으로 어려운 한자 대신 쉽고 편리한 우리말과 글을 널리 퍼뜨리고 싶다는 꿈이 가슴속에서 피어났지요. 소년의 이름은 주시경이에요.

    주시경은 1876년 황해도 봉산군에서 태어났어요. 열두 살에 둘째 큰아버지의 양자가 되어 서울로 올라갔지요. 서울의 서당에서 한학을 공부했지만 한자보다 우리말과 글의 아름다움에 더 마음이 끌렸답니다. 그는 신학문을 가르치는 배재학당에 입학했어요. 그곳의 날들은 그의 꿈에 한 걸음 다가가는 좋은 계기가 되었어요. 교사였던 서재필 선생은 그에게 독립신문 만드는 일을 도와달라고 제안했어요. 주시경은 날아갈 듯 기뻤어요. 우리말과 글을 널리 알릴 좋은 기회였기 때문이지요. 그는 독립신문 만드는 일을 도맡아했어요. 그러던 중 우리글 표기법을 연구하고 통일해야 할 필요를 느꼈지요. 그런 일들을 해내기 위해 국문동식회라는 최초의 우리글 연구회를 만들었답니다.

    "나랏말은 겨레의 혼이고 힘이야. 어떻게든 가꾸고 지켜서 나라를 일으켜야 해."

    주시경은 우리말을 잘 다듬어서 바르게 말하고 적는 것이야말로 우리 겨레의 정신을 지키고 나라의 힘을 기르는 근본이라 생각했어요. 그래서 이 학교 저 학교로 뛰어다니며 한 사람에게라도 더 올바른 우리말과 글을 가르치기 위해 애썼어요. 늘 큰 보따리에 등사기로 인쇄한 교재를 싸들고 다녀 '주보따리'라는 별명을 얻을 정도였지요. 그는 국어순화와 한글전용 같은 국어운동도 활발히 펼쳤어요. 또 우리말 사전인《말모이》편찬을 위해 전국의 우리말을 모으기도 했지요. 그런데 1910년 한일합방이 이루어졌어요. 우리말을 지키려는 그에게도 일제의 탄압이 심해졌지요. 주시경은 외국으로 망명할 결심을 했어요. 하지만 안타깝게도 망명하기 직전 그는 서른아홉이라는 젊은 나이로 갑자기 세상을 떠났답니다.

주시경은 생전에 우리말과 글의 법칙을 찾아내어 정리하고 하나로 통일된 규칙을 연구했어요. 오늘날 우리가 쓰는 한글 맞춤법의 뼈대를 세운 것이지요. 그의 마지막 꿈이던 우리말 사전 편찬 작업은 그가 세상을 떠난 후 제자들에 의해 완성되었어요. 그는 우리 국어의 기초를 세우고 과학적인 학문으로 이끈 현대 국어의 아버지예요.

키워드로 살펴보기

#한글   한글이라는 말은 주시경 선생 등에 의해 처음 사용되었어요. 크다는 뜻을 지닌 우리 옛말 '하다'에 '글'이라는 단어가 붙어 '큰 글'이라는 뜻을 나타내지요. 또 '한민족의 글'이라는 뜻도 있어요.

한국 위인 082

우리 민족의 독립의지를 만방에 알린
대한민국 임시정부 주석 **김구**

'저자는 우리 국모를 시해한 미우라 공사 일당임에 틀림없다. 그렇다면 원수를 갚아야 한다. 그렇지 않다 해도 저 칼로 우리 백성에게 해를 줄 테니 먼저 없애야 해.'

1896년, 스물한 살 청년 김창수는 대동강 하류의 치하포 주막에서 조선 옷으로 변장한 일본인을 발견했어요. 서울 말씨를 쓰는 그 남자는 겉옷 밑에 일본 칼을 숨기고 있었지요. 김창수가 달려들자 남자는 칼을 빼 들었어요. 싸움 끝에 김창수는 칼을 빼앗아 남자를 죽였지요. 알고 보니 남자는 일본군 중위 쓰치다였어요. 그는 '국모의 원수를 갚으려 이자를 죽였노라. 해주 백운방 텃골 김창수'라고 당당하게 자신을 밝힌 글을 남긴 후 그 자리를 떠났답니다.

김창수는 역모에 얽힌 조상 때문에 양반 신분을 숨긴 채 살아온 집안에서 태어났어요. 과거에 합격해서 집안을 일으키고자 했지요. 하지만 부패한 과거제도에 실망하고 동학에 들어가 지역의 우두머리인 접장으로 활동했어요. 그 뒤 안중근 의사의 아버지인 안진사 집에 머물다가 유학자인 고능선 선생의 제자가 되었지요.

"가지를 잡고 나무에 오르는 건 별일 아니지만 벼랑에 매달렸을 때 손을 놓을 수 있어야 진정 대장부다."

그 같은 스승의 가르침은 평생 김창수가 목숨을 내놓고 의로운 일을 택하게 하는 나침반이 되었어요. 그가 쓰치다를 만난 건 나라를 지키는 일에 몸 바치기 위해 길을 나섰을 때예요. 그에게 칼을 가진 일본인은 누구든 나라의 원수였지요. 그가 쓰치다를 처단한 것도 나라를 위한 의거라고 생각했기 때문이에요. 몇 달 후 그 일로 일본 경찰에게 끌려간 김창수는 사형선고를 받았어요. 감옥에 갇힌 그는 서양의 근대 역사와 문화를 다룬 책들을 보며 새로운 지식에 눈뜨게 되었답니다. 나라를 구하려면 먼저 교육으로 민족의 정신을 일깨워야 한다고 깨달았지요. 그는 탈옥을 감행했어요. 그런 다음 학교를 세우고 애국계몽운동에 열중했어요. 1905년에는 을사보호조약을 폐기하라고 상소를 올렸지요. 비밀조직인 신민회 회원으로 활동하기도 했어요.

1911년 김창수는 데라우치 총독 암살 모의 혐의로 다시 옥살이를 하게 되었어요. 감옥 안에서 그는 이름을 김구로 바꾸고 백범이라는 호를 지었지요. 백범 김구는 1919년 3·1 운동 이후 상하이로 건너가 임시정부의 여러 직책을 맡았답니다. 독립운동이

침체되자 그는 일제 요인을 암살하는 비밀 조직인 한인애국단을 만들었어요. 이봉창 의사와 윤봉길 의사 등 단원들의 거사를 계획하고 도왔지요. 한인애국단의 활약은 우리 민족의 독립 의지를 세계만방에 알리는 역할을 했어요.

1940년 임시정부의 주석이 된 김구는 대한민국 임시정부의 이름으로 일본에 정식 선전포고를 했어요. 그의 주도로 창설된 광복군은 연합국과 함께 일본과 싸우며 조국독립을 위해 노력했지요. 1945년 드디어 꿈에 그리던 광복을 맞게 되었어요. 그런데 이번엔 미국과 소련 등이 우리나라를 5년간 대신 다스린다는 신탁통치 소식이 들렸어요. 나라는 남북으로 나뉠 위기에 처했지요. 그는 신탁통치 반대 운동을 펼치고 남과 북을 합한 통일 조국을 만들기 위해 애썼어요. 마음속의 38선을 무너뜨리고 남과 북이 하나가 되어야 한다고 사람들을 설득했지요. 그러나 1949년 6월 26일, 김구는 안두희가 쏜 총탄에 맞아 그만 목숨을 잃고 말았어요. 통일된 조국을 꿈꾸던 그의 희망은 결국 이루어지지 못했지요.

키워드로 살펴보기

#백범일지 백범 김구의 자서전이에요. 상·하편의 일기와 〈나의 소원〉으로 구성되어 있어요. 우리나라 독립운동의 역사를 담고 있는 귀중한 자료지요.

| 한국 위인 083 | 민족의 힘을 기르기 위한 계몽과 교육에 힘쓴 **도산 안창호** |

1894년 9월 15일, 청일전쟁 중이던 청나라와 일본이 평양전투를 시작했어요. 포탄에 집들이 날아가고 오래된 유적들도 파괴되었지요. 공포에 질린 조선 사람들을 바라보던 열일곱 살 소년 안창호의 주먹이 절로 쥐어졌어요. 조선의 이권을 차지하기 위해 남의 땅에서 저희들 맘대로 벌인 전쟁에 우리가 피해를 보는 게 억울하고 참담했어요. 그는 마음속으로 다짐했답니다.

'이게 다 나라의 힘이 없어서 겪는 일이야. 앞으로 난 우리 민족의 힘과 실력을 키우는 일에 일생을 바치겠어.'

안창호는 그다음 해에 고향인 평안남도 강서군을 떠나 서울로 올라갔어요. 신학문을 가르치는 구세학당에 들어갔지요. 조선의 근대화와 자주독립을 외치던 독립협회에 가입하여 적극적인 계몽 활동도 시작했어요. 대중 집회인 만민공동회에 연사로 나가 관리들의 부정부패를 꾸짖고 개혁안을 제시했지요. 독립협회가 폐지된 후에는 고향에 점진학교를 세워 인재를 키웠어요. 그리고 새로운 문물을 배우기 위해 미국 유학을 떠났답니다. 배를 타고 가던 그는 하와이의 웅장한 모습을 보자 가슴이 벅찼어요.

'외세에 시달리는 우리 민족에게 저 섬의 산처럼 희망을 주는 존재가 되어보자.'

그때부터 그는 '섬의 산'이라는 뜻을 지닌 도산을 호로 썼지요.

도산 안창호는 미국 유학 중에도 교포들을 계몽하고 가난에서 벗어나도록 도왔어요. 자신이 먼저 거리를 청소하여 환경을 깨끗이 바꾸고 스스로 오렌지농장에서 일하며 그들의 일자리를 주선했지요. 그에게 감화한 교포들은 점차 의식이 깨이며 생활습관도 개선되었어요.

1907년에 안창호는 국내로 돌아와 비밀결사조직인 신민회를 만들었답니다. 신민회를 통해 평양에 대성학교를 세우고 교육에 힘썼어요. 태극서관을 설립해 서점과 출판 사업을 하고 도자기회사 등을 세워 민족 경제를 발전시키려 했지요. 또 해외에 독립운동 기지를 개척하고 무관학교 설립을 계획하여 독립군 양성을 꾀했어요.

신민회를 감시하던 일제는 안중근 의사의 이토 히로부미 살해 사건 배후로 안창호와 신민회를 지목했지요. 헌병대로 끌려갔다 풀려난 안창호는 일제의 탄압을 피해 국외로 망명했어요. 미국으로 건너간 그는 1913년 흥사단을 창설했어요. 신민회와 대성학교의 뜻을 잇는 단체였지요. 1919년 3·1 운동이 발발하자 이번엔 상해로 건너갔어요. 상해 임시정부의 내무총장이 된 그는 헌법과 법률을 제정하고 한인들 간의 비밀연락망을 만들었어요. 그리고 임시정부를 하나로 통합하고 국내외 여러 독립운동단체를 임시정부 관할로 모았답니다. 그들이 뿔뿔이 흩어질 위기에 처했을 때는 대동단결운동을 펼치기도 했지요.

그런 일들을 해내며 안창호 의사는 많은 고초를 겪었어요. 1932년에는 윤봉길 의사의 훙코우 공원 폭탄 투척 사건과 관련한 옥살이를 했지요. 간신히 풀려나자마자 민족운동 단체인 동우회의 지도자라는 이유로 또다시 감옥에 갇히게 되었어요. 여러 번의 옥살이로 건강을 해친 그는 1938년 3월 10일 결국 숨을 거두었답니다.

도산 안창호는 민족의 힘을 기르고 독립운동의 기반을 마련하는 일에 일생을 바쳤어요. 그의 노력은 우리 민족의 근대화에 도움을 주었고 자주독립을 이룰 수 있게 한 밑거름이 되었지요.

키워드로 살펴보기

#신민회　　1907년에 국내에서 안창호, 신채호, 이동휘 등이 만든 항일비밀결사단체예요. 국권을 회복하고 근대적인 자주독립국을 세운다는 목표 아래 민족 교육과 문화사업, 민족 산업 육성, 독립운동 기지 건설 등의 활동을 벌였지요.

한국 위인 084
조선 침략의 주범 이토 히로부미를 저격하고 순국한
안중근 의사

'탕탕탕!'

1909년 10월 26일 오전 9시 30분, 북만주 하얼빈역 플랫폼에 세 발의 총성이 울려 퍼졌어요. 청년 안중근이 나라를 침략한 원흉인 이토 히로부미를 저격한 순간이지요.

안중근은 황해도 해주의 부유한 양반가에서 태어났어요. 가슴과 배에 북두칠성 모양의 점이 있어 어릴 때 이름은 응칠이었어요. 할아버지가 세운 서당에서 한학을 배운 그는 총을 잘 쏴서 명사수로 이름을 날렸지요. 그는 열여섯 살 때 아버지가 조직한 동학진압군에 참여하기도 했어요. 온 가족이 천주교를 믿게 되면서 도마라는 세례명을 받았답니다.

1905년 일제는 을사조약으로 대한제국의 외교권을 빼앗았어요. 안중근은 교육으로 백성들을 일깨우는 게 국권을 되찾는 길이라고 생각했어요. 그는 전 재산을 털어 삼흥학교를 세우고 돈의학교를 인수하여 나라를 구할 인재를 키웠어요. 또 집안의 패물까지 모두 헌납하며 관서지방의 국채보상운동을 이끌었지요. 그러나 일제는 우리 황제를 물러나게 하고 군대를 해산시키며 점점 더 노골적인 침략을 감행했어요. 이제는 무기를 들고 싸울 때가 되었다고 여긴 안중근은 독립전쟁을 위해 러시아 연해주로 망명했어요. 그는 동의회라는 의병을 이끌며 국내 진공 작전을 펼쳤지요. 일본군 수비대를 파괴하고 포로를 사로잡았어요. 안중근은 동양 삼국이 힘을 합해 평화롭게 발전해야 한다는 사상을 지니고 있었어요. 그래서《만국공법》에 따라 포로를 살려 보냈지요.

1909년에 안중근은 동료 11명과 동의단지회라는 결사대를 만들었어요. 굳은 맹세의 표시로 손가락을 잘라 '대한독립'이라는 혈서를 쓴 단지동맹을 맺었지요. 그들은 조선 침략의 주범인 이토 히로부미와 매국노 이완용을 처단하기로 계획했어요. 기회를 엿보던 안중근에게 드디어 이토 히로부미가 북만주 하얼빈에 온다는 소식이 들렸답니다. 거사를 치르기로 한 날 아침, 이토를 실은 열차가 하얼빈역 플랫폼으로 들어왔어요.

'조국과 민족을 위해 이 거사가 꼭 성공하게 도우소서.'

기도를 마친 안중근은 러시아 군대 뒤에 숨어 기다렸어요. 열차에서 내린 이토가 의장대를 사열하며 근처에 다가왔을 때였지요. 그는 재빨리 권총을 뽑았어요. 그리고 이토를 향해 침착하게 총탄 세 발을 쏘았어요. 이토는 그 자리에서 목숨을 잃었답니다.

"이토는 우리 대한의 독립 주권을 빼앗은 원흉이며 동양 삼국의 평화를 어지럽게 만든 자이다. 나는 안중근 개인이 아니라 독립전쟁에 참여한 대한의용군사령의 자격으로 그를 총살했다. 그러니 나를 일반 죄인이 아니라 전쟁포로로 대하라."

현장에서 체포된 안중근은 검찰관에게 당당히 요구했어요. 의연하고 논리정연하게 소신을 밝히는 안중근을 보며 일본인들조차 존경의 눈빛으로 감탄했다고 해요. 사형선고를 받은 그는 뤼순감옥 형장에서 조국의 자랑스러운 전사로 순국했지요. 안중근은 죽음의 순간까지도 한결같이 조국의 독립만을 생각했어요. 그는 죽기 전 이런 유언을 남겼어요.

"내가 죽거든 나의 뼈를 하얼빈공원 옆에 묻어두었다가 나라를 되찾거든 고국으로 옮겨다오. 대한독립의 소리가 천국에 들려오면 나는 마땅히 일어나 춤을 출 것이다."

키워드로 살펴보기

#이토_히로부미　　일본의 정치가예요. 을사조약 강제 체결 후 고종황제를 퇴위시키고 나라의 모든 권리를 빼앗는 등 조선 침략을 주도한 원흉이지요.

#만국공법　　조선 후기 우리나라에 유입된 국제법 서적이에요. 미국의 법학자 휘튼의 국제법 저서를 중국에서 활동하던 미국인 선교사 윌리엄 마틴과 중국인 진흠, 이상화, 방준사, 모홍도 등이 한역하여 출판한 것이에요. 권리, 국가, 주권 등 오늘날 사용되고 있는 용어 대부분이《만국공법》에서 나왔답니다.

#국내진공작전　　일제 강점기 항일 독립운동의 일환으로 외국에서 군대를 양성하여 국내로 진공하는 형식으로 진행된 작전을 말해요. 1907년 신민회의 국내진공작전 계획이 실패한 이후 한국 광복군에 이르기까지 많은 작전이 계획 및 실행되었어요.

한국 위인 085
독립전쟁 사상 최대의 승리인 청산리대첩을 이끈 총사령관 **김좌진 장군**

"얍, 물렀거라. 이 일본놈아! 안 그러면 이 칼로 혼내줄 거야!"

한 무리의 아이가 의병놀이를 하고 있어요. 그때 진짜 의병대장이 나타났지요.

"이 녀석들! 하라는 공부는 안 하고 웬 싸움 놀이냐! 누가 대장이야?"

아이들은 겁이 났어요. 하지만 대장을 맡은 아이만은 꼼짝 않고 서서 말했지요.

"제가 대장입니다. 전쟁 놀음하는 건 어르신이나 저희나 마찬가지가 아닙니까. 저희를 얕보지 마십시오."

의병대장은 아이의 배포에 감탄해 호탕하게 웃었지요. 아이의 이름은 김좌진이랍니다. 훗날 호를 백야라고 지었지요.

백야 김좌진은 충청남도 홍성의 명문 양반가에서 태어났어요. 어릴 때부터 씩씩해서 크면 영웅이 될 거라는 이야기를 들었지요. 그는 의병놀이를 할 때도 '강한 것은 누르고 약한 것은 돕는다'라고 쓰인 깃발을 꽂고 다닐 정도로 늘 약한 사람을 도왔어요. 겨우 열두 살에 큰 집안 살림을 물려받은 김좌진은 몇 년 후 노비 수십 명의 노비문서를 불태우고 땅을 나눠주었어요. 무관학교를 졸업한 후에는 고향에 사립학교를 세우고 신민회에 가입하여 애국계몽운동에 전념했지요.

일제의 탄압이 심해지자 김좌진은 비밀결사조직인 대한광복회에서 무장독립운동을 시작했지요. 이후 북만주로 망명한 그는 임시정부 휘하 독립군 중 하나인 북로군정서의 총사령관을 맡게 되었어요. 그때 일본군은 독립군을 없애기 위해 중국 마적과 짜고 일본영사관을 파괴했어요. 이 자작극을 빌미로 수많은 병력을 투입하여 죄 없는 조선인을 무차별로 죽였지요. 독립군은 안전한 장소로 피했지만 일본군은 끈질기게 추격해왔어요.

1920년 10월 21일, 김좌진 장군은 독립군을 이끌고 백두산 깊숙이 자리한 청산리로 급히 이동했어요. 백운평 골짜기의 높고 험한 바위산 양쪽에 병력을 숨긴 다음 일본군이 오기를 숨죽여 기다렸답니다. 일본군 선발대 200명이 그곳에 들어선 순간 일제히 사격이 시작됐지요. 놀란 일본군은 우왕좌왕하다가 독립군의 총탄에 모두 쓰러졌어요. 이를 시작으로 청산리 일대에서는 김좌진 장군의 북로군정서군과 홍범도 장군의 대한독립군 등이 연합하여 일본군과 벌인 크고 작은 전투가 무려 6일간이나 계속되었어요. 최신 무기와 탄약으로 무장한 일본군 대부대에 비해 독립군은 무기도 인원수도 부족했지요. 하지만 지형을 이용한 뛰어난 전략과 목숨을 아끼지 않는 독립군의 투지, 또 그들에게 무기 살 돈을 모아주고 주먹밥도 만들어주며 도운 만주 조선인들 덕분에 일본군을 대파할 수 있었어요. 이 싸움을 청산리전투라고 해요.

김좌진 장군은 1930년 1월 24일 공산주의자 박상실이 쏜 총탄에 맞아 세상을 떠났어요. 조국 독립을 보려던 장군의 소망도 덧없이 스러졌지요. 그러나 그가 홍범도 장군과 함께 이룬 청산리대첩의 승리는 일제에 억눌려 있던 우리 민족에게 긍지와 자부심을 느끼게 했어요. 우리도 해낼 수 있다는 용기와 희망을 주며 독립투쟁의 원동력이 되었지요.

키워드로 살펴보기

#청산리대첩   1920년 10월 21일부터 26일까지 청산리에서 벌어진 10여 차례 전투에서 3천 명 남짓한 독립군 연합 부대가 일본군 대 병력과 싸워 큰 승리를 거두었어요. 이를 청산리대첩이라고 해요. 일제강점기 독립전쟁 사상 가장 큰 승전으로 꼽히지요.

한국 위인 086
어린이라는 말과 어린이날을 만든
방정환

"손이 없으면 밥도 못 먹고 글도 못 쓰니 난 손이 더 중요하다고 생각해."

"발이 있어야 걸어 다니며 원하는 걸 하잖아. 그러니까 손보다 발이 더 필요하다구."

1908년 덕수궁 대한문 앞 한 집의 방 안에서는 열 살 남짓한 아이들이 모여 열띤 토론을 벌이고 있었어요. 석유 궤짝을 뜯어 검은 칠을 해 만든 칠판에는 '손과 발'이라는 주제가 적혀 있었지요. 소년입지회라는 이 토론 모임의 대장 격인 방정환은 겨우 열 살이에요. 그런데도 자기보다 몇 살 위인 형들과 친구들을 이끄는 똘똘한 아이였어요.

방정환은 구한말 한성의 야주개에서 부유한 집안의 외아들로 태어났어요. 할아버지는 큰 생선가게와 쌀가게를 운영했어요. 어린 정환이 어느 가게든 들어가 마음대로 과자를 집어 먹으면 할아버지가 한번에 계산해주실 정도로 어려움 없이 자랐지요. 하지만 아홉 살 때 집안이 망하는 바람에 끼니를 걱정할 만큼 가난해졌어요. 도시락을 못 싸가는 날은 배가 고파 혼자 화장실 뒤에 숨어 울었답니다. 쌀을 꾸러 이모 댁에 가거나 추운 겨울 꽁꽁 언 손으로 온 가족이 쓸 물을 길어오는 것도 그의 몫이었어요. 매주 일요일에 열었던 소년입지회 모임은 힘들게 살아가는 그에게 큰 위안이었지요. 그는 이야기를 만들어내고 말을 잘하는 재능이 있었어요. 그 모습을 눈여겨본 옆집 어른은 방정환에게 불빛을 비추면 벽에 화면이 나타나는 환등기를 선물했어요. 그림이 바뀔 때마다 거기에 맞춰 이야기를 들려주는 기계에 사람들은 울고 웃으며 재미있어했지요.

어른이 된 방정환은 호를 소파로 하고 동시와 동화, 동극을 짓는 아동문학가가 되었어요. 우리 아이들을 위해 세계명작동화도 번역해서 책으로 냈지요. 동료들과 색동회라는 단체를 만들어 어린이운동을 벌이기도 했어요. 그때까지 우리 사회에서 아이는 어른의 부수적인 존재였어요. 그런데 소파는 아이들도 자신만의 생각과 감정을 지닌 한 사람으로 존중받아야 한다고 주장했어요. 그래서 특별한 명칭이 없던 아이들에게 '어린이'라는 이름을 지어주고 어린이날을 만들었답니다. 그는 나라와 문화를 잃고 남의 것을 강요당하는 우리 어린이를 가엾게 여겼어요. 1923년에는 우리나라 최초의 아동잡지인 〈어린이〉를 펴내어 우리 민족의 얼과 자주독립 정신을 심어주려고 했지요.

일제는 방정환의 어린이운동이 수많은 아이를 끌어모으자 이를 막았어요. 〈어린이〉는 폐간되고 어린이날도 폐지되었지요. 그러나 어린이를 존중하는 풍토를 만들려던 그의 생각과 노력은 해방 이후 오늘날까지 우리 사회에서 이어지고 있답니다.

"이제는 가야겠어. 문간에 마차가 와 있어. 말도 새까맣고 마차도 까만색이야. 저 마차를 타고 가야 하니 어서 내 가방을 갖다 줘."

방정환이 죽기 전 남긴 말이에요. 그에게는 죽음의 순간조차 마치 동화 속 한 장면 같았지요. 그건 아마도 그가 죽을 때까지 어린이 같은 순수한 마음과 세상을 보는 맑은 눈을 지녔기 때문이 아닐까요.

키워드로 살펴보기

#색동회 1923년 5월 1일 소파 방정환이 주도해서 만든 어린이 운동과 아동문학을 위한 모임이에요. 방정환은 어린이날을 제정하고 잡지 〈어린이〉를 창간했으며 세계아동예술전람회를 개최하는 등 어린이 문화 인권 운동을 펼쳤지요.

한국 위인 087
민족의 한과 슬픔을 시로 읊은 국민 시인
김소월

"옛날 옛적에 딸 하나랑 오빠 아홉 명이 사이좋게 살고 있었단다. 어머니는 일찍 돌아가셨어. 그 대신 딸아이가 오빠들을 보살폈지. 그런데 어느 날…."

오늘도 작은어머니가 옛날이야기를 들려주기 시작했어요. 어린 김정식은 눈을 반짝이며 이야기 속으로 빠져듭니다.

"새엄마가 들어왔어. 새엄마는 딸아이가 미워서 온갖 심술을 다 부렸단다. 구박에 못 이긴 딸은 그만 결혼식 전날에 죽었지 뭐니. 마당에서 혼수품을 태우는데 새엄마는 딸 죽은 것보다 그게 더 아까웠어. 그래서 못 태우게 말렸거든. 화가 난 오빠들은 새엄마를 불 속에 밀어 넣었어. 그러자 새엄마는 까마귀가 되어 호르르 날아갔단다. 근데 그때부터 웬 접동새 한 마리가 밤마다 오빠들을 찾아와서 구슬프게 울지 뭐야. 알고 보니 여동생이 죽어 접동새가 된 거였대. 까마귀가 된 새엄마가 밤마다 그 새를 못살게 굴어서 그렇게 우는 거란다."

작은어머니는 머릿속에 큰 이야기보따리가 들어 있는 것 같았어요. 날마다 신기하고 재미있는 이야기가 한편씩 흘러나왔으니까요. 정식은 아버지 눈을 뜨게 하려고 인당수에 뛰어든 심청이랑 억울하게 역적으로 몰려 죽은 남이장군, 그밖에 셀 수 없이 많은 옛날이야기를 들었답니다.

정식은 할아버지가 광산을 운영하는 부유한 집안에서 태어났어요. 하지만 두 살 때 아버지가 일본인들에게 폭행을 당해 정신 이상이 되었지요. 아버지가 집 안에서 난동을 피울 때면 정식은 혼자 산에 가서 나무랑 꽃을 보며 놀아야 했어요. 그런 정식을 가엾게 여긴 할아버지는 훈장님을 모셔 와 한문을 가르쳐주었어요. 둘째 작은어머니도 정식을 귀여워해서 틈날 때마다 옛날이야기를 들려주었지요.

옛날부터 전해지는 우리 이야기들에는 아련한 슬픔이 배어 있었어요. 또 산속에서 피고 지는 꽃들과 새소리, 물소리는 정식에게 자연의 아름다움을 가르쳐주었지요. 오산학교에 들어가 시인인 스승 김억을 만난 정식은 마음속에 깃든 그런 느낌을 우리 전통 민요의 리듬에 실어 시로 쓰기 시작했어요. 그리고 시인이 되어 소월이라는 호를 갖게 됐지요.

그 당시 우리나라는 일제의 식민지였어요. 그들은 3·1운동 이후 독립운동의 근거지라며 김소월이 다니던 오산학교를 불태웠답니다. 김소월이 일본 유학을 갔을 때는 관동대지진이라는 큰 지진이 일어났어요. 화가 난 일본인들은 분풀이 삼아 죄 없는 조선 사람들을 죽였지요. 그런 일들을 겪으며 시인의 가슴속에는 식민지 백성의 아픔이 점차 커갔어요. 그것은 자연스럽게 그의 시 안에 녹아들었지요. 안타깝게도 그는 서른셋이라는 젊은 나이에 세상을 떠났답니다. 우리 민족의 슬픔과 한을 아름다운 시로 승화한 그는 오늘날까지도 국민시인으로 불리며 많은 사람의 사랑을 받고 있어요.

키워드로 살펴보기

#진달래꽃 김소월 시인의 대표작이에요. 임과 이별하는 슬픔을 노래하고 있지요. 우리 민요의 리듬 위에 우리 민족 특유의 곱고 서러운 한의 정서를 담은 시랍니다.

한국 위인 088
나라 잃은 설움을 달래준 영화 <아리랑>을 만든
나운규

'아리랑 아리랑 아라리요. 아리랑 고개로 넘어간다. 나를 버리고 가시는 님은 십 리도 못 가서 발병 나네.'

1926년 단성사에서 개봉된 영화 <아리랑>의 마지막 장면에 관객석은 울음바다가 되었어요. 영화는 일제의 억압에 시달리던 우리 민족의 아픔을 담아냈지요.

"엉엉, 마치 나라를 빼앗기고 일제에 구박받는 우리 조선 사람 이야기 같아."

관객들은 영화의 끝부분을 장식하는 우리 민요 <아리랑>을 함께 따라 부르며 나라 잃은 슬픔을 달랬어요. 영화는 큰 인기를 끌며 삽시간에 전국으로 퍼져나갔어요. 감격에 겨워 "대한독립만세!"를 외치는 사람들도 있었지요. 주제곡으로 쓰인 <아리랑>의 가사는 총독부의 검열을 받게 되었어요. 그 덕에 영화는 한층 더 사람들의 이목을 끌었지요. 감시의 눈길을 번뜩이던 일제는 영화 <아리랑>의 열기에 깜짝 놀랐어요. 그러나 영화의 위력이 어찌나 강했던지 손을 놓고 바라볼 수밖에 없었지요. 일제강점기 내내 최고의 인기를 누린 이 영화는 영화감독이자 배우인 춘사 나운규가 만들었답니다.

나운규는 함경북도 회령에서 태어났어요. 아버지는 무관 출신으로 한약방을 운영했지요. 나운규가 열 살 되던 1911년, 회령과 청진 사이에 기찻길이 놓이기 시작했어요. 공사 중인 철로 곁을 지날 때마다 그는 남쪽에서 온 철도 노동자들이 부르는 구슬픈 노랫소리를 들었어요. '아리랑 아리랑 아라리요'로 시작되는 노래는 어린 나운규의 마음을 사로잡았지요. 어떤 때는 한 번 더 듣고 싶어 머뭇거리기도 하고 남몰래 가만히 따라 불러보기도 했답니다.

그 후 나운규는 독립군을 기르는 민족운동의 터전인 간도 명동중학에 입학했어요. 1919년 회령에서 벌어진 만세운동에 참여한 나운규는 일제 경찰에 쫓기는 몸이 되었지요. 그리고 무장독립군 단체인 도판부에 가입했어요. 도판부는 독립군이 진격하기 전에 먼저 터널이나 전신주를 파괴하는 특별 임무를 수행하는 결사대예요.

"자네는 머리가 비상하니 공부를 더 해서 큰일을 하는 독립운동가가 되게."

훈련 중 만난 한 독립군 선배의 충고는 그의 마음을 움직였어요. 그길로 나운규는 연희전문에 들어가기 위해 경성으로 갔지요. 그러나 도판부의 명단이 발각되면서 2년간 감옥살이를 해야 했어요.

감옥에서 나온 나운규는 예림회라는 극단에 가입하여 연극배우가 되었답니다. 단역부터 출발하여 점점 연기력을 인정받은 그는 자신이 보고 겪은 식민지 백성의 고통과 슬픔을 영화로 만들겠다고 마음먹었어요. 그는 문득 어린 날 철도공사장에서 들었던 노래를 떠올렸어요. 노래에서 느껴지던 알 수 없는 슬픔이 바로 우리 민족의 한을 담고 있다는 생각이 들었지요. 그 노래를 소재로 만든 영화가 바로 〈아리랑〉이에요.

일제강점기 영화계를 이끌며 수많은 작품을 만든 나운규는 서른여섯이라는 젊은 나이에 세상을 떠났어요. 그러나 그가 남긴 영화들은 그 시절을 힘겹게 버티며 살던 우리 민족의 설움을 위로해주고 민족정신을 일깨우는 큰 힘이 되었지요.

키워드로 살펴보기

#아리랑 우리 민요 아리랑을 소재로 만든 무성영화예요. 나운규가 각본과 감독, 주인공을 맡았지요. 3·1운동으로 잡혀갔다가 실성한 주인공이 여동생을 괴롭히는 악덕 마름을 죽인 후 정신이 돌아오지만 일본 순사에 끌려간다는 내용이에요.

| 한국 위인 089 | 조국 독립에 꽃다운 목숨을 바친
3·1 만세운동의 순국열사 **유관순** |

"대한독립만세!"

1919년 3월 1일 낮 12시 정각이에요. 종로 탑골공원에서는 우리나라의 독립을 외치는 만세운동이 벌어졌지요. 같은 날 천도교, 기독교, 불교 등 각 종교계 지도자로 구성된 민족대표 33인은 종로 태화관에서 독립선언문을 낭독하며 우리나라가 자주독립국임을 만방에 알렸어요. 태극기를 손에 든 사람들은 한마음으로 목이 터져라 "대한독립만세!"를 외쳤지요. 이화학당에 다니던 유관순도 비밀결사대가 되어 만세운동에 참가했답니다. 학생들의 참여가 끊이지 않자 일제는 전국에 휴교령을 내렸어요. 유관순과 친구들도 고향으로 내려가야 했지요. 기차에 오른 뒤 한 친구가 말했어요.

"얘들아, 칙칙폭폭 바퀴 소리가 꼭 동전 한 푼, 동전 한 푼 그러는 거 같지 않니?"

모두들 딱 맞는다며 까르르 웃었어요. 그때 유관순이 말했지요.

"그래? 내 귀엔 조선독립, 조선독립이라고 들리는걸."

그 말을 듣고 보니 친구들도 정말 그렇게 생각됐어요. 무어든 마음에 있는 대로 들리는 법이니까요. 유관순의 마음은 온통 조국의 독립으로 가득 차 있었던 거예요.

유관순은 1902년 오늘날의 천안 지역인 충청남도 목천군 이동면 지령리의 한 기독교 집안에서 태어났어요. 애국 운동에 적극적으로 참여하던 매봉교회에 다니며 나라의 독립에 대한 의식을 더욱 키웠지요. 어릴 때부터 쾌활하고 활동적이던 유관순은 한 번 뜻을 두면 꼭 이루고야 마는 굳은 의지가 있었어요.

처음 서울과 지방의 큰 도시에서 시작된 3·1 만세운동은 점차 작은 도시와 시골 곳곳은 물론 다른 나라로도 번졌어요. 집에 내려간 유관순도 부모님, 집안 어른들과 함께 고향 마을 아우내 장터에서 만세운동을 벌이기로 계획했어요. 유관순은 사람들에게 나눠줄 태극기를 일일이 그려 준비하고 마을마다 돌아다니며 그 사실을 알렸지요.

1919년 4월 1일, 드디어 아우내 장터에서도 독립선언문이 울려 퍼졌어요. 3천 명이나 되는 많은 사람이 일제히 만세를 부르며 행진했답니다. 인근에서 가장 큰 규모의 만세운동이었지요. 겁이 난 일제 경찰은 사람들을 향해 마구 총을 쏘아댔어요. 유관순의 어머니와 아버지는 그만 그들의 총탄에 맞아 돌아가시고 말았어요. 유관순과 오빠도 체포되어 옥에 갇혔지요.

서울 서대문형무소로 옮겨진 유관순은 감옥 안에서도 만세운동을 주도하곤 했어요. 그럴 때마다 심한 매질을 당하고 모진 고문을 받았어요. 3·1 만세운동 1주년이 되던 날, 다시 만세운동을 이끈 유관순은 고문의 후유증으로 몸이 크게 상했지요. 그러다 결국 열아홉이라는 꽃 같은 나이에 옥중에서 숨을 거두었답니다. 유관순이 남긴 마지막 말은 나라를 위한 그의 마음이 얼마나 진심 어린 것이었는지를 알 수 있게 해줍니다.

"나라에 바칠 목숨이 오직 하나밖에 없는 것만이 소녀의 유일한 슬픔입니다."

키워드로 살펴보기

#삼일운동 일제강점기인 1919년 3월 1일에 일어난 독립만세운동이에요(3·1운동). 각 민족의 운명은 스스로가 결정해야 한다는 미국 윌슨 대통령의 민족자결주의에 영향을 받은 조선의 유학생들이 1919년 2월 8일 도쿄에서 2·8 독립선언서를 발표했어요. 이에 우리나라에서도 고종의 장례일을 계기로 대규모 평화적 시위운동인 3·1운동이 일어났지요.

한국 위인 090
일본군 사령관에게 폭탄을 던진 애국지사
윤봉길 의사

　1926년, 공동묘지 옆을 지나던 청년 윤봉길은 이상한 광경을 보았어요. 웬 남자가 묘 주인의 이름이 쓰인 나무 묘표를 여러 개 뽑아들고 번갈아 바라보며 울상을 짓고 있었지요. 윤봉길을 발견한 남자는 반가운 표정으로 묘표들을 내밀며 부탁했어요.
　"내 글을 몰라 우리 아버지 묘가 어딘지 모르겠소. 혹시 글을 알면 좀 찾아주시오."
　윤봉길은 기가 막혔어요. 이름을 찾는다 해도 묘표가 뽑혀 어디가 누구 묘소인지 구별하는 게 불가능했으니까요. 그는 남자의 어리석은 모습을 보며 뼈저리게 느꼈어요.
　'우리 민족이 힘을 키워 독립을 하려면 우선 교육이 필요해. 나부터 앞장서야겠어.'

　윤봉길은 충남 예산군 덕산면 시량리의 부유한 농가에서 장남으로 태어났어요. 윤관 장군의 후손답게 어려서부터 씩씩하고 기개가 넘쳤지요. 소년이 된 그는 유학자 성주록이 운영하는 오치서숙이라는 글방에 들어가 항일정신을 키웠어요. 공동묘지에서 만난 남자의 무지함에서 깨달음을 얻은 윤봉길은 농촌계몽운동을 시작했어요. 그러나 그의 활동에 대한 일본 경찰의 감시는 날로 심해졌어요. 윤봉길은 '장부가 집을 나가니 살아 돌아오지 않는다'는 비장한 글을 남기고 중국으로 건너갔답니다.

상하이에서 임시정부의 김구 선생을 만난 윤봉길은 한인애국단에 가입했어요. 그리고 일제의 침략 주모자를 암살하는 거사를 계획하였지요. 그의 목표는, 상하이사변을 일으켜 상하이를 점령한 일본군 사령관 시라카와 등 침략의 우두머리들이었어요.
"저는 한 시간밖에 필요 없으니 제 시계와 선생님 것을 바꾸시지요."
거사를 위해 떠나기 직전, 윤봉길은 새로 산 자신의 좋은 시계를 김구 선생의 헌 시계와 바꾸자고 했어요. 죽을 각오를 한 그에겐 좋은 시계가 필요 없었지요.

1932년 4월 29일 상하이 훙커우공원에서는 천황의 생일과 상하이사변 승리를 축하하는 기념식이 열렸어요. 윤봉길은 폭탄 두 개를 물통과 도시락으로 가장한 후 공원에 숨어들었어요. 때를 노리던 그는 오전 11시 40분경 단상으로 물통 폭탄을 던졌어요. '쾅!' 하는 폭음이 하늘과 땅을 뒤흔들었어요. 단상 위의 요인들이 파편을 맞고 쓰러졌어요. 시라카와는 이로 인해 한 달 후 죽음을 맞았지요. 목적을 이룬 윤봉길은 바로 자결용 도시락 폭탄을 터뜨리려 했지만 일본군에게 체포되고 말았답니다.

윤봉길 의사의 의거는 전 세계 사람들을 깜짝 놀라게 했어요. 그들은 우리나라가 독립을 위해 얼마나 열심히 싸우고 있는지 잘 알게 되었지요. 특히 중국군 사령관 장제스는 "중국의 백만 대군이 해내지 못한 일을 한국의 의사 한 명이 해냈다"며 깊이 감명했어요. 그 후 그는 우리 임시정부의 항일투쟁을 적극적으로 지원해주었어요. 또 훗날 미국, 영국, 중국의 연합국이 모여 개최한 카이로회담에서도 한국의 독립을 강력히 주장하여 이를 합의하도록 도왔답니다.

윤봉길 의사는 낯선 일본 땅 가나자와의 육군 형무소에서 사형을 당했어요. 나라와 민족을 위해 몸 바쳐 일한 의로운 사람을 의사라고 해요. 조국 독립을 위해 죽음을 무릅쓰고 의거를 일으킨 그는 우리나라의 독립을 이끈 진정한 의사 중의 의사였지요.

키워드로 살펴보기

#한인애국단 대한민국 임시정부에서 조직한 항일독립운동단체예요. 김구를 중심으로 뭉친 조직으로, 일제 침략을 이끈 주요 인물을

암살하여 일제에 타격을 주는 것이 목적이었어요.

#장제스　　중국의 정치가 장제스는 1911년까지 일본 군대에서 근무했어요. 그는 신해혁명 때 중국으로 돌아와 청나라를 타도하여 새로운 중국을 건설하는 데 노력했어요. 1927년 상하이쿠데타를 일으켜 공산당을 제거하고 1928년 베이징을 점령한 그는 중국 국가 주석으로 취임하였습니다. 장제스는 대한민국임시정부를 인정하고 독립을 위해 지원하였으며 한국에 대한 영향력을 가지려고 했으나 한국에 미군정이 들어서면서 배제되었어요. 1953년 대한민국 정부로부터 대한민국의 독립을 지원한 공로가 인정되어 건국훈장 대한민국장을 받았습니다.

| 한국 위인 091 | 우리 나비를 연구하여 세계에 알린 생물학자
석주명 |

유리창떠들썩팔랑나비, 눈많은그늘나비, 은판대기나비, 재순지옥나비, 가락지장사나비, 거꾸로여덟팔나비…. 이름만 들어도 우리는 이 나비들이 어떻게 생겼는지 눈으로 그려볼 수 있답니다. 유리창떠들썩팔랑나비는 날개 끝부분에 있는 타원형 투명막이 빛이 새어 들어오는 유리창을 닮았어요. 날아다닐 때는 사방이 떠들썩하게 쉼 없이 팔랑거리지요. 생김새뿐 아니라 어디에 사는지도 알 수 있어요. 눈많은그늘나비는 날개에 눈 모양이 많고 주로 그늘에서 날아다녀요. 재순지옥나비는 우리나라 청년인 장재순이 처음 잡은 지옥나비의 한 종류지요. 지옥나비란 지옥에 갈 때처럼 죽도록 고생해서 높은 산에 올라야만 볼 수 있는 나비를 말해요. 그렇다면 누가 이렇게 재미있는 이름을 지었을까요. 바로 나비연구에 일생을 바친 생물학자 석주명이에요.

석주명은 1908년 평양에서 태어났어요. 보통학교를 졸업한 후에는 숭실고보에 입학했어요. 그 당시 숭실고보는 학생들에게 민족정신을 길러주는 것으로 유명했어요. 그런 영향으로 그는 일제의 억압으로 점차 잊혀가던 우리 것에 대한 관심이 싹텄지요. 그러나 수업거부 운동으로 학교가 문을 닫자 송도고보로 옮겨야 했어요. 송도고보 때 덴마크의 낙농업을 동경했던 그는 축산을 전공하기 위해 일본의 카고시마고등농림학교로 유학을 갔어요. 축산보다 생물학에서 더 좋은 선생님을 만난 일은 그의 인생을 바꾸어놓았어요. 그는 축산을 포기하고 곤충과 식물을 주로 공부하였답니다.

졸업 후 석주명은 송도고보에서 생물을 가르치는 선생님이 되었어요. 학생들을 가르치는 틈틈이 우리나라 나비를 채집하고 연구하기 시작했지요. 그는 아무리 험한 산골이나 외딴 섬이라 해도 나비가 살고 있다면 어디든 갔어요. 지도 위에서 자신이 다녀온 곳을 빨간 선으로 표시해보니 거미줄 모양처럼 복잡한 선이 되어 있었다고 해요. 그 결과 그는 어느 지역에 어떤 나비가 살고 있는지 훤히 알게 되었어요. 그런데 어느 날, 일본인 학자들이 만들어놓은 나비도감과 자신이 채집한 우리 나비들을 비교해보던 그는 놀라운 사실을 발견했어요.

"이럴 수가! 일본 학자들이 틀렸어. 새로 발견한 종류라며 새 이름을 붙였지만 실은 이전에 있던 나비하고 크기와 모양만 조금씩 다를 뿐이야. 결국 같은 종의 나비였어."

그는 일본학자들이 새로운 종인 줄 알고 잘못 이름 붙인 우리 나비 수백 종의 이름을 없애고 바로잡았어요. 그리고 우리 나비 종류를 모두 모아 정리한 영어책을 썼지요. 그 책이 외국에 전해지면서 그는 세계적인 나비 학자로 널리 알려지게 되었답니다.

1950년 6·25 전쟁이 터졌어요. 박물관을 향해 걸어가던 석주명은 의문의 총탄을 맞고 목숨을 잃었어요. 더 오래 살았다면 나비에 관한 더 많은 업적을 남겼을 그의 삶은 그렇게 허무하게 끝이 났어요. 그러나 나라도 말도 빼앗겼던 암울한 일제강점기, 석주명은 우리 나비에 대한 순수한 열정과 치열한 노력으로 그 누구도 따라올 수 없는 나비전문가가 되었어요. 엄청난 양의 나비 채집과 연구를 통해 쌓은 전문성으로 일본 학자들의 오류를 바로잡았고 그들의 존경을 받았지요. 그는 아무리 억눌러도 봄이면 되살아나는 들풀처럼 강인한 우리 민족의 기상과 뛰어난 능력을 일제와 세계만방에 떨친 위대한 과학자예요.

키워드로 살펴보기

#개체변이 일본학자들이 새로운 종의 나비라고 오해한 이유는 그 나비들이 이전과 같은 종의 개체변이라는 사실을 알지 못했기 때문이에요. 개체변이는 같은 종의 생물이지만 각각 다른 형질적 특징을 띠는 현상을 말하지요.

| 한국 위인 092 | 난해한 작품으로 세상을 깜짝 놀라게 한 천재 작가
이상 |

13인의아해가도로로질주하오.(길은막다른골목이적당하오.)
제1의아해가무섭다고그리오.
제2의아해도무섭다고그리오.
제3의아해도무섭다고그리오.

일제강점기인 1934년 여름, 〈조선중앙일보〉에 앞부분이 이렇게 시작되는 연작시의 첫 편이 실렸어요. '아해'는 '아이'의 옛날 말이에요.

"도대체 이게 시가 맞소? 무슨 내용인지 알 수가 있어야지."

"당장 중단하지 않으면 신문을 끊을 거요!"

신문사에는 독자들의 항의가 빗발쳤어요. 할 수 없이 연재를 중단해야 했지요. 띄어쓰기조차 되어 있지 않고 우리가 알고 있는 일반적인 시의 모습과는 너무나 다른 이 시는 어떤 작품일까요. 시의 제목은 〈오감도〉랍니다. 천재 시인이며 소설가인 이상이 지었지요.

이상의 본명은 김해경이에요. 이상은 글 쓸 때 쓰는 이름인 필명이랍니다. 김해경은 1910년 경성에서 태어났어요. 세 살 때 큰아버지의 양자가 되었지요. 그의 꿈은 화가였어요. 하지만 큰아버지의 뜻에 따라 경성고등공업학교 건축과에 들어갔어요. 졸업 후에는 조선총독부의 건축기사로 일했지요. 글솜씨도 뛰어났던 김해경은 총독부 잡지에 첫 장편 소설을 연재한 후 줄곧 시와 소설을 썼어요.

이상이라는 필명은 〈건축무한육면각체〉라는 일본어 연작시를 발표할 때부터 사용하기 시작했어요. 이 시들도 〈오감도〉만큼이나 독특한 내용이에요.

사각형의내부의사각형의내부의사각형의내부의사각형의내부의사각형.

시의 맨 처음 구절이에요. 그때 도쿄와 경성에는 미스코시백화점이라는 최신식 건물이 있었어요. 겉도 내부도 모두 사각형이었지요. 이상은 그전에는 보지 못했던 이 새로운 건물의 모양과 내부 풍경에서 느낀 충격을 시로 묘사했다고 해요.

그런데 이상은 당시에 크게 번졌던 폐결핵에 걸리고 말았어요. 건축 일을 그만두고 온천으로 요양을 가야 했지요. 그곳에서 기생 금홍을 만난 그는 경성으로 함께 돌아와 제비라는 다방을 차렸어요. 제비에 드나들던 문인들과 교류하기 시작한 이상은 문학인 모임인 구인회에 가입하며 많은 작품을 썼어요. 박태원의 중편소설《소설가 구보씨의 일일》에 삽화를 그려주기도 했지요. 이상은 이때 겪은 일을 바탕으로《날개》라는 소설을 썼어요. 이상의 대표작이죠. 소설 속 주인공은 겨드랑이에 날개가 돋아 답답한 현실에서 벗어나고 싶어 해요. 이는 일제의 억압에 짓눌린 식민지 청년의 고뇌와 자유를 향한 간절한 마음이 담겼다고 해석되고 있답니다.

거듭된 사업 실패 끝에 그는 새 출발을 위해 도쿄로 갑니다. 하지만 폐결핵이 악화되어 스물일곱이라는 젊은 나이에 세상을 떠났어요. 이상은 이해하기 힘든 기호와 표현들, 파격적인 형식의 초현실주의 문학으로 우리 문단에 큰 자극을 주었어요. 그의 작품은 오늘날까지도 풀기 어려운 수수께끼로 남아 있어요. 그래서 저마다 다른 해석으로 그를 평가하는 작업이 계속되고 있답니다.

키워드로 살펴보기

#오감도 새처럼 높은 곳에서 내려다보는 그림을 조감도라고 해요.

이상은 첫 글자인 '새 조(鳥)' 자에서 한 획을 뺀 '까마귀 오(烏)' 자로 바꾸어 '오감도'라는 제목을 만들었어요.

#초현실주의   1919년부터 약 20년간 프랑스를 중심으로 일어났던 문학 및 예술 운동이에요. 우리나라에서는 1930년대 중반, 이상이 프랑스의 초현실주의적인 전위파 이론을 문학에 처음으로 실험한 시 〈오감도〉가 대표적 작품입니다.

| 한국 위인 093 | 한국 동요의 아버지 아동문학가
윤석중 |

"자, 풍금 소리에 맞춰 따라 해보자. 하루가 기타. 하루가 기타. 도코니 기타."

"선생님, '하루가 기타'는 '하루가 길다'는 뜻인가요?"

"일본어로 봄이 왔다는 말이잖아. 하루가 봄인 것도 몰라? 이 바보 녀석!"

학교에서 동요를 배우던 소년 윤석중은 일본인 교사에게 핀잔을 듣자 시무룩해졌어요. '예쁜 우리말 봄이 있는데 왜 하루라고 해야 돼?'라는 생각이 들었지요. 집에 돌아간 그는 우리말로 〈봄〉이라는 시를 지었어요. 그제야 진짜 봄이 온 것 같았지요.

경성 수표교 근방에서 태어난 윤석중은 두 살 때 어머니를 여의고 외할머니 손에 컸어요. 여덟 살이던 1919년에는 3·1 만세 운동을 목격했답니다. 마치 수많은 벌이 붕붕거리며 날아가는 소리처럼 온 시내가 함성으로 가득 찼어요. 함성을 막으려는 총소리도 들렸지요. 그 일은 어린 그의 가슴에 충격으로 새겨졌어요. 서당에 다니다가 열 살이 넘어 들어간 보통학교에서는 우리말을 못 쓰고 일본말만 써야 했지요. 윤석중은 그런 일들을 겪으며 내 나라 내 말을 잃은 식민지 조국의 현실을 깨우치게 됐어요. 그리고 아이들을 위해 우리말로 된 동요를 쓰는 아동문학가가 되어야겠다고 결심했지요.

　일본말로 된 동요가 싫어 직접 지은 윤석중의 〈봄〉은 잡지 〈신소년〉에 뽑혔어요. 그다음 해에는 동요 〈오뚝이〉가 잡지 〈어린이〉에 실렸지요. 〈조선물산장려가〉라는 시로 글짓기 대회에서 1등상을 받기도 했어요. 윤석중은 글 잘 쓰는 천재 소년으로 유명해졌어요.

　양정고보에 다니던 윤석중이 졸업을 며칠 앞두고 있을 때 광주학생항일운동이 일어났지요. 그는 '나라 없는 수모를 겪는데 그깟 졸업장이 무슨 소용인가'라며 학교를 그만두었어요. 그 대신 나라의 미래인 아이들을 위한 민족운동에 힘을 쏟기로 했답니다. 어른이 된 윤석중은 수많은 동요를 발표하며 일제의 탄압에 짓눌린 우리 아이들의 해맑은 동심을 찾아주려 했어요. 또 방정환에 이어 〈어린이〉의 주간으로 편집을 맡아 우리 문화의 정신을 어린이에게 심어주었지요.

1945년 그렇게 바라던 해방이 이루어졌어요. 윤석중은 해방의 기쁨을 〈새 나라의 어린이〉에 담았지요. 그다음 해에는 일제에 의해 폐지되었던 어린이날을 다시 만들며 〈어린이날 노래〉를 지었답니다. 또 〈졸업식 노래〉의 노랫말도 썼지요. 6·25 전쟁 후에는 새싹회를 만들어 아동문학 발전에 힘쓰며 어린이문화운동을 이어갔어요.

윤석중은 일생 동안 1천 200편이 넘는 동요 가사와 동시, 동화를 썼어요. 그중 노래로 만들어진 것만 800여 편이 넘는답니다. 〈낮에 나온 반달〉, 〈퐁당퐁당〉, 〈나란히 나란히〉, 〈도리도리 짝짜꿍〉, 〈우산 셋〉, 〈기찻길 옆〉, 〈새 신〉 등 우리가 어릴 때부터 들어온 수많은 동요가 그가 노랫말을 쓴 작품이지요. 윤석중이 쓴 동요는 밝고 명랑하며 어린이의 눈높이와 마음으로 보는 세상이 그대로 담겼다는 평을 받고 있어요. 우리나라에서 창작동요가 처음 만들어진 1920년대부터 현대에 이르기까지 우리 동요를 만들고 퍼뜨리는 데 평생을 바친 윤석중은 한국 동요의 아버지라고 불린답니다.

키워드로 살펴보기

#육십만세운동 #광주학생항일운동　육십만세운동(6·10만세운동)은 순종황제의 장례일인 1926년 6월 10일에 학생들의 주도

로 벌어진 독립만세운동이에요. 광주학생항일운동은 1929년 11월 광주에서 학생들에 의해 시작된 후 시민들도 참여하면서 3·1운동 이후 최대 규모의 전국적인 항일투쟁으로 발전했지요.

한국 위인 094	대한 남아의 기상을 베를린 하늘에 떨친 마라톤 금메달 주자 **손기정**

"와아! 와아! 보인다! 저기 한 동양인 선수가 경기장 안으로 들어온다!"

1936년 여름, 베를린 올림픽 메인 경기장에 관객의 함성이 울렸어요. 올림픽의 꽃이라 불리는 마라톤 경기의 마지막 순간이었지요. 일등으로 결승점을 통과한 선수는 가슴에 일장기를 달고 있었어요. 기자들이 인터뷰를 청하자 그는 의외의 말로 답했어요.

"난 일본인이 아니오. 한국인이오."

그의 이름은 손기정이에요. 한국 최초로 올림픽 마라톤에서 금메달을 딴 선수지요.

손기정은 1912년 신의주의 한 가난한 집에서 태어났어요. 그는 어릴 때부터 달리기를 좋아했어요. 아들이 달리는 게 못마땅했던 어머니는 일부러 큰 고무신을 신겼어요. 고민 끝에 그는 신발을 새끼줄로 묶고 달렸어요. 그러고도 운동회에 나가면 일등을 차지했지요. 손기정의 달리기 사랑에 두 손 든 어머니는 값비싼 운동화 대신 가벼운 일본 버선인 다비를 사주며 그를 응원했어요. 집안의 생계를 책임져야 했던 손기정은 밤낮으로 군고구마와 군밤 등을 팔러 시내 여기저기를 뛰어다녔어요. 그런 형편에서도 달리고 또 달렸지요. 일제에 나라를 빼앗겼지만 적어도 달리기에서만큼은 지지 않을 자신이 있었어요.

1931년 손기정은 평안북도 대표로 전국 체육대회인 조선신궁대회에 나갔어요. 5천 미터 달리기에서 2위를 차지했지요. 그때부터 마라톤에 뜻을 둔 그는 첫 도전인 동아일보 주최 마라톤 대회에서 2위에 올랐답니다. 이후 그는 각종 마라톤 대회에서 1등을 차지하며 남승룡과 함께 베를린 올림픽 출전 국가대표로 뽑혔어요. 올림픽 참가를 위해 서울역을 출발한 두 사람은 13일의 긴 기차여행 끝에 베를린에 도착했어요.

"마라톤 대표단에 왜 조센징이 두 명이나 끼어 있소?"
그들을 맞은 독일주재일본대사관 직원은 대뜸 인상을 쓰며 그런 말을 던졌어요. 조센징은 일본인이 우리나라 사람을 얕잡아 쓰는 표현이었어요. 그 순간 손기정은 서러워 왈칵 눈물이 차올랐지만 꾹 참았어요. 그리고 반드시 우승해서 그들의 코를 납작하게 해주겠다고 마음먹었지요. 그는 그때 누군가 사인을 부탁하면 반드시 'KOREA 손기정'이라고 쓰고 그 옆에 한반도를 그려 넣었어요. 발각되면 감옥에 갈 일이었지만 그는 그 기회에 우리나라의 이름과 식민지의 억울함을 전 세계에 알리고 싶었던 거예요.

드디어 올림픽 대회의 마라톤 경기 날이 밝았어요. 손기정은 베를린 땅을 힘차게 밟으며 이를 악물고 달렸지요. 그의 발 위에는 독립을 바라는 온 조선인의 바람이 함께했어요. 그는 결국 대망의 금메달을 손에 거머쥐었어요. 남승룡도 동메달을 땄지요. 그들의 우승 소식을 들은 온 나라 사람들은 거리로 뛰쳐나가 얼싸안고 눈물을 흘리며 기뻐했어요. 비록 태극기가 아닌 일장기를 달고 뛸 수밖에 없었지만 손기정의 승리는 나라를 잃고 의기소침해 있던 우리 민족에게 큰 용기를 주었어요. 우리에겐 전 세계에서 1등을 차지할 만큼 무한한 가능성이 있음을 일깨워준 값진 쾌거였지요.

키워드로 살펴보기

#일장기말소사건 〈동아일보〉와 〈조선중앙일보〉는 손기정의 올림픽 마라톤 우승 소식을 전하며 그의 사진에서 가슴 부분의 일장기를 지운 채 보도했어요. 이 사건으로 관계자들은 총독부에 연행되어 고문을 받고 두 신문은 무기정간 당하거나 폐간되었어요.

한국 위인 095

별처럼 맑은 눈으로
바람 앞의 잎새 같은 조국을 사랑한 시인 **윤동주**

죽는 날까지 하늘을 우러러

한 점 부끄럼이 없기를

잎새에 이는 바람에도

나는 괴로워했다.

시인 윤동주가 쓴 〈서시〉의 앞 구절이에요. 이렇게 멋진 시를 쓴 그는 독립운동의 요람인 북간도 명동촌에서 태어났어요. 어린 동주의 제일 친한 친구는 고종사촌인 동갑내기 송몽규였어요. 두 사람은 쌍둥밤이라고 불릴 정도로 붙어 다녔지요. 그 당시 유행한 〈어린이〉 잡지를 즐겨 읽던 둘은 소학교 5학년 때 친구들과 함께 어린이 잡지인 〈새 명동〉을 만들기도 했답니다.

용정으로 이사를 간 윤동주는 은진중학교에 입학했어요. 사춘기가 된 그는 꿈도 많고 의욕도 넘쳤어요. 축구선수로 활약하며 웅변대회에 나가 1등을 했지요. 문예반을 만들어 활동하면서 처음으로 시도 지었어요. 그 뒤 평양 숭실학교와 용정 광명학원 중학부에 편입해서 졸업하기까지 수십 편의 시를 쓰고 발표했지요.

졸업 후 연희전문에 들어간 윤동주는 본격적으로 시를 썼어요. 그때 일제는 침략 야욕이 극에 달했어요. 창씨개명을 강요하고 젊은이들을 징용해 군대로 끌고 가는 등 우리나라에 대한 탄압이 더욱 심해졌지요. 윤동주는 점차 식민지 조국의 암담한 현실에 눈을 뜨게 되었어요. 현실과 내면의 차이에서 생긴 고민 끝에 그는 자신에게 주어진 길을 깨달았어요. 독립의 아침이 올 때까지 캄캄한 어둠에 빠진 조국을 조금이라도 밝혀주는 등불을 켜겠다고 마음먹었지요.

졸업을 앞둔 윤동주는 자신의 시들을 모아 《하늘과 바람과 별과 시》라는 시집을 내려고 했어요. 그러나 일제에 대한 저항 의식이 담긴 작품들이라 검열에 걸릴 게 분명했지요. 출판을 포기한 그는 자신이 직접 손으로 써서 시집을 냈답니다. 그리고 일본 유학을 떠났어요. 동경 릿쿄대학을 거쳐 송몽규가 있던 교토로 가서 도시샤대학에 편입했지요.

하지만 일제는 조선인 징병을 반대하고 저항시를 쓴 윤동주를 가만히 놓아두지 않았어요. 1943년 7월, 윤동주는 숙소에 들이 닥친 일본 경찰에 끌려갔어요. 송몽규 역시 체포되었어요. 재판을 받은 두 사람은 독립운동을 한 혐의로 징역 2년형을 선고받았지요. 후쿠오카 형무소에 갇힌 윤동주는 원인 모르게 점점 몸이 쇠약해졌어요. 그러다 1945년 2월 16일, 스물아홉 젊은 나이로 갑작스레 세상을 떠났답니다. 얼마 후 송몽규도 그의 뒤를 따랐어요. 가까운 이들은 그들의 죽음에 석연치 않은 면이 있다고 여겼지요. 형무소에서 정체를 알 수 없는 주사를 놓았다는 이야기도 전한답니다.

맑고 깨끗한 눈으로 세상을 바라보고 양심에 비추어 스스로 부끄럽지 않은 삶을 살려 했던 시인 윤동주는 어린 날 헤아리던 먼 밤하늘의 별이 되었어요. 일제는 그를 죽음으로 내몰았지만 시와 조국을 사랑했던 그의 마음만은 없애지 못했어요. 아무리 못 쓰게 막아도 끈질기게 살아남은 우리말과 그 안에 깃든 민족의 혼처럼 말이지요.

키워드로 살펴보기

#저항시 일제에 대한 저항을 담은 시예요. 일제강점기의 대표적 저항시로는 윤동주의 〈서시〉와 〈쉽게 쓰인 시〉, 이상화의 〈빼앗긴 들에도 봄은 오는가〉, 한용운의 〈님의 침묵〉, 이육사의 〈광야〉, 심훈의 〈그날이 오면〉 등이 꼽히지요.

한국 위인 096
마음을 담아 소와 가족을 그린 화가
이중섭

이중섭은 일제강점기에 평안남도 평원군의 대지주 집안에서 태어났어요. 어릴 때부터 그림 그리는 걸 어찌나 좋아했던지 어머니가 사과를 주시면 우선 그걸 그린 다음에 먹었지요. 오산학교에 들어간 소년 중섭은 스승 임용련의 가르침을 받으며 본격적인 미술공부를 시작했어요. 그때 그는 소에 관심이 생겼지요. 외국 소와는 다른 우리나라 소만의 순박한 표정과 우직한 몸짓을 그림으로 표현하고 싶었답니다.

'서양 것을 따라 하는 건 의미가 없어. 우리 고유의 혼과 정서를 그림에 담아야 해.'

그의 내면에서는 점차 그런 생각이 싹트기 시작했어요.

청년이 된 이중섭은 도쿄로 미술공부를 하러 떠났어요. 그곳에서 그는 평생 사랑할 마사코를 만났답니다. 고향에 돌아온 그는 한국으로 건너온 마사코와 결혼했어요. 이중섭은 아내에게 이남덕이라는 한국 이름을 지어주었지요. 두 사람은 행복한 신혼을 보냈어요. 그 당시 그는 닭을 키우며 닭 그림에 몰두하기도 했지요.

 1950년 6·25가 일어났어요. 이중섭은 아내와 두 아이를 데리고 부산으로 피난을 갔답니다. 우여곡절 끝에 제주도로 건너간 그의 가족은 잠시 안정을 되찾았어요. 아내가 일을 나가면 이중섭은 아이들과 바닷가에서 게와 물고기를 잡고 놀거나 그림을 그렸지요. 하지만 가난한 그는 그림 그릴 종이를 살 돈이 없었어요. 시무룩해진 그의 눈에 사람들이 무심코 구겨버린 담뱃갑의 은박지가 들어왔답니다. 은박지를 잘 펴서 철필로 그림을 그리니 훌륭한 작품이 나왔어요.

 부산으로 돌아와 생활고에 시달리던 이중섭은 아내와 아이들을 도쿄의 외가로 떠나보냈어요. 혼자 남은 그는 외로움에 시달렸지요. 그는 날마다 가족에게 편지를 썼어요. 편지 속에는 그리움이 담긴 그림과 글씨가 빼곡하게 채워져 있었지요.
 '전시회를 열어야 해. 그림을 팔아 돈을 벌면 가족과 함께 살 수 있을 거야.'
 그는 그런 생각으로 열심히 그림을 그렸어요. 고생 끝에 그는 마침내 전시회를 열었어요. 하지만 더욱 절망에 빠지고 말았지요. 그림은 팔렸지만 그림값이 제때 들어오지 않았거든요. 스스로 만족하지 못한 그림을 남에게 파는 것 같아 그것도 괴로웠고요. 그는 몸과 마음에 병이 들기 시작했어요. 결국 병원에 입원하게 된 이중섭은 그리운 가족을 다시 만나지 못한 채 홀로 숨을 거두었답니다.

아이들, 아내, 소, 자신이 키우던 닭과 바다의 게에 이르기까지, 이중섭은 늘 마음속에 자리한 것과 간절히 꿈꾸는 것들을 그렸어요. 이중섭의 그림은 선과 색채로 표현된 그의 마음이에요. 마음이 담긴 작품은 다른 사람의 마음을 움직이지요. 그가 그린 아이들을 보면 우리도 아무 걱정 없이 뛰놀고 싶어져요. 기운이 넘치는 소를 볼 때면 온몸에 힘이 솟아나요. 또 그의 편지 속에서 보고 싶은 마음을 꾹꾹 눌러 담아 그린 삽화를 발견하면 아내와 아이들을 사랑하는 가장의 자상한 마음에 눈시울이 시큰해진답니다. 그의 몸은 외로움과 고통 속에 죽었지만 그림 안에 담긴 따뜻한 눈길과 사랑의 마음은 내내 사라지지 않지요. 언제든 우리가 진심으로 작품을 대할 때면 살아 있던 날의 그가 생각하고 느끼던 것과 똑같은 감성에 빠질 수 있어요. 화가나 작가가 된다는 건 자신의 그림과 글 속에서 영원히 살아 있게 되는 일이지요.

키워드로 살펴보기

#은지화   담뱃갑 속지인 은박지에 그린 그림이에요. 뾰족한 도구

로 은박지에 그림을 그린 후 파인 부분에 물감을 입혀 닦아내는 방법으로 완성하지요. 이중섭의 은지화 중 3점이 세계적인 미술관인 뉴욕 현대미술관에 소장되어 있답니다.

#위작　다른 사람의 작품을 흉내 내어 비슷하게 만드는 일이나 그로써 만들어진 작품을 뜻해요. 이중섭의 작품은 유난히 위작 논란이 많았어요. 이는 이중섭이 한정된 소재를 반복적으로 사용했기 때문이에요. 그의 작품이 미술시장에서 고가에 거래되기 때문이기도 하지요.

한국 위인 097

평생 번 재산을 사회에 기부한 기업가
유일한

'아버님, 조국을 위해 평생을 바치겠다는 각오로 우리나라 대한의 '한' 자를 이름에 넣어 제 이름인 일형을 일한으로 바꾸려 합니다. 부디 허락해주십시오.'

미국에서 공부하던 한인 유학생 유일형은 고국의 아버지에게 편지를 보냈어요. 그의 편지를 읽은 아버지는 흔쾌히 승낙하는 답장을 썼지요.

'네 뜻이 참으로 훌륭하구나. 과연 내 아들이다. 이름을 당장 일한으로 바꾸도록 해라. 너를 따라 이곳의 네 동생들도 모두 이름의 끝 자를 대한의 '한'으로 바꾸겠다.'

그 아버지에 그 아들이라는 말이 딱 어울리는 부자간이었지요.

유일한은 1895년 평양에서 아홉 남매의 맏이로 태어났어요. 아버지 유기연은 재봉틀 대리점 등을 운영해 크게 성공했지요. 민족의식이 높았던 그는 자식들이 넓은 세상에서 새로운 지식을 배우고 견문을 넓혀 나라의 자주독립을 위해 큰일을 하길 바랐어요. 그래서 1904년 겨우 만 아홉 살의 유일한을 홀로 미국에 유학 보냈답니다.

유일한은 신문배달 등 스스로 일을 하며 학비를 마련했어요. 그러면서도 미식축구선수로 활약하고 웅변과 토론 실력을 갖추며 씩씩하게 미국 생활에 적응했어요. 1919년 대학 졸업 후 회계사로 일하던 그는 3·1운동 소식을 들었어요. 그는 필라델피아에서 열린 한인자유대회에 참여했지요. 독립선언서를 낭독하고 독립만세를 외친 이 행사에서 그는 결의문을 작성하고 발표했답니다. 그 후 그는 숙주나물 통조림을 개발하고 라초이라는 식품회사를 세워 사업가의 길을 걷기 시작했어요.

1925년 유일한은 숙주나물의 원료인 녹두를 구하기 위해 잠시 귀국했어요. 그는 가난과 질병에 시달리는 참담한 조선인의 현실을 보고 충격을 받았지요.

'나라를 되찾으려면 우선 국민이 건강해야 해. 제약회사를 차려 우리 국민의 질병을 치료하고 일자리를 만들어 가난에서 벗어나게 돕자.'

그는 제약회사인 유한양행을 세웠어요. 유일한이 회사를 세운 목적은 나라와 민족에 도움이 되기 위해서였지요. 그는 기업 활동을 하는 내내 그런 생각을 실천했어요. 기업의 주인은 개인이 아니라 종업원과 사회라며 개인회사를 주식회사로 만들었지요. 그리고 종업원들에게 주식의 일부를 나눠줬어요. 또 한 푼도 빠짐없이 제때 세금을 내서 국가 경제에 도움이 되려 했지요. 학교를 세워 기업의 돈으로 운영하며 인재를 키우기도 했어요. 국내에서 처음 전문경영인 제도를 실시한 곳도 유한양행이었어요. 그는 아들이 아닌 회사의 전무에게 경영권을 넘겨주었지요. 평생 근검절약했던 유일한은 죽기 전 자신의 전 재산마저 사회에 기부했답니다.

유일한이 죽은 뒤 사람들은 또 한 번 놀랐어요. 해방 직전 그가 조국독립을 위한 비밀무장침투요원으로 미국 전략첩보국에서 혹독한 특수훈련을 받은 사실이 드러난 것이지요. 미주지역 독립운동에 막대한 자금을 댔다는 사실은 이미 잘 알려져 있었어요. 그럼에도 그는 생전에 자신의 항일활동에 대해 아무 말도 하지 않았답니다. 유일한은 국익을 위해 일한 기업가이며 묵묵히 조국독립에 힘쓴 독립운동가였지요.

키워드로 살펴보기

#노블레스_오블리주 사회 지도층이 행해야 할 도덕적 의무를 뜻해요. 기업 활동을 통해 번 돈을 사회의 이익을 위해 사용하고 기부한 유일한의 경우도 노블레스 오블리주를 실천한 하나의 실례이지요.

한국 위인 098

한국의 슈바이처라 불리는 외과의사
장기려

"선생님, 제가 퇴원을 해야 하는데 입원비가 밀려 못 나갑니다. 당장 모내기를 못 하면 올해 농사를 망치게 됩니다. 나중에 꼭 갚을 테니 제발 저 좀 내보내주십쇼."

한 농부가 의사를 찾아와 사정했어요. 그러자 의사는 그의 귀에 속삭이듯 말했지요.

"이따가 밤에 내가 원무과 직원들 몰래 뒷문을 열어놓겠소. 그리로 도망치시오."

농부는 자신의 귀를 의심했어요. 그가 놀라 바라보자 의사는 껄껄 웃으며 말했지요.

"돈을 안 받으면 병원에선 절대 퇴원을 안 시켜줄 테고, 농사를 못 지으면 가족들이 굶을 텐데 방법이 없지 않소. 도망이라도 치는 수밖에."

농부는 의사가 열어놓은 문을 통해 밖으로 나갈 수 있었어요. 의사는 고마워 어쩔 줄 몰라 하는 농부에게 차비 하라며 돈까지 쥐어주었어요. 다음 날 직원이 캐묻자 그는 겸연쩍게 웃으며 전날의 일을 실토했지요. 이 의사의 이름은 장기려랍니다.

평안북도 용천 출신인 장기려는 독실한 기독교 집안에서 자랐어요. 아버지가 세운 의성학교를 다닌 후 송도고보에 들어갔지요. 졸업할 때쯤 가세가 기울자 학비가 싼 경성의학전문학교로 진로를 정했어요. 경의전에 들어간 그는 당시 조선 의술의 일인자인 스승 백인제가 가장 아끼는 제자가 되었어요. 장기려가 충수염 연구로 박사학위를 받자 스승은 모두가 가고 싶어 하는 큰 도립병원 외과 과장으로 그를 추천했답니다. 그런데 그는 그 자리를 마다하고 작은 평양 기홀병원으로 갔어요. 출세에 뜻이 없었기 때문이지요.

1943년, 서른세 살이던 장기려는 조선 최초로 간을 수술하며 스승의 뒤를 잇는 명성을 얻었어요. 해방 후에도 북한에서 환자를 돌보던 그는 1950년 남한으로 내려오며 함께 온 둘째 아들을 제외한 나머지 가족과 헤어지는 불행을 겪었답니다. 그는 죽을 때까지 재혼하지 않았어요. 늘 가족사진을 가지고 다니며 통일이 되어 가족과 만날 날만을 기다렸지요.

'합격한다면 의사를 못 보고 죽어가는 사람들을 위해 일생을 바치겠습니다.'

송도고보 시절 의학교 입시를 준비하며 장기려는 그렇게 기도했어요. 원하던 의사가 되자 평생 그 약속을 실천하며 살았지요. 전쟁 중에는 부산의 허름한 천막에 복음병원을 세우고 무료로 환자를 진료했어요. 또 청십자의료보험을 만들어 가난한 사람들이 쉽게 의료 혜택을 받을 수 있게 도왔답니다. 그는 치료비가 없는 사람들을 위해 항상 자신의 월급을 털어 대신 내주곤 했어요. 나중엔 월급을 미리 당겨쓰면서까지 그들을 돕다가 원무과 직원들이 이를 막았을 정도였지요.

1985년 그토록 그리던 가족을 만날 기회가 왔어요. 하지만 그는 "다른 이산가족도 많은데 나만 특혜를 받을 순 없소"라며 거절했지요. 그로부터 10년 후인 크리스마스 새벽 장기려는 결국 가족을 만나지 못한 채로 세상을 떠났답니다. 그의 머리맡에는 아내의 사진이 걸려 있었어요. 죽기 전 그는 가족들에게 이렇게 말했지요.

"지금 짧게 만나봐야 무슨 의미가 있겠어. 하늘나라에서 영원히 만나면 되지."

남을 돕느라 집 한 칸 없던 그는 죽을 때까지 복음병원 꼭대기의 작은 숙소에서 살았어요. 나보다 남을 먼저 배려하고 가진 것을 모두 털어 이웃을 도왔으며 가난한 사람을 위해 의술을 베풀다 간 장기려는 한국의 슈바이처로 불리고 있답니다.

키워드로 살펴보기

#청십자의료보험　1968년에 만들어진 국내 최초의 민간의료보험조합이에요. 전 국민의료보험제도 도입 전까지 생활이 어려운 영세민 치료에 큰 도움을 주었지요.

| 한국 위인 099 | 비디오아트의 선구자
백남준 |

쇼팽의 곡을 치던 피아노 연주자가 갑자기 손을 멈추고 무대에서 내려왔어요. 그는 객석에 앉은 스승의 넥타이를 가위로 싹둑 잘랐어요. 그리고 옆에 있는 동료 연주자의 머리에 샴푸를 들이부었어요. 그런 다음 공연장을 빠져나왔지요. 술집에 가 앉은 그는 천연덕스럽게 공연장에 전화를 걸어 연주가 끝났음을 알렸어요. 언뜻 황당하기까지 한 이 사건은 실은 해프닝이라는 행위 예술이에요. 오늘날엔 퍼포먼스라고 불리지요. 1960년에 만들어진 이 작품은 백남준의 〈피아노포르테를 위한 습작〉이랍니다.

1932년 경성 종로에서 태어난 백남준은 부유한 환경 덕에 일찍부터 피아노를 배웠어요. 중학교 때 본격적으로 피아노와 작곡, 성악 수업을 받은 그는 12음 기법을 창시한 아널드 쇤베르크를 통해 현대음악과 전위예술에 관심을 갖게 되었답니다. 아방가르드라고 불리는 전위예술은 이전의 예술에 저항하는 혁명적인 새 예술이지요.

　동경대를 거쳐 독일로 유학을 떠난 백남준은 미국의 현대음악 작곡가인 존 케이지의 연주를 듣고 충격에 빠졌어요. 존 케이지는 4분 33초 동안 연주자가 음악을 연주하지 않는 〈4분 33초〉라는 곡을 만들었어요. 그 시간 동안 관객들은 연주회장 안에서 우연히 발생하는 소음에 귀를 기울이게 되지요. 백남준은 소음도 음악이 된다는 사실이 놀라웠어요. 그런 깨달음을 얻은 그는 무대 위에서 바이올린과 피아노를 부수고 동물의 울음소리나 사이렌, 오토바이 엔진 소음 등이 녹음된 테이프를 틀었어요. 그 소리들이 어울려 내는 다양한 음을 관객과 함께하고자 했지요. 그러다 보니 공연 때마다 온갖 기이한 행동이 펼쳐졌고 사람들은 그를 문화 테러리스트라고 불렀답니다.

　그 후 백남준은 플럭서스라는 국제적인 전위예술 운동에 참가했어요. 플럭서스는 변화, 움직임, 흐름이라는 뜻을 지닌 말이에요. 미술에서 출발했지만 점차 음악, 연극, 시 등 다양한 분야를 넘나드는 통합예술로 발전했지요. 플럭서스 작가들은 행위가 담긴 해프닝을 벌이고 관객이 즉석에서 반응하는 우연한 행동을 그 속에 포함시켜 일상과 예술의 경계를 허물곤 했어요.

　백남준의 예술은 시대와 기술의 발전에 따라 점점 변화하고 진화했어요. 처음엔 녹음테이프를 이용하던 그는 당시 최첨단 기술인 TV와 비디오를 다루기 시작했어요. 그는 피아노 건반을 연주하듯 사람도 TV 속 영상의 색과 형태를 마음대로 조작할 수 있는 쌍방향 TV를 만들고 싶었어요. 1969년 백남준은 마침내 실시간 영상 연주가 가능한 비디오신시사이저를 만들었어요. 이 기계를 이용한 첫 작업이 네 시간 생방송 프로그램인 〈비디오 코뮨〉이었지요. 이처럼 TV와 비디오를 이용해 작품을 만드는 예술을 비디오아트라고 해요. 백남준은 비디오아트의 창시자지요.

사람들은 첨단 문명의 발달이 인간성을 파괴한다고 여겼어요. 하지만 백남준은 첨단기계와 인간, 자연이 함께 소통하고 어울리는 세계를 꿈꾸었지요. 로봇이나 레이저, 인공위성도 그에게는 친구였어요. 첨단기기를 예술로 끌어안은 그는 21세기를 대표하는 화가라는 평가를 받고 있답니다.

키워드로 살펴보기

#비디오아트   책, 신문, 라디오, TV, 컴퓨터 등 대중매체를 이용한 예술을 미디어아트라고 해요. 미디어아트의 여러 장르 중 TV와 비디오를 이용하여 창작하는 예술 분야를 비디오아트라고 합니다.

한국 위인 100 — 작고 소박한 것들을 눈여겨본 국민 수필가
피천득

'그리워하는데도 한 번 만나고는 못 만나게 되기도 하고, 일생을 못 잊으면서도 아니 만나고 살기도 한다. 아사코와 나는 세 번 만났다. 세 번째는 아니 만났어야 좋았을 것이다.'

피천득이 지은 수필 〈인연〉의 일부분이에요. 아사코는 글쓴이의 마음에 들었지만 한 번도 적극적으로 그 마음을 표현해보지 못한 상대예요. 그는 오래도록 간직해온 소중한 기억을 그대로 남기기 위해 그녀를 만나지 않은 편이 나았겠다고 적고 있지요. 사람들은 이 구절을 읽으며 자신의 삶 속에서도 못다 한 채 끝나버린 아쉬운 인연에 대해 생각한답니다.

피천득은 1910년 종로 부호 집안의 외아들로 태어났어요. 그의 아버지는 구한말 군부의 관리였지요. 어머니는 거문고를 잘 타고 그림과 글씨에도 능했어요. 하지만 아버지는 그가 일곱 살에 돌아가셨어요. 열 살 되던 해에는 어머니마저 세상을 떠났지요.

고아가 된 그에게는 평생 잊지 못할 두 명의 스승이 있었어요. 바로 춘원 이광수와 도산 안창호예요. 경성제일고보에 다니던 그의 재질을 발견한 춘원은 피천득을 자기 집에 3년간 머물게 했답니다. 그리고 직접 영어와 영시를 가르쳤어요. 일찍부터 영미 문학을 접한 그는 훗날 영미 시를 강의하고 연구하는 영문학자가 되었지요. 춘원은 거문고를 잘 타던 어머니의 이야기를 전해 들은 후 그에게 '거문고 아이'라는 뜻의 금아라는 호를 지어줬어요.

피천득은 열일곱 살에 상하이로 유학을 떠났어요. 상하이에서 만난 도산 안창호는 그에게 정직과 성실, 그리고 무슨 일에든 온 마음을 다하는 성의를 가르쳐주었어요. 피천득은 흥사단에 나가며 도산의 인성 교육을 몸과 마음에 새겼지요. 그때의 경험은 정직하고 진솔한 그의 문학적 특성에 큰 영향을 주었어요.

1930년 〈신동아〉에 〈서정소곡〉이라는 시를 발표하면서 처음 문단에 나간 피천득은 평생 시를 쓴 시인이에요. 영시와 동화 등을 우리말로 옮긴 번역문학가로도 유명하지요. 하지만 일반인에겐 수필가로 더 널리 알려져 있어요. 그의 시와 수필은 주로 섬세한 마음의 움직임이나 서정적인 분위기 등을 담고 있답니다. 피천득은 높은 지성을 지녔지만 어려운 말로 글을 써서 지식이 많다고 뽐내는 걸 경계했어요. 누가 읽어도 잘 이해할 수 있도록 쉬운 말로 시와 글을 썼지요. 또 일부러 치장하거나 꾸미지 않았어요. 그러면서도 마음속에 숨어 있는 가장 여리고 아름다운 감정을 표현하여 공감을 주었지요.

수필에 대해 피천득은 '쓰는 사람을 가장 솔직히 나타내는 문학'이라고 말했어요. 수필 속에서 엿볼 수 있는 피천득은 작고 소박한 주변의 것들에 주목했어요. 가족을 사랑하고 일상생활에서 마주치는 것들의 아름다움을 발견할 줄 알았지요. 그리고 주어진 모든 것에 감사하는 자세를 잃지 않았어요. 그의 글을 읽으면 누구든 마음이 맑고 행복해진답니다. 그래서 그는 오늘날에도 국민 수필가로 불릴 만큼 많은 사랑을 받고 있어요.

키워드로 살펴보기

#수필 일상의 느낌과 경험, 자연과 인생에 대한 생각과 감정 등을 일정한 형식 없이 마음 내키는 대로 쓰는 글이에요. 작가의 개성이 잘 드러나지요.

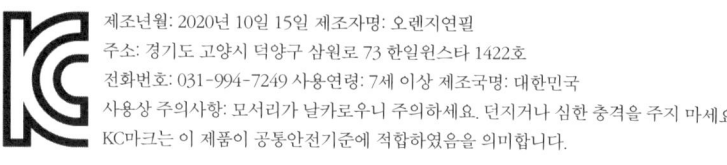
제조년월: 2020년 10월 15일 제조자명: 오렌지연필
주소: 경기도 고양시 덕양구 삼원로 73 한일윈스타 1422호
전화번호: 031-994-7249 사용연령: 7세 이상 제조국명: 대한민국
사용상 주의사항: 모서리가 날카로우니 주의하세요. 던지거나 심한 충격을 주지 마세요.
KC마크는 이 제품이 공통안전기준에 적합하였음을 의미합니다.

우리나라를 빛낸
100명의 위인들

초판 1쇄 인쇄 2022년 6월 20일
초판 1쇄 발행 2022년 6월 27일

지은이 │ 최경란
펴낸이 │ 박찬욱
펴낸곳 │ 오렌지연필
주   소 │ 경기도 고양시 덕양구 삼원로 73 한일윈스타 1422호
전   화 │ 031-994-7249
팩   스 │ 0504-241-7259
메   일 │ orangepencilbook@naver.com

편   집 │ 미토스
디자인 │ 모티브

ⓒ 오렌지연필

ISBN 979-11-958553-38-2 (73910)

* 잘못 만들어진 책은 구입처에서 교환 가능합니다.